2011年教育部人文社会科学研究青年基金项目（项目批准号：11YJC770072）

马克思主义与当代发展文库

# "洛杉矶模式"及其对海峡西岸经济区城乡一体化发展的启示

谢菲 著

人民出版社

# 序

　　对于城市化(我国称为城镇化)的总体走势,我国学术界有个大致共识,即:在城市化起步阶段发展速度略缓;在城市人口占总人口 20% 以后,速度越来越快;直至 50% 左右开始趋缓;到 70%—80% 后,城市人口和规模便不再增长,相对稳定。但对城市化越过 50% 大关后有何新的变化,却语焉不详,传统的城市化理论也没有对此作出判断,有些学者索性用郊区化囊括此后的发展。

　　事实上,梳理 20 世纪世界城市发展的一般走向,我们看到,这个阶段,既是传统城市化的成熟期或称鼎盛时期,也是城市发展的困难期,但又是城市发展的重大机遇期,原因在于:聚集经济是传统城市化发展的根本动力。在城市化初期和中期阶段,制造业、服务业与居住等功能在城市中心及其附近高度集中,同类企业的集中带动相关产业发展和城市经济整体水平的提升,由此产生巨大的聚集经济效益。

　　但城市发展空间和容纳能力毕竟是有限的。随着城市化的推进,城市人口及资源的大规模集聚,负面问题开始集中出现,城市住房紧缺、环境污染、交通拥堵、社会冲突等"城市病"凸显,这无形中增加了城市发展的额外成本,城市的规模成本逐渐大于规模效益,有限的城市空间出现饱和现象。相形之下,郊区开阔的空间和宜居环境、便利的交通条件,构成明显的比较优势,城市和郊区之间"推力"和"拉力"此消彼长,其结果是经济活动和人口向外迁移,城市出现结构性变化。

　　这里值得我们注意的是,在此过程中以及进入新的发展阶段后,城市化并未简单重复原有的发展模式,而是呈现出三个明显的新特征:1.城市化发

1

展重心转向郊区,城市布局从高度集中到相对分散;2.城市空间结构从单中心向多中心过渡,形成新的区域资源配置;3.城市与郊区的区别淡化,两者从分离到统筹,形成新的地域实体(一般称大都市区)。这标志着城乡关系有了实质性的良性互动,城市化从单纯的人口转移型向结构转换型过渡,进入城乡一体化统筹发展的高级阶段。

城市化转型是市场机制自发调节的结果,因而既产生新的机遇,又构成新的挑战。大致看来,在经济方面,大都市区还是可圈可点的。"城市的财富蕴藏在城市空间布局之中。"形成大都市区后,城市和郊区的经济资源得到整合,潜力得到较大程度的施展,出现区域范围的一体化统筹发展局面,具有明显的综合性和整体性优势。但在政治和社会方面也带来很多新的问题和挑战,其中主要有:城市化地域过度蔓延,资源浪费;地方自治导致政治零碎化,妨碍行政管理一体化;居住区分离,社会层级分化明显。

上述这些现象在洛杉矶都有非常明显的反映。学术界一般认为,传统城市化时期最有代表性的是工业化城市芝加哥,而新型城市化时期最有代表性的是以服务业见长的洛杉矶。在对这两个城市进行个案分析的基础上,分别推衍出城市布局理论的芝加哥学派(Chicago School)和洛杉矶学派(L.A. School)。产生于20世纪20年代初的芝加哥学派认为,城市呈集中型发展,由密集的核心区向周边地区围绕同一同心圆扩展,密度渐次降低,在此过程中,核心区主导边缘地带发展。但是,令芝加哥学派始料不及的是,芝加哥随后的发展,与此模式渐行渐远;后来居上的洛杉矶却以相对分散而开阔的发展空间日益受到人们的推崇,由此在90年代产生了洛杉矶学派。不过洛杉矶也往往因其人口密度过低、发展失控而受人诟病。在洛杉矶发展早期确实如此,洛杉矶在初创之时正值南加州开发热潮,不经意间出现"先有镇、后有市"的局面。洛杉矶一度被视为城市化蔓延失控的典型。但这种有些异类的格局进入20世纪以后,越来越显示其优越性,以致成为新型城市化布局的典型特征之一,相继为其他城市效仿,慢慢成为一个城市发展模式的主导现象。这样,美国学术界对洛杉矶的看法来了个180度大转弯,从负面的蔓延典型到正面的新城市化典型。而芝加哥在第二次世界大战后、尤其是20世纪六七十年代人口密度下降速度加快,经历了向新城市化的蜕变,与洛杉矶殊途同归。它的经历折射了传统城市向新型城市成功过渡的主要特征,令人信服地佐证了新城市化是城市发展的必然走向。姑且不论这两个学派理论体系完善与否,它们所揭示的现象确实存在,而且令人深思。

我国城市化在经历了近30年的快速增长后,到2011年年底,城镇人口达69 079万,占总人口的比例为51.27%。这个数字标示着,我国城市化已抵达新发展阶段的临界点,城市化转型已成非常紧迫的战略抉择,同时也迫切需要在城市化理念上的反思和创新。在实践上,我国高度集中的传统城市发展模式已经面临尖锐的挑战。由于受传统城市化理论的影响,倚重城市的集中效益,资源和资本高度集中,一味求大求快,我国城市化近30年来的发展速度已远远超过其他国家城市快速增长期的速度。同时,大城市过多,中小城市偏少。全国655个城市,有119个百万人口大城市(市辖区人口,不包括市辖县),其中36个城市人口更在200万以上,而拥有2万多城市的美国仅有9个百万人口大城市。此外,我国大城市人口密度也远远超过世界大城市平均水平,个别城市已接近人口密度的极限。至于城市之间的联动程度还很低,依然处于单中心发展阶段。北京就是最极端的例子。如果论及城市化与农村的关系,问题更严重。现有的城乡二元化结构导致巨大的城乡差异,发展不平衡,城市超前发展,郊区严重滞后,以致被揶揄为"欧美的城市,非洲的农村"。学术界的认识同样也是滞后的。由于尚未理解大都市区概念的真谛,尚未认识到这已是世界城市发展的一个重大的规律性现象,我国学术界只是停留在一般性的介绍层面,在大都市区和城市群的讨论中也出现了五花八门的称呼和界定,研究的深化显然还尚待时日。

在这样的大背景下,谢菲博士在跟随我攻读博士学位期间,就选择洛杉矶为主攻对象,撰写博士学位论文;后来在王晓德教授门下完成关于洛杉矶模式的博士后研究;其后,又在教育部人文社科基金的资助支持下,将该模式与海峡西岸经济区的现实结合起来,试图为我国城市现实政策的抉择提供有益的参照,这无疑是一个可喜且有勇气的尝试。即将付梓的这部专著,有诸多可圈可点之处。其中对"新马克思主义城市学派"进行了跟踪研究,提出洛杉矶学派是新马克思主义城市学派的一个重要分支,丰富和提升了洛杉矶模式理论研究的层次。同时,谢菲博士对海峡西岸经济区城乡一体化的思考也很有新意,值得细细品读。至于对洛杉矶模式的某些质疑及其在社会和生态方面的消极影响,谢菲博士也未回避,而是理性平和地进行讨论,这就为深化此问题研究,作出了一份独特的贡献。

王　旭

2015 年 10 月于厦门

# 目　录

## 下　篇

# 绪　　论

## 一、洛杉矶模式的研究现状

坐落在美国西海岸加利福尼亚州南部的洛杉矶(Los Angeles)是仅次于纽约的美国第二大城市。它三面环山、一面临海,濒临浩瀚太平洋东侧的圣佩德罗湾和圣莫尼卡湾沿岸,背靠莽莽的圣加布里埃尔山,以其旖旎的风光、繁荣的经济而成为美国西海岸一道靓丽的风景。洛杉矶市面积约468.67平方英里(1 290.6平方公里),至2010年人口达3,792,621[①]。截至2014年6月,洛杉矶市地区生产总值为6 931.16亿美元,排名世界第三(仅次于纽约和东京)。洛杉矶市除局部为丘陵外,其余地区地势平坦,平均海拔84米,最高点埃尔西峰高1 548米。一年四季阳光明媚,干燥少雨,气候温和宜人,平均气温12度左右,1月平均气温13.7摄氏度,7月平均气温23.4摄氏度。年降水量仅357毫米,以冬雨为主。这样的气候无疑有利于电影工业、宇航业、旅游业的发展。

洛杉矶大都市区位于加利福尼亚州南部,是全美第二大大都市区。根据美国管理与预算总署(OMB)的定义,洛杉矶大都市区全称为洛杉矶—长滩—阿纳海姆大都市统计区(Los Angeles-Long Beach-Anaheim,CA Metropol-itan Statistical Area),由洛杉矶县和奥兰治县组成(也叫橙县),总面积为4 850平方英里(12 562平方公里)。包括洛杉矶、长滩、圣安娜等19个中

---

① California State Data Center,*Historical Census Populations of Counties and Incorporated Cities in California*,*1850—2010*,2013年3月,见 http://www.dof.ca.gov/research/demographic/state_census_data_center/historical_census_1850-2010/view.php。

心城市（Principal Cities：Los Angeles, Long Beach, Anaheim, Santa Ana, Irvine, Glendale, Torrance, Pasadena, Orange, Costa Mesa, Burbank, Carson, Santa Monica, Newport Beach, Tustin, Monterey Park, Gardena, Arcadia, Fountain Valley）。而洛杉矶—长滩联合统计区（Los Angeles-Long Beach, CA Combined Statistical Area）也是我们通常所说的大洛杉矶地区，则由三个大都市统计区组成①，地域上包括了另外三个县，即文图拉、里弗赛德和圣贝纳迪诺县。在这片土地上分散化和多中心的城市空间结构是其最引人注目的特征，本书所探讨的洛杉矶模式就是指洛杉矶大都市统计区（以下简称"洛杉矶大都市区"）的空间发展模式。

洛杉矶大都市区内人口密度较低，城市分散扩展，缺少传统意义的中心城市，而是出现多中心模式。洛杉矶市中心商业区的规模仅与美国其他中等城市的市中心区相仿，在如此庞大的洛杉矶大都市区中很不协调。洛杉矶如此这般的城市景观，主要是源于其城市向外扩张时与人口郊区化、分散化的进程几乎同步发生，因此中心城市发展受到了极大的削弱。洛杉矶早期人口分散化是由19世纪末出现的电车系统而引发的，在20世纪20年代汽车兴起后，人口和工业的分散有了较大规模的发展，至第二次世界大战后联邦高速公路的大规模修建和网络时代的来临带动了人口和就业的全方位分散化。从大都市区经济发展的角度看，20世纪60年代以后，洛杉矶大都市区经历了非比寻常的去工业化和再工业化的历程，重组产业结构，着重发展高科技产业、金融服务业，使其在屡次经济危机的冲击后，经济仍呈现出少有的螺旋式上升，尤其没有经历纽约和芝加哥大都市区那样的经济衰退期。同时人口和就业的分散化使洛杉矶分散化的空间格局更加巩固。洛杉矶大都市区空间结构的特异性对"芝加哥学派"的城市空间理论提出了严肃的挑战。因此，在80年代末，美国城市史研究中出现了"洛杉矶学派"，对洛杉矶大都市区的经济、社会、城市空间重组加以探讨。

20世纪60年代，当洛杉矶正在经历深刻经济结构转型与城市空间重

---

① 即 Los Angeles-Long Beach-Anaheim, CA Metropolitan Statistical Area, Oxnard-Thousand Oaks-Ventura, CA Metropolitan Statistical Area, Riverside-San Bernardino-Ontario, CA Metropolitan Statistical Area。

塑的时候,西方马克思主义研究中出现了空间转向。"空间"开始崛起,并作为一个以前被漠视的范畴和领域重新提出。在这一过程中,当代诸多社会理论体系开始将关注的焦点转向"空间",从福柯的"异托邦"到戴维·哈维的"时空压缩",从亨利·列斐伏尔的"空间生产"、爱德华·W.苏贾(Edward W. Soja,也译作索亚)的"第三空间"到曼纽尔·卡斯泰尔的"网络社会的崛起"。他们被誉为新马克思主义城市学派。尽管西方新马克思主义城市研究分散于社会学、地理学、经济学等不同的学科,对其称谓也繁多,如,"新城市政治经济学"、"新马克思主义城市社会学"、"激进城市理论"、"结构主义城市研究"等,但其关注的共通点就是城市空间。洛杉矶模式呈现出的与众不同,使其成为新马克思主义城市学派关注的焦点。而洛杉矶学派通过对洛杉矶空间的研究,解读资本主义城市发展新阶段、新规律,其研究结论自然也成了新马克思主义城市学派的重要成果。

"洛杉矶模式"不是个别的现象,如今,无论是在菲尼克斯、亚特兰大等新兴大都市区,还是西雅图、芝加哥等历史悠久的大都市区都打上了洛杉矶化的印记。洛杉矶现象也并非美国城市所独有,而是世界范围内的一个规律性现象。伦敦、巴黎、东京、首尔等城市的发展情况都呈现出与洛杉矶一样的趋势。在我国,上海和北京等大城市也走上了同一条道路。然而国内对洛杉矶模式的认识还很不够,在这里笔者把国内外对洛杉矶研究的情况加以归纳整理,以便深入探讨洛杉矶模式的特点及意义。

从国内的研究现状来看,洛杉矶仍是个研究并不充分的地区。国内关于洛杉矶大都市的研究仅限于一些文学作品,学术专著几乎没有,学术论文寥寥无几,研究也大多缺乏深度,尤其高层次的文章数量稀少[①]。其中较好的有《美国三大城市与美国区域经济结构》[②],文章认为美国区域经济自东向西依次推进,具有明显的阶段性开发特征,这些特征在纽约、芝加哥、洛杉

---

[①]　彭斐斐:《洛杉矶市的"多中心"规划》,《国外城市规划》1988 年第 4 期;陈雪明:《洛杉矶城市空间结构的历史沿革及其政策影响》,《国外城市规划》2004 年第 1 期;刘艳艳:《洛杉矶工业产业升级的主要经验及启示》,《世界地理研究》2013 年第 4 期;肖莹光:《洛杉矶城市空间特征浅析》,《国际城市规划》2015 年第 2 期。

[②]　王旭:《美国城市化的历史解读》,岳麓书社 2003 年版,第 113 页。

矶这三大城市的兴起过程中都有集中的反映。可以说这三个城市的发展模式是美国城市化进程中三个阶段的典型代表。王教授的《美国城市发展模式——从城市化到大都市区化》①中也专门论述了20世纪60年代以来,洛杉矶经济的迅速崛起,成为名副其实的国际性大都市,同时,城市空间结构的多中心、分散化又使其成为后工业时代大都市区的典型代表。王教授关于洛杉矶的文章虽然不多,但是都很具有代表性。此外还有《洛杉矶市的"多中心"规划》、《洛杉矶城市空间结构的历史沿革及其政策影响》、《洛杉矶工业产业升级的主要经验及启示》、《洛杉矶城市空间特征浅析》等。

聂万举对洛杉矶的种族骚乱问题进行了深入研究,其博士论文《1992年洛杉矶骚乱的历史考察》一手资料丰富,具有较强参考价值。华中师范大学和厦门大学的研究生队伍中,也有人选择洛杉矶作为其硕士阶段的研究对象,如:华中师范大学的马小宁同学和厦门大学的刘虹同学都以不同角度探讨了洛杉矶的发展历史,前者的《洛杉矶:从地区性中心城市到全球性城市的研究》②描述了洛杉矶成长为全球性城市的过程及原因,后者描述了汽车发展对洛杉矶城市空间结构的影响。以上学者为国内该领域的研究拉开了序幕。此后,华东师范大学、暨南大学、四川外语学院陆续有几篇硕士论文以洛杉矶为研究对象,笔者也发表了关于洛杉矶研究的系列论文③。

从国外研究状况来看,迈克尔·迪尔(Michael J.Dear)的观点很具有代表性。他说:"人们认为,洛杉矶在过去的大部分时间里没有能赶上美国都市发展的步伐。"④在20世纪80年代之前,关于洛杉矶的书大多为介绍城

---

① 参见王旭:《美国城市发展模式——从城市化到大都市区化》,清华大学出版社2006年版。

② 马小宁在其硕士论文研究基础上发表了两篇关于洛杉矶的学术论文:《洛杉矶:从地区性中心城市到全球性城市的研究》,《人文地理》2007年第2期;《美国西海岸大都市洛杉矶经济腾飞原因探析》,《河南师范大学学报》(哲学社会科学版)2007年第3期。

③ 谢菲:《20世纪60年代以来洛杉矶大都市区经济和社会结构的变化》,《扬州大学学报》(人文社会科学版)2006年第2期;《洛杉矶模式:大都市区多中心模式的经济效用分析》,《东北师大学报》(哲学社会科学版)2008年第5期;《洛杉矶模式的成因分析》,《国际城市规划》2009年第5期;《"洛杉矶模式"对海峡西岸城市群发展的启示》,《福州大学学报》(哲学社会科学版)2009年第5期。

④ 〔美〕Michael J.Dear:《后现代都市状况》,李小科译,教育出版社2004年版,第1页。

市旅游风光和社会风俗等内容,如《不可思议的洛杉矶》①、《洛杉矶城市传记》②、《洛杉矶:四种生态建筑》③。其中《洛杉矶:四种生态建筑》的作者考察了洛杉矶的建筑环境,填补了洛杉矶建筑历史的空白。作者以新视角带领读者体验了洛杉矶建筑的流行趋势和工业时代的巧夺天工,同时也描述了洛杉矶较为传统的居住和商业建筑模式。作者认为洛杉矶存在四种基本的城市"均衡系统":海边城市、丘陵、尹德平原和高速公路,并乐观地预见洛杉矶将成为后现代城市的一个典范。《零碎的大都市:洛杉矶 1850——1930》④可以称得上是严格意义上研究洛杉矶大都市发展的第一部学术著作。在这部专著中,罗伯特·福戈尔森抓住了洛杉矶空间、社会和政治结构的零碎化的特点,认为这是造就今日洛杉矶城市多元化、社会和空间隔离的主要原因。但遗憾的是,该著作的时间跨越截止到 1930 年,对于第二次世界大战后洛杉矶发生的重大变化无从考察。

到 80 年代,有一批南加州的学者意识到洛杉矶发生的一切预示着美国更广泛的社会地理变革和更普遍的城市发展趋向。1986 年《社会与空间》推出的一期特刊,整刊登载的都是探讨洛杉矶的文章,此后,这些以研究洛杉矶现象为主的学者们被美国学术界称为"洛杉矶学派"⑤(Los Angeles School)。该学派从 80 年代末开始,召开了一系列的学术会议,出版了许多著作,对洛杉矶的研究也渐成体系。以迈克尔·迪尔、艾伦·斯科特(Allen J.Scott)、爱德华·W.苏贾、迈克·戴维斯(Mike Davis)等成为该学派的代表人物,他们一致认为洛杉矶是后现代大都市的原型。洛杉矶学派的研究内容是比较广泛的,它们不仅对洛杉矶城市空间发展的新理论进行探讨,还

---

① John L.Chapman, *Incredible Los Angeles*, New York: Harper and Row Publishers, 1967.
② John Caughey and Laree Caughey (ed.), *Los Angeles Biography of a City*, Berkeley: University of California Press, 1977.
③ Reyner Banham, *Los Angeles: Architectures of Four Ecologies*, Harmondsworth: Penguin Books, 1973.
④ Robert M.Fogelson, *The Fragmented Metropolis: Los Angeles 1850—1930*, Berkeley: University of California Press, 1967.
⑤ 目前国内有关洛杉矶学派的学术文章主要有刘如菲:《后现代地理学视角下的城市空间重构:洛杉矶学派的理论与实践》,《中国市场》2013 年第 12 期;孙斌栋、魏旭红、王婷:《洛杉矶学派及其对人文地理学的影响》,《地理科学》2015 年第 4 期。

对去工业化、再工业化、信息经济的诞生、大都市区治理等内容都有研究。其中的代表性著作有:《水晶之城——窥探洛杉矶的未来》①、《对洛杉矶的再思考》②、《从芝加哥到洛杉矶——城市理论的意义》③、《后现代都市状况》④等。尽管如此,许多问题并没有定论,学术上的分歧仍然很大。也正因如此,该阶段是研究洛杉矶成果最为突出的时期。在洛杉矶学派学者的带动下,另有一些学者也开始关注洛杉矶,他们也从不同角度探讨了洛杉矶的历史,根据学者们的研究情况,可以进一步把 20 世纪 80 年代至 21 世纪初期对洛杉矶的研究情况分为三个阶段。

1. 80 年代至 90 年代初是洛杉矶学派研究的第一阶段。由迈克·迪尔和艾伦·斯科特主编的《资本主义社会的城市化和城市规划》⑤,是 20 世纪 80 年代初期一部探讨资本主义社会下西方主要国家大都市发展进程和城市规划理论的著作。书中迪尔的早期城市规划理论还未完善,直到对洛杉矶模式深入研究后出版了其著名的《后现代都市状况》(下文将详细介绍)一书时,其理论思想到达成熟阶段。

迈克·戴维斯的《水晶之城——窥探洛杉矶的未来》是对洛杉矶研究中一部引人注目的著作,也是对洛杉矶研究的经典著作。作者选择了洛杉矶知识分子的流派、政治领导人的更替、住房市场的变化、社会犯罪、宗教和生态环境等几个方面来考察,视野广阔,评论深刻。但是作者对洛杉矶的城市未来抱有悲观态度,在他看来,洛杉矶已经成为一个被种族仇恨、社会两极分化和种族冲突困扰着的城市,无论过去、现在和未来洛杉矶都是引人注目却让人担忧的城市。他的文章《恐怖生态学》是从对灾难的想象这一独特视角对洛杉矶的都市社会问题进行讨论,尤其是洛杉矶在其人口扩张、地

---

① Mike Davis, *City of Quartz-Excavating the Future in Los Angeles*, New York: Vintage Books A Division of Random House, Inc., 1990.

② Michael J. Dear, H. Eric Schockman & Greg Hise (eds.), *Rethinking Los Angeles*, Thousand Oaks: Sage Publications, Inc., 1996.

③ Michael J. Dear & J. Dallas Dishman (eds.), *From Chicago to L.A.: Making Sense of Urban Theory*, Thousand Oaks: Sage Publications, Inc., 2002.

④ Michael J. Dear, *The Postmodern Urban Condition*, Oxford: Blackwell Publishers Ltd., 2000.

⑤ Michael J. Dear & Allen J. Scott (eds.), *Urbanization and Urban Planning in Capitalist Society*, Methuen: London and New York, 1981.

域无限蔓延的同时,对生态环境造成了极大的破坏。其另一篇从生态学角度探讨洛杉矶问题的文章收录在《各种主题公园——新美国城市和公共空间的终结》①一书中,该文章把洛杉矶描写成堡垒化的城市,即城市空间的私人化、军事化,公共空间遭到了巨大的破坏。文章记录了南加州人对安全的恐慌,使其将这一地区改造成了一个"堡垒"。从其外观形式来看,这个城市被划分为富庶的城堡和阴森恐怖的贫困社区,后者经常上演着罪犯的街头巷战。

　　该时期美国学者关于南加州都市变迁的著作丰富起来,主要有以下几个方面:有关汽车与洛杉矶城市发展关系的著作②,其中《洛杉矶汽车、超级市场和商业空间的转换,1914—1941》③详细研究了汽车对洛杉矶城市外部、内部空间变化,对零售业和购物街区重新定位的影响。有关洛杉矶房地产开发与规划④、种族政治⑤、经济发展状况等著作,其中《大萧条中的洛杉

---

① Michael Sorkin ( ed. ), *Variations on A Theme Park-the New American City and the End of Public Space*, New York: Farrar, Straus and Giroux, 1992.

② Martin Wachs & M.Margaret.Crawford ( eds. ), *The Car and the City-the Automobile, the Built Environment and Daily Urban Life*, MI: The University of Michigan Press, 1992; Scott L. Bottels, *Los Angeles and the Automobile: The Making of the Modern City*, Berkeley: University of California Press, 1987; Martin Wachs, "The Evolution of Transportation Policy in Los Angeles: Images of Past Policies and Future Prospects" in *The City: Los Angeles and Urban Theory at the End of the Twentieth Century*, Allen J.Scott and Edward W.Soja ( eds. ), Berkeley: University of California Press, 1998.

③ Richard Longstreth, *The Drive-In The Supermarket, and The Transformation of Commercial Space in Los Angeles 1914—1941*, Massachusetts: Massachusetts Institute of Technology, 1999.

④ Greg Hise, *Magnetic Los Angeles: Planning the Twentieth-Century Metropolis*, Baltimore: Johns Hopkins University Press, 1999; Marc A.Weiss, *The Rise of the Community Builders: The American Real Estate Industry and Urban Land Planning*, New York: Columbia University Press, 1987.

⑤ Edward T.Chang & Jeannette Diaz-Veizades, *Ethnic Peace in the American City: Building Community in Los Angeles and Beyond*, New York: New York University Press, 1999; Mark Baldassare, *The Los Angeles Riots: Lessons for the Urban Future*, Sanfrancisco: Westview Press, 1994; Raphael J.Sonenshein, *Politics in Black and White: Race and Power in Los Angeles*, Princeton: Princeton University Press, 1993; Rufus P.Browning, Dale Rogers Marshall & David H.Tabb, *Racial Politiecs in American Cities*, New York: Longman, 1990.

矶》①一书,描写了大萧条时期洛杉矶的经济;地方政府如何领导当地居民走出危机及大萧条对洛杉矶经济结构调整的直接影响等内容。《20世纪20年代洛杉矶石油、股票诈骗和丑闻》②的作者描述了20世纪20年代洛杉矶繁荣背后的石油、股票投机丑闻,暴露了繁荣背后隐藏的城市矛盾。另外还有两部研究洛杉矶早期历史的著作分别是《城市的建立——波士顿、纽约、查尔斯顿、芝加哥和洛杉矶的上层社会》③和《神秘的洛杉矶和南加州——冒险者的指南》④。该阶段的著作中,《水晶之城——窥视洛杉矶的未来》是研究洛杉矶历史的一部划时代的著作,标志着洛杉矶研究热潮的到来。

2. 90年代中后期是洛杉矶研究的第二阶段。迈克尔·迪尔与埃里克·肖赫曼·格雷格海斯编辑的《对洛杉矶的再思考》收录了关于洛杉矶的14篇论文,是一部全方位地反映洛杉矶经济、政治、社会现状的著作。该论文集探讨了洛杉矶多元文化的重要意义,并把种族融合理论放在新的城市环境下分析,打破了传统的城市研究的界线,更准确地反映了该地区的复杂性。洛杉矶作为未来城市发展的原型,尽管其发展模式对政治、经济、社会问题有着正面和负面的双重影响,但它仍是研究美国其他主要城市的一个窗口。

罗杰斯·基尔的《洛杉矶——全球化、城市化和社会冲突》⑤是在全球经济的背景下,描述了由福特主义向后福特主义转型下洛杉矶大都市区的政治、经济转变和社会冲突。时间限度集中在20世纪70年代至90年代,目的在于突出洛杉矶经济重组过程中地方政治变革的重要性。作者常年居住在洛杉矶,能够很准确地把握洛杉矶城市的某些细节,如,政治权力的调

---

① Leonard Leader, *Los Angeles and the Great Depression*, New York: Garland Publishing, Inc., 1991.

② Jules Tygiel, *The Great Los Angeles Swindle Oil*, *Stocks*, *and Scandal During the Roaring Twenties*, Berkeley: University of California Press, 1996.

③ Frederic Cople Jaher, *The Urban Establishment*: *Upper Strata in Boston*, *New York*, *Charleston*, *Chicago*, *and Los Angeles*, Chicago: University of Illinois Press, 1982.

④ Ray Riegert, *Hidden Los Angeles and Southern California*: *The Adventurer's Guide*, Berkeley: U-lysses Press, 1988.

⑤ Roger Keil, *Los Angeles*: *Globalization*, *Urbanization and Social Struggles*, New York: John Wiley & Sons, 1998.

整和公民舆论的变化等。

《纽约、芝加哥、洛杉矶——美国全球性城市》①是一部比较美国三大全球性城市的著作,书中把三个城市按时间发展分为 5 个阶段,对每个阶段各个城市发展特点都作了详尽的描述。内容主要包括经济、政治、人口、种族、文化,涵盖范围比较广泛,时间跨度比较大,是目前为止唯一一部比较三个城市发展历程的著作。但其中对洛杉矶的研究比较薄弱,对纽约和芝加哥的研究则更为深刻。作者的视角是全球化背景下的全球性经济,因而对第二次世界大战后城市经济结构的重要变化着墨颇多,对城市空间结构重组的描述很少。该阶段的特点是学术成果较为丰富,对洛杉矶的研究无论从深度还是广度上都有了一个比较明显的跨越。

3.2000 年至今是对洛杉矶研究的第三阶段。在此阶段对洛杉矶的研究更侧重理论上的探讨,把洛杉矶大都市区种种复杂的面貌与全球经济、地理变革等大时代背景结合起来,该时期的论著具有很强的总结性。爱德华·W.苏贾的《后现代大都市——城市和地区的批判研究》②,是著者继《后现代地理学——重申批判社会理论中的空间》(1989)《第三空间》(1996)后的又一本探讨空间发展理论的著作,也是其三部曲的最后一部。该著作第一次以城市发展和地域研究为主要方法,对 20 世纪后半期世界范围内主要大城市的经济重构作了分析。该著作对城市起源的再思考、城市地理历史进程的演进、城市聚集过程中人口发展与社会、空间之间的关系等几方面都作了深入的分析。同时,这部著作也是一部描述洛杉矶的著作,书中涉及洛杉矶大都市区的篇章比较多,既有对洛杉矶城市发展历程的历史回顾,也有对全球经济环境下洛杉矶城市空间的解读及对 1992 年洛杉矶骚乱的评价。此外,作者还对未来洛杉矶空间、地域上的种族公正和民主提出了几点希望。该著作的最大特点是从空间角度的理论探讨较多,并且作为新马克思主义学派的重要代表人,著者把空间地理的变化与全球范围内资

---

① Janet L. Abu-Lughod, *New York*, *Chicago*, *Los Angeles*：*America's Global Cities*, Minneapolis：University of Minnesota Press, 2001.

② Edward W. Soja, *Postmetropolis-Critical Studies of Cities and Regions*, UK：Blackwell Publisher, 2000.

本主义的变革有机地联系起来。

威廉·富尔敦的《不情愿的大都市区:洛杉矶政治的成长》①一书中,认为在过去的 30 年,人口的大规模郊区化蔓延推动了洛杉矶"不情愿"地发展成为一个全球性中心城市,但是洛杉矶大都市区内政治的分散性、不连续性的状态急需改变,应建立一个统一大都市区政府来进行治理。

由汤姆·西顿和威廉·德弗雷尔编辑的《大都市区的形成:20 世纪 20 年代的洛杉矶》②一书中认为洛杉矶崛起于 20 世纪 20 年代。因为在该时期,洛杉矶城市空间模式已初步形成;它作为西海岸工业中心和金融中心的地位得以确立;好莱坞也成为世界电影业的龙头,种种现象表明了洛杉矶的崛起。该著收集了探讨洛杉矶大都市区在该时期发展的重要论文,对城市种族、政治、文化和工业发展作了全方位的评论,为理解该时期洛杉矶如何崛起发展成为一个世界重要城市作出了贡献。这些论文打破了以往过分关注洛杉矶城市发展历史的传统角度,而是转向对洛杉矶新郊区、石油业、电影业、教堂等细节画面的描述,并对当代洛杉矶城市问题的起源作了新的解说。

迈克尔·迪尔和达拉斯·迪舍曼编辑的《从芝加哥到洛杉矶——城市理论的意义》收录了"洛杉矶学派"的论文 16 篇。是洛杉矶学派的集大成著作,其中包括对城市经济、社会整合情况的专题论文,同时对"洛杉矶学派"的兴起、该学派的城市理论作了重点介绍。著者认为在 20 世纪的绝大多数时间里,芝加哥学派主导了美国城市甚至世界城市的研究,洛杉矶则被作为城市发展史中的一个例外。但是正当芝加哥学派影响日益扩大的时候,洛杉矶正在形成自己独特的风貌。这部著作的主旨就是为城市研究提供新的理论视角,以检验洛杉矶模式对传统观念中城市问题的一些否定。例如:美国城市中制造业就业普遍经历了兴衰起伏;而在洛杉矶却是惊人的螺旋式上升状态。按照芝加哥模式所说,城市空间中有一个明显的、占绝对

---

① William Fulton, *The Reluctant Metropolis: the Politics of Urban Growth in Los Angeles*, Baltimore: The Johns Hopkins University Press, 2001.

② Tom Sitton & William Deverell, *Metropolis in the Making: Los Angeles in the 1920s*, Berkely: University of California Press, 2001.

优势地位的中心,这种城市结构被称为单核式;在洛杉矶,其中心的优势地位因大大小小次中心的存在而受到削弱,以至形成多中心的复合结构面貌。因此该著作是洛杉矶学派研究的总结性著作,具有理论和现实的双重意义。

罗伯特·戈特利布等合著的《下一个洛杉矶——为适合居住的城市而斗争》①,主要描述了进步运动主义者为改变洛杉矶的社会、经济的不公正;为了 21 世纪洛杉矶成为更加民主、公平,更适合人们居住的城市而斗争的历史。这些斗争主要包括:进步运动时期洛杉矶的社会运动——包括劳工运动的新形式、保护环境运动、多种族政治联合运动等,书中对 1965、1992 年洛杉矶骚乱介绍详细,分析深刻。著者认为 21 世纪是重塑洛杉矶城市环境的关键时期,要为改变洛杉矶经济、种族上的不平等,无休止地向外蔓延等负面影响而作出努力。

总体而言,洛杉矶学派的多位代表人物在解读洛杉矶空间结构的问题时不约而同地使用了马克思主义理论及分析方法。如,洛杉矶学派在很大程度上受到了后现代空间观的影响,认为空间不是简单的物理空间,而是一种建构空间,是各类复杂社会关系的产物,不同的生产方式塑造了不同的空间,即"社会性的空间"。概括地说,洛杉矶学派对于"空间"基本特性的认识包括:空间服从于人类劳动的目的、由社会关系生产、并不具有构建法则与独特演变机制的独立结构,而是与社会关系相关并在一定程度上可能会对社会关系造成限制与影响。苏贾为洛杉矶学派的理论基础作出了重要的贡献,他梳理了生产方式、社会关系与空间关系之间的逻辑思辨过程,提出了"社会空间辩证法"。他认为,生产方式的确立服从于人们劳动的基本目的,生产方式直接决定了社会关系与空间关系,各种社会关系与空间关系具有辩证的交互作用,即各类错综复杂的生产关系可以形成空间,同时也在一定程度上被空间影响。空间具有双重性质,既是社会实践和社会关系的结果和产物,同时也是社会实践的重要前提和中介。因此,他主张在历史唯物主义中加入空间维度,建立一个历史的地理的唯物主义理论。苏贾说:"我

---

① Robert Gottlieb, Mark Vallianatos, Regina M. Freer & Peter Dreier, *The Next Los Angeles: the Struggle for a Livable City*, Berkeley: University of California Press, 2005.

对现代地理学批判和空间转向的最主要贡献是,我将社会空间辩证法和它的哲学孪生兄弟联系起来,即历史和地理的相互建构性影响,即时空辩证法。"①最近几年苏贾的研究重点转向空间正义问题。

更为重要的是洛杉矶学派在空间分析中大量运用马克思主义的理论元素,并在内容体系和方法论层面与马克思的社会空间理论有着诸多理论联系。具体表现在:提出坚持、发展马克思主义的理论使命;在主要研究工作中用马克思主义作为理论基础;提出一定的政治实践目标。尽管有些学者只是在部分研究中运用马克思主义的理论、概念,但是他们的研究中仍然具有马克思主义的理论要素。例如马克思的辩证唯物主义、资本积累、阶级斗争和国家理论、资本主义生产关系等。尤其是洛杉矶学派的著名学者戴维·哈维的研究,在其《社会正义与城市》和《资本的局限》中大量引用和阐释马克思经典理论,或将其作为重要的理论依据,或将马恩描述的情况作为重要的历史资料。他提出了"时空压缩"辩证法这一重要概念。哈维认为,资本主义生产在福特—凯恩斯主义解体之后,出现了重大变化,即弹性积累制度的出现。交通通讯工具的变革和资本主义生产方式的转变都使得资本在空间中的运动越来越快,从而资本运动的时空障碍被一一破除,资本的全球化运动不断加速,导致了全球范围资本对空间的新一轮重塑。由此,哈维表达了如何改造和代替资本主义的政治抱负,而这个理想主要通过对城市的研究来实现。

曼纽尔·卡斯泰尔对马克思理论的阐述并不十分系统,他指出,任何特定的社会结构都是时间和空间的统一体,在这里,"空间是结晶化了的时间",时间是流动化的空间。通过这个流动化的空间,不同的社会实践聚合在一起,他们在时间上的差异被抹去,同时拥有了一个共同的时间向度"共享时间"。卡斯泰尔将网络条件下社会空间的新样态称为"流动空间",流动空间的崛起带来了人类空间时间的深刻变迁,这种变迁远远超越了技术生产关系的范围,"以网络为基础的社会结构,是一个高度能动的开放系

---

① 转引自强乃社:《西方马克思主义研究中的空间转向》,载复旦大学国外马克思主义与国外思潮研究国家创新基地编:《国外马克思主义研究报告 2011》,人民出版社 2011 年版,第 283 页。

统,乐于创新而不危及它的平衡"①。他尤其关注网络化对当代城市空间发展的深远意义。他指出:"信息时代正在展现一种新的城市形式,即信息化城市"。"信息化城市"不是一种静止的城市空间形态,而是一种动态的建构过程,与这个过程相伴的是城市社会持续的深刻变革②。虽然卡斯特尔在20世纪70年代中期以后逐步从马克思主义的立场上退却,在他1983年出版的《城市与民众》中,卡斯泰尔已基本放弃了马克思主义的立场,但我们依然可以从他关于空间的社会性、城市社会空间的政治经济意蕴以及城市社会运动的探讨中找到"马克思的幽灵",从理论脉络来看,他的空间分析依然徘徊在马克思主义的传统之中③。

除了对洛杉矶的专题性论著外,还有一些书籍中涉及有关洛杉矶的论述,如,美国西部史学家卡尔·艾博特的名著《大都市边疆——当代美国西部城市》④,系统地阐述了第二次世界大战以来美国西部城市的发展,并提出了第二次世界大战以来的西部城市是美国乃至世界城市化的先导,而洛杉矶则是西部城市发展过程中具有代表性的城市,因此该著作中涉及洛杉矶的论述几乎分布每一章节。卡尔·艾博特这部著作的最大特点莫过于以点代面,言简意赅地描述出西部城市在第二次世界大战后美国区域经济中地位的变化,是美国城市史研究中的经典著作。另一部经典著作是美国哥伦比亚大学肯尼思·杰克逊教授的《马唐草边疆——美国郊区化进程》⑤。著者从对物理形式的街区、街道、庭院、住房、公寓建筑的描述中反映人类的文明进程。很明显,城市的发展不仅仅是人们建筑的成果,更是技术、文化、人口压力、土地价值和社会关系等因素相互作用的结果。就人类的居住模式而言,美国的郊区化居住模式具有典型性,其中洛杉矶的郊区化则更是引

---

① 转引自李春敏:《马克思的社会空间理论研究》,上海人民出版社2012年版,第256页。
② 参见李春敏:《马克思的社会空间理论研究》,上海人民出版社2012年版,第258页。
③ 李春敏:《马克思的社会空间理论研究》,上海人民出版社2012年版,第261页。
④ [美]卡尔·艾博特:《大都市边疆——当代美国西部城市》,王旭等译,商务印书馆1998年版。
⑤ Kenneth T.Jackson, *Crabgrass Frontier the Suburbanization of the United States*, New York: Oxford University Press,1987.

人注目。戴维·戈德菲尔德 1990 年完成的《美国城市史》①是另一部通史性质的城市史著作,对洛杉矶的郊区化、大都市区发展的分散化、多中心结构也有涉及。

直至今日,洛杉矶热仍在持续,进入 21 世纪后国内城市学领域的学者开始关注洛杉矶,并且把国外的研究成果引入国内,如商务印书馆出版了爱德华·W.苏贾的《后现代地理学——重申批判社会理论中的空间》②、戴维·哈维的《后现代的状况——对文化变迁之缘起的探究》③。上海教育出版社出版了迈克尔·迪尔的《后现代都市状况》④。这些著作都是洛杉矶学派的主要代表作,可以说为国人打开了通向世界该领域的一扇门。苏贾是美国加州大学洛杉矶分校都市规划系的教授,也是代表后现代趋向都市研究的"洛杉矶学派"的领军人之一,他的《后现代地理学》曾产生重大的理论影响。书中把洛杉矶置于全球经济发展的大背景之下,对洛杉矶经济的六次重构作出了马克思主义学者的解释,尤其重视洛杉矶经济调整中的再工业化和限制工业化的现象。由包亚明主编的《后大都市与文化研究》⑤中收录了其《后大都市》论著的两篇文章,也谈到了洛杉矶的经济与社会空间的重构。2005 年,苏贾的另一部著作《第三空间——去往洛杉矶和其他真实和想象地方的旅程》⑥,由上海教育出版社组织翻译出版。书中提出第三空间概念,著者认为空间除了具有它的物质属性和精神属性外,还具有包容两者又超越两者的第三性,即第三空间。第三空间概念的提出是把空间理论研究扩展到实践方面的一个重要努力。该著中也有关于洛杉矶城市发展历史的回顾,并把洛杉矶与阿姆斯特丹作了比较,认为洛杉矶是后现代大都市

---

① David R.Goldfield & Blaine A.Brownell, *Urban America: A History*, Boston: Houghton Mifflin Company, 1990.

② [美]爱德华·W.苏贾:《后现代地理学——重申批判社会理论中的空间》,王文斌译,商务印书馆 2004 年版。

③ [美]戴维·哈维:《后现代的状况——对文化变迁之缘起的探究》,阎嘉译,商务印书馆 2004 年版。

④ [美] Michael J.Dear:《后现代都市状况》,李小科译,上海教育出版社 2004 年版。

⑤ 包亚明主编:《后大都市与文化研究》,上海教育出版社 2005 年版。

⑥ [美]Edward W.Soja:《第三空间——去往洛杉矶和其他真实和想象地方的旅程》,陆扬等译,上海教育出版社 2005 年版。

的典型代表。迪尔是洛杉矶学派的"掌门人",他的著作《后现代都市状况》中强调了后现代的定义——"后现代是一种风格、一个新时代、一种方法"①。他通过思考洛杉矶城市发展的特征来构建后现代城市规划理论,强调城市建设中的一些意向性问题。该著的另一大特色便是对洛杉矶研究有一个全面的介绍,所列的参考书目十分详细,学者可以按图索骥,极大便利了国人的研究。迈克·戴维斯的《水晶之城——窥视洛杉矶的未来》②也在2010年被翻译出版。最近刚刚翻译出版的《洛杉矶雾霾启示录》③主要描述了20世纪洛杉矶60多年来光化学烟雾污染的形成、发展和治理等历史细节,该书在国内引起较多关注,也有数位学者发表相关题材的研究论文④,对我国当前的新型城镇化建设具有重要启示。

　　关于洛杉矶研究的国外学术论文数量颇丰,其主要观点与上述著作基本一致。从国外研究现状来看,洛杉矶模式确实具有典型意义,美国学术界对此的研究成果也可圈可点,但是仍存在一定的不足。如,洛杉矶学派对洛杉矶经济结构的调整和社会问题的探讨颇多,对空间结构的研究还不充分,尤其缺乏对洛杉矶空间结构形成原因的分析和对该模式实践意义的研究。另外由于该学派对一些问题并没有定论,因而参与讨论的学者虽多,但是形成自说自话的局面,削弱了洛杉矶学派的影响。就我国的研究现状来看,国内学者对洛杉矶模式还没有充分认识,甚至由于旧有观念的影响,一部分人对该模式仍抱有否定态度。因此,本书力图对洛杉矶模式的形成原因、特点、实践意义作一个全面的梳理,为我国的城镇化、城乡一体化发展提供宝贵经验。

---

① ［美］Michael J.Dear:《后现代都市状况》,李小科译,上海教育出版社2004年版,第34页。
② ［美］迈克·戴维斯:《水晶之城——窥探洛杉矶的未来》,林鹤译,上海人民出版社2010年版。
③ ［美］奇普·雅各布斯、威廉·凯莉:《洛杉矶雾霾启示录》,曹军骥等译,上海科技出版社2014年版。
④ 张燕:《美国洛杉矶地区PM2.5治理对策研究》,《城市管理与科技》2013年第2期;苏岳峰:《洛杉矶雾霾之战的启示》,《福建理论学习》2014年第9期;《洛杉矶、伦敦、巴黎等城市治理雾霾与大气污染的措施与启示》,《公关世界》2014年第4期等。

## 二、相关概念界定

在本书开始论述之前,有如下几个基本概念需要说明。

1.大都市区概念及其调整

美国管理与预算总署在 1910 年人口统计中首次使用了大都市区(Metropolitan District)概念。所谓大都市区,是指人口在 10 万或 10 万以上的城市及其周围 10 英里范围内的郊区,或与中心城市连绵不断、人口密度达 150 人/平方英里的地区,均可合计为大都市区人口。具体统计以县为单位,标准的大都市区,起码拥有一个县,少量规模较大的大都市区,可以跨越几个县,在这种情况下,中心城市所在的县被称为中心县。此后,为了准确反映大都市区的发展状况并保持概念的连续性,美国管理与预算总署先后对大都市区的定义进行了多次修改。① 2009 年年底,总署再次修正了一些概念。按照 2013 年最新统计数据来看,全美本土 381 个大都市统计区内的人口占全国总人口的 85%,536 个小都市统计区内的人口占全国总人口的 9%②。

应该指出,这些概念并不是行政或政治实体,但却反映区域经济发展的现实,有其重要的理论和实践意义。因此,在实际统计中,美国有关统计部门已用大都市区和非大都市区概念取代了较宽泛的城市和乡村的概念,以 2500 人口为底线的城市(city)概念也鲜见使用。

2.中心城市

中心城市(Central Cities)是与郊区相对而言的。美国人口普查局在 1880 年的人口统计中第一次使用了中心城市的概念,但并未对其进行较为明确的界定。1950 年,该局才对此概念作了比较明确的界定,即"在一个地区之中,最大的城市始终是中心城市,在该地区,人口最多的第二和第三大

---

① 详见王旭:《美国城市发展模式——从城市化到大都市区化》,清华大学出版社 2006 年版,第 304—306 页。

② Executive Office of the President Office of Management and Budget Washington, D. C. 20503, *Revised Delineations of Metropolitan Statistical Areas*, *Micropolitan Statistical Areas*, *and Combined Statistical Areas*, *and Guidance on Uses of the Delineations of These Areas*,2013 年 2 月 28 日,见 https://www.whitehouse.gov/sites/default/files/omb/bulletins/2013/b-13-01.pdf。

城市,只要人口达到最大城市人口的 1/3 以上、人口最少不低于 2.5 万的城市,也具中心城市资格。"2000 年人口统计署以主干城市(Principal City)代替了原有的中心城市概念,所谓主干城市即在每一个"大都市统计区"或"小都市统计区"中,最大的城市(拥有至少 1 万人口)可视为"主干城市";其他城市如果有人口统计总署规定的 25 万人口或至少有 10 万就业人口的建制市,也可视为主干城市。2010 年对这一概念再次修订,主干城市包括(1)人口统计总署规定的 25 万人口或至少有 10 万就业人口的建制市;(2)2010 年人口统计的就业与居住人口在 5—25 万之间,就业人数不少于居住人数的城市;(3)2010 年统计人口在 1—5 万之间,其中 1/3 以上人口居住、并且就业人数不少于居住人数的城市也可以称为主干城市①。需要指出的是,城市和农村的概念与大都市区是交叉的,可能在大都市区里既有城市,又有农村。城市并非大都市区,农村也并不一定是非大都市区。城市和农村的概念是以街区的范围划定的,但大都市区和非大都市区是以县为基本单位划定的。

3.郊区

郊区是指那些邻近中心城市而又位于中心城市的行政界线以外,具有某些独特的人口、社会和经济特征,在经济和文化上与中心城市有很强的依赖关系,而在政治上却独立于中心城市之外的城市化或半城市化的居民社区。郊区是相对于中心城市的一个概念,因此郊区具有相对性。同时它也具有两重性,郊区既是一个地理概念,又包含着一定的政治意义。郊区必须位于中心城市之外,如果被中心城市兼并就不再是郊区。一个郊区可能容纳的人口不足 2500 人,但也可能人数在 2500 人以上达到人口普查局规定的城市标准,甚至达到数万人,还可能拥有城市的法人资格。但仅仅相对于中心城市而言才称为郊区,被称为郊区的城市。

---

① Federal Register, *2010 Standards for Delineating Metropolitan and Micropolitan Statistical Areas*, 2010 年 6 月 28 日,见 http://www.gpo.gov/fdsys/pkg/FR-2010-06-28/html/2010-15605. htm。

上　　篇

# 第一章　洛杉矶的早期发展

在整个 20 世纪里,洛杉矶大都市区的发展是惊人的。早在 1928 年记者萨拉·科姆斯托克(Sarach Comstock)在《哈珀氏》杂志上发表了一篇描述洛杉矶的文章:"在威尔逊山的山顶上,俯瞰夜色下的洛杉矶,你将看到洛杉矶和它的 60 多个卫星城市……这些如同繁星一样的城市在洛杉矶盆地中闪亮。"①美国地理学家协会的学术期刊 1959 年出了一期专刊,主题是洛杉矶大都市区"集中体现了城市近年来在美国社会中所具有的主导地位。"1965 年,《财富》杂志把洛杉矶描写成"超级城市的典型"。理查德·奥斯汀·史密斯从对洛杉矶的观察中得出结论:"洛杉矶也许正在崛起为未来世界城市的先行者。"②昔日的边陲小镇,如何发展成为分散、多中心的巨型都市,美国学者又为何对此现象给予如此之高的评价呢? 本章将对洛杉矶早期城市的建立和发展进行简单回顾,以便为上述问题的研究提供基础。

## 第一节　洛杉矶的起源与初步发展

### 一、西班牙政府统治下的农业村落

在西班牙殖民者尚未到来之前,洛杉矶是一个印第安人部落。1769 年

---

① Michael J. Dear, H. Eric Schockman & Greg Hise (eds.), *Rethinking Los Angeles*, Thousand Oaks: Sage Publications, 1996, p.5.

② 参见[美]卡尔·艾博特:《大都市边疆——当代美国西部城市》,王旭等译,商务印书馆 1998 年版,第 134 页。

8月2日,一支西班牙陆地探险队从圣迭戈(原译为圣地亚哥)①出发前往蒙特里。他们途经洛杉矶部落时停了下来,开启了最早的关于洛杉矶的记载。克莱斯皮神父的日记中这样描述道:"它具有大规模定居的条件,包括一大片野生葡萄园,无尽的开满鲜花的蔷薇灌木丛,还有可以播种各种谷物、栽种各种果树的土地。"②18世纪70年代,西班牙政府在加州先后建立了一些传教区,洛杉矶也在其中。18世纪晚期,西班牙殖民者决定在加利福尼亚拓殖。于是牧师和军队从墨西哥沿太平洋沿岸进入加利福尼亚海岸。加利福尼亚有着得天独厚的气候条件和肥沃的土地,唯一缺少的是劳动力。牧师们诱使土著人皈依基督教,离开其生活的部落,到牧师组织的传教区(Mission)定居。他们倚仗军队的力量强迫印第安人为其劳动,在这片土著族的土地上,种植谷物、蔬菜、饲养牛羊,甚至盖起了小礼拜堂。

为了保护这些教区,西班牙政府在太平洋沿岸诸如圣迭戈、旧金山等地建立了要塞。最初这些要塞是靠来自墨西哥的船只提供给养,但这很快加重了西班牙政府的财政负担。因此,西班牙政府决定在加利福尼亚建立一些农业村落(Pueblo)。1780年里维拉(Rivera)总督开始征募24对已婚人士移民到洛杉矶定居,"他们将被提供加利福尼亚的一块土地,连续三年内每个月可以领取10比索和一定的日常补助……"尽管条件优渥,但是征募活动仍旧十分困难。1781年4月,西班牙属加利福尼亚总督菲利普·德·奈佛(Felipe de Neve)在Porciuncula河边选取土地,建立了一个农业村落,并主持颁布了一些城市规划法令,即所谓的"印第安法律",这些法令是1573年由西班牙国王菲利普三世颁布执行的。它们详细规定了用地选址、城市规划和政治组织等方面的问题。1781年9月,第一批被征募的11个家庭的44名定居者来到了奈佛选定的地点,新的定居点叫做"EL Pueblo de Nuestra Senora La Reina de Los Angeles de Porciuncula"即"天使女王圣母玛

---

① 圣迭戈加利福尼亚州南部一城市,位于圣迭戈湾畔。圣迭戈湾是靠近墨西哥边境的太平洋的一小海口,早在1542年就被西班牙人发现,至18世纪开始有人居住。

② Michael J.Dear,*The Postmodern Urban Condition*,Oxford:Blackwell Publisher,2000,p.101.

丽亚的城镇"(距离今天的洛杉矶市区中心的奥尔维拉不远)。这个村落经过了系统的规划,街道被整齐地划分为方格状:

> 最初的村落面积有 28 平方英里。中央是个 275×180 英尺的广场,
> 广场的周围是 111×55 英尺的建筑群,分配给 11 个定居点的 44 名居民
> 居住。这种建筑群有 12 个……西南面一半是公共建筑,一半是空地。
> 广场宽的两边有 2 条宽度为 27.5 英尺的街道延伸穿过建筑群,广场窄
> 的两边有 3 条街道。不远处有 36 块田,每块田面积 7 英亩,依次排开,
> 每个定居者可以耕种其中 2 块①。

这个村落的繁荣超过了人们的预想,1816 年 91 个家庭居住在洛杉矶,其中 7 个是大农场主,另有十分之一的乡村绅士组成了阿尔塔加利福尼亚居民(墨西哥领土上的上层加利福尼亚居民)②。至 1830 年后,洛杉矶的居民已经有 1 000 多人,在加利福尼亚的定居地中名列第一③。此阶段,尽管人们开始放牧牛群和马群,但洛杉矶仍旧是一个简单的农业村落。同时期这里的印第安土著居民人数急速下降,在 1770—1832 年人口从 13 万下降到 9 万④。

## 二、墨西哥城市向美国城市的转变

1821 年墨西哥脱离西班牙取得了独立,加利福尼亚则成为墨西哥的一个行省,其农业经济也有了很大改变,主要实行自给自足大农场制经济。土地被划分给私人所有,面积往往从不足 5 000 英亩到 15 万英亩。1830 年,有 250 个大农场,十年后,增加至 600 个⑤。至 1846 年,私人所有者即大农场主拥有了南加利福尼亚的几乎所有可耕种土地和牧场,他们控制着这里

---

① Michael J.Dear, *The Postmodern Urban Condition*, Oxford: Blackwell Publisher, 2000, p.102.

② 参见 Frederic Cople Jaher, *The Urban Establishment*: *Upper Strata in Boston*, *New York*, *Charleston*, *Chicago and Los Angeles*, Chicago: University of Illinois Press, 1982, p.578.

③ 参见 Robert M.Fogelson, *The Fragmented Metropolis*: *Los Angeles 1850—1930*, University of California Press, 1967, p.7。

④ 参见 Robert M.Fogelson, *The Fragmented Metropolis*: *Los Angeles 1850—1930*, University of California Press, 1967, p.6。

⑤ Frederic Cople Jaher, *The Urban Establishment*: *Upper Strata in Boston*, *New York*, *Charleston*, *Chicago and Los Angeles*, Chicago: University of Illinois Press, 1982, p.578.

的经济和社会。在大农场中,印第安人是主要的劳动力。1840 年洛杉矶仍旧是加州最大的定居地,人口达到了 1 100 人左右。在农业经济占主导的乡村社会中,很少有人从事手工制作、贸易、专职性工作或制造业。大多数本土或新来的移民都以耕作土地或为农场主劳作为生,经济的发展是通过积累产量而不是变革。1835 年洛杉矶镇被墨西哥议会设立为市①。1843 年在加利福尼亚出现了淘金热,引起了美国的觊觎。1846 年美国向墨西哥宣战,洛杉矶几经易手,至 1847 年终于归美国政府所有,墨西哥以 1 500 万美金为交换让出了新墨西哥和加利福尼亚给美国。1846 年爱德华·奥德中校被派往加利福尼亚,奥德为所有可耕地绘制了地图,解决了长期以来土地不能进行有效测量的问题。

加利福尼亚人创造了一个自足却不富裕的经济。与美国农场相比,墨西哥式大农场制经济缺乏效率,人均每英亩产量很低,它能生存下来的主要原因是相对稀少的人口、湿润的气候和富饶的土地。此时这里还没有实行土地税、财产税等财政措施。在墨西哥统治时期,加利福尼亚没有雇佣工人,农场繁荣仅仅是依靠保护牲畜、储存劳动力和避免浪费。所有这些在加利福尼亚被转让后都改变了,尽管美国人保证了农场主合法拥有他们的资产,但他们必须交税。政府提出了缴纳财产税、诉讼费等税收措施,奴隶制劳动被废除,农场主必须给工人支付工资。这种由墨西哥式向美国式治理的转变,永久性地瓦解了旧有经济体制。自给自足的农业经济必须向市场型农业转变才能得以生存。19 世纪 50 年代末南加州的农场经济因土地抵押和自然灾害等原因开始衰落。富人阶层中有一部分人转变为洛杉矶和旧金山的著名资本家,这些新的经营者从事商品性农业。这些新农场主虽然也拥有成千上万亩土地,但他们与旧有农场主不同。原有大农场制是依靠大量牲畜和奴隶劳动;产品除了满足自身需求外,偶尔为临近地区提供消费品;培养了一种稳定的个人关系和社会自足经济。而新农场主是依靠大量资本和雇佣劳动;为了更远的市场需求,并且紧密

---

① 参见[美]Edward W.Soja:《第三空间——去往洛杉矶和其他真实和想象地方的旅程》,陆扬等译,上海教育出版社 2005 年版,第 279 页。

地依靠外部商品;实行严格的企业经济,在此主人和雇员之间的关系仅依靠金钱维系。

其他的旧农场主为了逃脱这种衰败的厄运,不是依靠更有效率的生产,而是划分土地出售。土地的私有和买卖加速了大农场制的瓦解。1851年土地授予法(The Land Grant Act)颁布后,要求核实墨西哥人名下的大农场土地,结果发现"至少40%的墨西哥人名下的土地已被出售以满足日常花费"①。1853年,原来奥德没有测量的印第安土著居民的部落土地,被亨利·汉考克绘制出来。此后,1785年的西北土地法令在加利福尼亚开始实施,为其制定了土地价格的最高线和最低线,以确保公共土地的有序买卖。

### 三、城市发展与淘金热潮

商业型农场主的出现,改变了洛杉矶周边的乡村。首先,农场主都需要通过商人把产品在南加州、旧金山地区或运往东部城市销售。商业的繁荣为洛杉矶从墨西哥的城镇转变为美国城市奠定了基础。其次,旧农场主的失败为城市小私有企业提供了机会。新到来者不再只是从事农业生产,而是在城镇定居,从事贸易、手工业和专职工作,在城镇内部培育了相互独立的经济部门,促进了企业和家庭生活的分离。

纳尔逊(Nelson)把1822—1840年的洛杉矶称为"初期城镇(Embryo Town)"②,该城镇结构具有了墨西哥城市结构的典型特征。它的中心是一个广场,教堂坐落在广场中央,周围是拥有较多土地的农场主家庭,外缘是农业用地和大农场。原始的劳动力分工刚刚发生,城市拥有了一些小杂货店、手工业和家庭制造业。

1848年在加州发现了金矿,虽然淘金活动主要是集中在北加利福尼亚,但是淘金吸引了巨大的移民群体并带动了农业和畜牧业市场的发展。北加利福尼亚因人口的激增而需要大量的肉类和粮食,淘金热为洛杉矶提

---

① Janet L. Abu-Lughod, *New York, Chicago, Los Angeles: America's Global Cities*, Minneapolis: University of Minnesota Press, 2001, pp.57-58.
② Janet L. Abu-Lughod, *New York, Chicago, Los Angeles: America's Global Cities*, Minneapolis: University of Minnesota Press, 2001, p.54.

供了适应新经济形势的良机。淘金不仅对加利福尼亚的地方发展起到推波助澜的作用,更重要的是它使美国对南加利福尼亚的经济贡献重新加以审视,并且于 1850 年承认加利福尼亚作为一个州加入美国,洛杉矶成为了加州的第一个城市①。随着淘金高峰过去,洛杉矶人口开始稳定。至 19 世纪 60 年代洛杉矶的发展已具现代规模,出现了银行、电报、煤气灯,由志愿者组成的消防公司、职业警察也都纷纷组建起来。70 年代,建立了消防局、舞蹈学院、公共图书馆、书店、商业会所等。

## 四、人口和族裔构成

淘金热带动了北加利福尼亚的人口增长。1849 年后,成千上万的美国人涌入北加利福尼亚,购买土地、建立家园,1850 年时旧金山居民已经达到了 34 776 人,到 1880 年人口已经突破 2 万,达到 233 959 人②。但南部却因群山、沙漠,阻隔了大批移民者的脚步。1850 年美国人口普查局的统计报告中洛杉矶市的居民人数为 1 610 人;1860 年洛杉矶市的人口达到了 4 385 人;1870 年为 5 728 人;1880 年为 11 183 人;1890 年达到近 50 395 人。在发现黄金后的 20 年里,洛杉矶仍旧是墨西哥人为主的城市,这里的墨西哥人占有绝对优势,只有 300 个洛杉矶居民为本土美国人,男女比例是 3∶1③。所谓的墨西哥人也包含了复杂的社会等级划分。西班牙裔贵族(大农场主、政府官员、军官和牧师)是社会的特权阶级,而普通的墨西哥人(士兵、工匠和居民)大多数为混血儿。西班牙语在这里是通用语言,官方文件也使用西班牙语和英语。洛杉矶的发展必须打破这种封闭落后的局面,铁路给洛杉矶带来了第一次发展契机。

① 参见 H.Eric Schockman,"Is Los Angeles Governable?", in *Rethinking Los Angeles*, Michael J. Dear, Ⅱ.Eric Schockman and Greg Hise(eds.),Thousand Oaks:Sage Publications,1996.p.58。

② 参见 Robert M.Fogelson, *The Fragmented Metropolis*:Los Angeles 1850—1930, University of California Press,1967,p.21。

③ 参见 Janet L. Abu-Lughod, *New York*, *Chicago*, *Los Angeles*:*America's Global Cities*, Minneapolis:University of Minnesota Press,2001,p.55。

## 第二节　洛杉矶大都市区的形成

### 一、修建铁路、人工港和引水工程

随着淘金热而崛起的旧金山后来居上,成为北加州的贸易中心。而洛杉矶因没有出海口,经济发展受到很大限制,甚至当时的圣迭戈凭借其天然良港也与洛杉矶形成抗衡之势。谁能执南加州经济之牛耳呢?"所有人的眼睛都注视着圣迭戈……洛杉矶却很难被新来移民认为是一个值得停留的地方"①。淘金热也引来了东部人对远西部的关注,南太平洋铁路公司计划修建一条铁路穿越南加州,无疑圣迭戈和洛杉矶只能有一个城市获得该铁路公司的青睐,洛杉矶因缺少港口而极有可能与这次发展失之交臂。但洛杉矶人没有气馁,他们自行修筑了一条洛杉矶—圣佩德罗铁路通向港口城市圣佩德罗,主动拓宽了经济活动的领域。1871 年,南太平洋铁路首先连接到了旧金山,1872 年洛杉矶星报警示洛杉矶人:"如果我们决定不满足……不仅仅是一个农业村落,我们就必须有铁路,而且我们必须尽快拥有。"②1872 年几个商人和农场主组织了一个 13 人委员会负责铁路事宜。几经斡旋,洛杉矶县政府同意给南太平洋铁路公司 60 万美元(是当时洛杉矶县总财产的 5%)③作为贿赂,使洛杉矶成为该铁路线的终点站。南太平洋铁路连接了旧金山和新奥尔良,以往大众眼中的美国大沙漠已经成为了一个南部花园,1876 年铁路延伸到了洛杉矶,这里吸引了越来越多的居民安居。1885 年洛杉矶与圣菲之间的铁路也修建完成,以此为契机洛杉矶繁荣起来。

① Charles Nordhoff, *California for Health, Pleasure and Residence：A Book for Travelers and Settlers*,转引自 Robert M.Fogelson, *The Fragmented Metropolis：Los Angeles* 1850—1930, University of California Press,1967,p.52。

② Robert M.Fogelson, *Fragmented Metropolis：Los Angeles* 1850—1930, University of California Press,1967,p.52.

③ Janet L.Abu-Lughod, *New York, Chicago, Los Angeles：America's Global Cities*, Minneapolis：University of Minnesota Press,2001,p.137.

南太平洋铁路公司控制了洛杉矶的交通进而控制了这个城市。1885年该公司拥有85%的加州铁路,并对洛杉矶形成了经济上的束缚。它把南加利福尼亚视作一个殖民地,限制着当地经济的发展。然而到19世纪末,南太平洋铁路公司对该地的抑制,越来越受到来自当地贸易、金融和房地产精英人物的挑战。哈里森·格雷·奥提斯(供职于《洛杉矶时报》)和新成立的洛杉矶商贸联盟的同行们都认为,区域经济要发展必须依赖工业。他们预见洛杉矶将是西海岸的商贸和生产中心,因此,决定在洛杉矶的港口问题上同南太平洋铁路公司一争高低。南太平洋铁路公司力荐圣莫尼卡海湾作为海港投资的首选地,而洛杉矶的商联提出了一个相反的建议,要求使用市政府所属的圣佩德罗海湾。最终大规模的联邦海湾投资开发计划放在了圣佩德罗。1871—1892年,圣佩德罗海港共接受了联邦近100万美元的支持,用以改善港口设施[1],这标志着洛杉矶地方商业实力开始摆脱外来公司的影响。到1932年,联邦政府把该港口挖深到35英尺,加宽主要航道至1 000英尺,扩大转弯流域1 600英尺,花费1 250万美金把圣佩德罗港湾变成美国最重要的港口之一。当年,洛杉矶港口的重要性已经在太平洋海岸位居第一位,总吞吐量在国内位居第三。

海湾问题的顺利解决拓宽了洛杉矶发展的舞台,随之对饮用水的迫切需求提到了城市市政建设的日程上来。在世纪之交,洛杉矶的人口已经有102 479人[2],其自来水井仅可提供30万人口饮用。刚从港湾之争凯旋归来的《洛杉矶时报》和商业联盟乘胜追击,组织了一次特别投票,由民众决定发行城市债券(1899年),收购现有的私人水利工程,将私有洛杉矶城市供水公司置于公共管理之下。然后又进行了市政改革,铁路公司的霸权地位被彻底废除了。1905年,洛杉矶渠道公司成立,1906年政府发行2 300万张洛杉矶水利债券,1909年洛杉矶大都市区水专区成立,为提供公有廉

---

[1] 参见 Janet L. Abu-Lughod, *New York, Chicago, Los Angeles: America's Global Cities*, Minneapolis: University of Minnesota Press, 2001, p.139。

[2] California State Data Center, *Historical Census Populations of Counties and Incorporated Cities in California, 1850—2010*, 2011 年 8 月, 见 http://www.dof.ca.gov/research/demographic/state_census_data_center/historical_census_1850-2010/。

价能源扫清了道路。1913 年洛杉矶水渠(Los Angeles Aqueduct)投入使用,它可以从内华达山脉东坡的欧文斯河谷(Owens River Valley)往圣费尔南多河谷输送足供两百万潜在消费者使用的水资源,同时为洛杉矶提供了廉价的蒸汽和电力。洛杉矶的电费成为全国主要城市中最低的,这一点也吸引了东部的企业到此生根开花。1909—1932 年,水利能源部筹集公共资金扩大欧文斯河水系统,以保证联邦政府博尔德峡谷水库工程的用水和能源供给。

### 二、城市工业的初步发展

"在内战后,洛杉矶分享了战后繁荣,1865 年挖出第一口油井,1866 年建立了第一家银行"①。此后,石油公司纷纷建立,主要有 1865 年的先锋石油公司、1873 年的石油精炼公司、1877 年的洛杉矶石油公司等。19 世纪 80 年代,洛杉矶的石油、造船和制造业有了较大的发展。1892 年石油被大量发现,"5 年后,那里便掘出了 2 300 口油井,洛杉矶连同毗邻的两个小镇,石油年产量达到 1 900 万桶。"②至 1923 年,洛杉矶成为美国最大的石油生产地,同时它的石油产量也达到了世界总量的 1/4③。一些小型制造业,如砖窑厂、葡萄酒酿造业也迅速发展。此外,矿业运输成为当时洛杉矶主要的内陆贸易之一,有 1/4—1/3 的塞罗戈多银矿从洛杉矶的港口运送出去。1890 年洛杉矶有 4 家储蓄银行和 11 家商业银行,资产总额分别为 2764350 美元和 13870410 美元④。1884 年洛杉矶储蓄银行成立,这是洛杉矶第一家综合性金融银行;1889 年最早的信托公司"州借贷和信托公司"(State Loan & Trust Co.)成立。电影工业也迅速从纽约和芝加哥传播到这里,1904 年洛杉矶出现了第一部真正意义上的无声电影。电影工业很快在洛杉矶周围的

① Janet L. Abu-Lughod, *New York, Chicago, Los Angeles：America's Global Cities*, Minneapolis：University of Minnesota Press, 2001, p.136.
② 转引自王旭：《美国西海岸大都市研究》,东北师范大学出版社 1994 年版,第 38 页。
③ 参见 David Kipen, *Los Angeles in the 1930s：The WPA Guide to the City of Angels*, University of California Press, 2011, pp.45-46。
④ Frederic Cople Jaher, *The Urban Establishment：Upper Strata in Boston, New York, Charleston, Chicago and Los Angeles*, Chicago：University of Illinois Press, 1982, p.625.

圣费尔南多峡谷、圣莫尼卡等地区扩散开来,1910年,好莱坞合并到洛杉矶,此时已经有10个电影公司在该市运营。1915年后逐渐聚集到好莱坞。1912年洛杉矶县有73家电影公司,职员有3000人。1921年,超过80%的全球电影产业集中在洛杉矶①。到1939年,该行业雇佣人数发展为2.15万人,占制造业总就业人数的15%②。1890—1900年初,洛杉矶制造业扶摇直上,1909年建立了1325个工厂,生产了价值6800万美元的产品超过了西雅图、波特兰和丹佛,成为继旧金山之后远西部的一个制造业中心(详见表1-1)。

表1-1 1909年美国部分城市制造业和就业分布

| 城市 | 人口(以千为单位) | 新建制造业工厂数量 | 制造业的产值(以百万美元为单位) | 劳动力数量(以千为单位) |
|---|---|---|---|---|
| 明尼阿波利斯 | 301 | 1102 | 165.4 | 143 |
| 堪萨斯城 | 82 | 165 | 164.1 | 35 |
| 旧金山 | 417 | 1796 | 133.0 | 234 |
| 印第安纳波利斯 | 234 | 855 | 126.5 | 108 |
| 罗切斯特 | 218 | 1203 | 112.7 | 103 |
| 阿克伦城 | 69 | 246 | 73.2 | 33 |
| 洛杉矶 | 319 | 1325 | 68.6 | 147 |
| 丹佛 | 213 | 766 | 51.5 | 97 |
| 西雅图 | 237 | 751 | 50.6 | 122 |
| 波特兰 | 207 | 649 | 46.9 | 111 |

资料来源:Robert M.Fogelson,*The Fragmented Metropolis:Los Angeles 1850—1930*,University of California Press,1967,p.124.

到1920年,洛杉矶已经成为世界重要的石油产地和电影制造业中心。飞机制造业的萌芽也开始出现,道格拉斯·拉菲德公司(后改名为洛克希

---

① John Buntin,*L.A.Noir:The Struggle for the Soul of America's Most Seductive City*,Broadway Books,2009,p.18.

② Janet L.Abu-Lughod,*New York,Chicago,Los Angeles:America's Global Cities*,Minneapolis:University of Minnesota Press,2001,p.154.

德 Lockheed)设计了第一架载人飞机。一战后,全国性的大公司开始在洛杉矶设立分厂,这些分公司可以减少运输成本和改善当地服务。

### 三、人口变化和城市的公共设施的发展

充足的饮用水和铁路交通网的建立,吸引了部分东部居民变卖他们的财产移民到南加州。1860—1880 年城市人口从 4 385 人增加到 11 183 人[①]。美国本土出生的人口比例大大上升,几乎占总人口的3/4,这些人多来自纽约、宾夕法尼亚、马萨诸塞、缅因、俄亥俄、印第安纳、伊利诺伊和密苏里州,欧洲移民多为英格兰人、爱尔兰人、德国人和法国人,还有部分中国人和墨西哥人。从 1880—1890 年洛杉矶市人口从 11 183 增加到 50 395 人,财产价值从 700 万美元上升到 3 900 万[②]。1900 年时,洛杉矶人口中80%为土生白人(包括加州墨西哥裔的后代),只有 16%是外国出生的白人,黑人占 1.6%,亚裔人口为 2%。1900—1930 年间洛杉矶县人口增长了 13 倍,平均每年增长 40%。

表1-2　1900—1930 年洛杉矶县人口总数和种族构成(包括洛杉矶市)

|  | 1900 年 | 1910 年 | 1920 年 | 1930 年 |
|---|---|---|---|---|
| 总数 | 170 298 | 504 131 | 936 455 | 2 208 492 |
| 土生白人 | 136 330 | 395 042 | 727 928 | 1 667 227 |
| 外国出生白人 | 27 645 | 88 436 | 166 579 | 282 655 |
| 非洲裔 | 2 841 | 9 424 | 18 738 | 46 425 |
| 墨西哥裔 | — | — | — | 167 024 |
| 日本裔 | 204 | 8 461 | 19 911 | 35 390 |
| 华裔 | 3 209 | 2 602 | 2 591 | 3 572 |
| 其他族裔 | 69 | 166 | 708 | 6 199 |

资料来源:Janet L. Abu-Lughod, *New York*, *Chicago*, *Los Angeles*: *America's Global Cities*, Minneapolis: University of Minnesota Press, 2001, p.141.

---

①　参见 Robert M. Fogelson, *The Fragmented Metropolis*: *Los Angeles 1850—1930*, University of California Press, 1967, p.64。

②　参见 Robert M. Fogelson, *The Fragmented Metropolis*: *Los Angeles 1850—1930*, University of California Press, 1967, p.67。

1885—1920 年洛杉矶由一个小城市转变为一个大都市。1890 年,洛杉矶市居民已经达到 5 万人,1910 年达到 31.9 万人,1930 年达到 123.8 万人①(见表 1-3)。人口的增长速度远远高于同期的旧金山,甚至高于纽约和芝加哥。新来移民往往是富有、接受过良好教育的专业人才或商人,他们喜欢在城市定居。随着经济和人口的扩张,洛杉矶成为一个现代大都市。19 世纪 80 年代,这里出现了水泥浇铸的街道、电话、电缆车和电灯,90 年代出现了有轨电车。交通设施的改善,为商业的发展开拓了更广阔的领域并促进了洛杉矶向周边地区的扩展。电车把居民带到了新开发的城镇,洛杉矶拥有的电车轨道数量居加州第一、全国第四。1890 年成立的洛杉矶联合电车公司(Los Angeles Consolidated Electric Railway Co.)掌管了城市里绝大多数电车。在 1895 年组建的电气交通公司(Electric Transit Co.),修建了连接洛杉矶与外部城镇的主要交通线。1891 年亨廷顿建立了太平洋电车公司,是当时世界最大、设施最好的交通运输公司之一,为洛杉矶地区的城际交通作出了巨大贡献(详见第三章)。

表 1-3  洛杉矶市人口变化

| 年份 | 人口 | 增长率 |
|------|------|--------|
| 1850 | 1 610 | — |
| 1860 | 4 385 | 172.4% |
| 1870 | 5 728 | 30.6% |
| 1880 | 11 183 | 95.2% |
| 1890 | 50 395 | 350.6% |
| 1900 | 102 479 | 103.4% |
| 1910 | 319 198 | 211.5% |
| 1920 | 576 673 | 80.7% |
| 1930 | 1 238 048 | 114.7% |

资料来源:California State Data Center,*Historical Census Populations of Counties and Incorporated Cities in California*,1850—2010,2012 年 3 月 20 日,见 http://www.dof.ca.gov/research/demographic/state_census_data_center/historical_census_1850—2010/view.php。

---

① 摘自 Robert M.Fogelson,*The Fragmented Metropolis:Los Angeles 1850—1930*,University of California Press,1967,p.78.表 4。

### 四、洛杉矶大都市区的形成

1906 年,公民以投票方式通过了所谓的"鞋带式狭长土地延伸案",用一块长为 16 英里的长条扩充地把洛杉矶和圣佩德罗、威尔明顿连接起来。这样,随着土地的扩大,该市的面积大约增长了 50%。19 世纪 90 年代中期,在洛杉矶地区发现了大量的石油,"各种黑金郊区"即出产石油的郊区星星点点地布满洛杉矶县内,并延展到奥兰治和圣贝纳迪诺这两个县。其中一些黑金郊区,如:惠蒂埃、亨廷顿滩、诺沃克、厄尔塞贡多等,后来都并入了洛杉矶市[1]。但是另有一些石油郊区因拥有独立石油工业而拥有独立的税收来源,可以向洛杉矶市购买市政服务,却避免被纳入洛杉矶市的管辖。如,1924 年锡格纳尔希尔(Signal Hill)的居民,因其有利的石油工业而拒绝并入长滩[2]。这些独立的石油郊区,分散在洛杉矶市外围地区,此后发展成洛杉矶大都市区内的最早的"自治领地"。1915—1927 年,圣费尔南多峡谷等地区加入了洛杉矶,使洛杉矶的地域范围增加了 257 英里,城市面积增长了 250%[3]。1906—1920 年,在频繁的合并投票后,洛杉矶初步形成了一个以商业区为中心、居住郊区次之,石油、海港工业郊区为最外围的环状层次的大都市区,至 1930 年,其地域面积达 442 平方英里,人口为 123.8 万。由于前文提到的"自治领地"的存在,使洛杉矶大都市区框架内,保留了大量零散的自治地区。因而,洛杉矶市中心对周边地区的经济辐射作用没有得到如纽约和芝加哥领土扩张过程中出现的空前强化,而是造成了洛杉矶市的先天发育不足。同时自治地区权力的保留,为洛杉矶大都市区空间结构的分散化奠定了一定基础。

1904 年美国引进分区制原则,1908 年在洛杉矶做了个实验,把整个城市分为居住区和工业区,对不同区域的土地开发密度、土地利用类型和建筑

---

[1] 参见[美]爱德华·W.苏贾:《后现代地理学——重申批判社会理论中的空间》,王文斌译,商务印书馆 2004 年版,第 294 页。

[2] Janet L. Abu-Lughod, *New York, Chicago, Los Angeles: America's Global Cities*, Minneapolis: University of Minnesota Press, 2001, p.156.

[3] Frederic Cople Jaher, *The Urban Establishment: Upper Strata in Boston, New York, Charleston, Chicago, and Los Angeles*, Chicago: University of Illinois Press, 1982, p.624.

结构都进行了限制。在此后的十余年间分区规划的方法迅速被其他城市所采用。1918年,洛杉矶发放了6 000个建筑许可证。1923年是发展的顶峰时期,此时发放的建筑许可证上升到了62 458个,总投资达2亿美元①。1923年成立了县规划委员会,为郊区发展扫清道路,满足了洛杉矶市政府对土地管理、基础建设服务以及征收财产税等方面的要求。到1925年年底,洛杉矶划分的空地已经不少于60万块,该市分配出了足够容纳700万人定居的土地。

## 第三节　同期美国城市发展特点

### 一、工业时代城市原型——芝加哥

芝加哥作为一个军事据点和印第安人的边区村落,最早的历史可以追溯到1803年。这里人迹罕至,1829年芝加哥总人口不过30人②。30年代后移民大军西进,芝加哥日渐兴隆。1833年,芝加哥成为一个小镇,其范围是在芝加哥河的两岸还不足半平方英里的地域,居民人数为350人,主要是男性③。1833年国会拨款2.5万美元用于改善港口设施,1834年,一条运河连接到芝加哥河河口的沙洲。1837年正式组建为市,城市面积扩展到10平方英里的地域范围。芝加哥的地理位置极佳,它位于密歇根湖最南端,是纽约经水上交通所能达到的最佳地点,它的南部面对着美国最富庶的中西部地区,腹地极其广阔。因此成为连接发达东北部和尚待开发的密西西比河西部广袤地区的枢纽。19世纪40年代后期,在商界的积极鼓动下,州政府出资开凿了伊利诺伊——密歇根运河(从芝加哥到珀鲁),该运河1848年开通,连接了大湖区和密西西比河这两大水系。此后不久,芝加哥又开始

---

① 参见 Michael J. Dear, *The Postmodern Urban Condition*, Oxford：Blackwell Publishers Ltd., 2000. p. 106。

② 参见 Frederic Cople Jaher, *The Urban Establishment：Upper Strata in Boston, New York, Charleston, Chicago, and Los Angeles*, Chicago：University of Illinois Press, 1982, p. 453。

③ 参见 Janet L. Abu-Lugho, *New York, Chicago, Los Angeles：America's Global Cities*, Minneapolis：University of Minnesota Press, 2001, p. 49。

投身铁路建设,铁路从每一个方向进入芝加哥,"到 1855 年,芝加哥已经是十条铁路主干线的汇聚地,一天之内有 96 列火车达到或离开本埠,有 2 000 移民从密歇根中部进入这个城市。"①移民大军和工业时代的到来,无疑是其发展的重要契机。1850 年芝加哥人口为 29 963 人②,1860 年增至112 172 人,1870 年为 298 977 人。

交通的便利改善了芝加哥的经济环境,很多企业大亨纷纷来到这里发展自己的事业,如约翰·法韦尔(1844)、波特·帕尔默(1852)、马歇尔·菲尔德(1856)等,其中法韦尔和帕尔默领导了 40 至 50 年代芝加哥的零售业。早在 1840 年以前,肉类加工也已经出现,并成为该市的主要工业。到1850 年纽约食品加工厂在这里设立了最大的分厂。谷物和木材加工也因就地取材而发展起来。1848 年钢铁制造业开始出现,在内战后重工业成为该市主导产业。内战前芝加哥的农产品居全国第一,肉类加工为第二位,有轨电车制造居第三。内战后芝加哥成为一个名副其实的制造业城市。19世纪 60 年代时,芝加哥只有 5% 的人从事工业活动,1870 年则翻了一番,到1880 年芝加哥已经成为阿巴拉契亚山以西最大的工业城市③。

1871 年芝加哥遭受特大火灾,全市 2/3 都化为灰烬,73 英里的街道被大火吞噬,破坏的建筑物有 1.75 万幢,10 余万人无家可归,财产损失达1.92 亿美元④。这场大火是芝加哥历史上的一次重要转折,尽管城市遭受的损失比较惨重,但交通和工业设施还相对保持完好。由于东部资本的注入,城市很快开始了重建过程。新的建筑都是以砖石铸造,城市的重建推动

① Irving Culter, *Chicago: Metropolis of the Mid-Continent.Dubuque*, Iowa: Kendall/Hunt. 1976.p. 19.转引自 Janet L. Abu-Lughod, *New York, Chicago, Los Angeles: America's Global Cities*, Minneapolis: University of Minnesota Press, 2001, p.50。

② 参见 City-Data Forum, *NYC vs LA vs Chicago-Population Trends Battle based on US Census data*, 2011 年 8 月 5 日,见 http://www.city-data.com/forum/city-vs-city/1348663-nyc-vs-la-vs-chicago-population.html。

③ 参见 William Cronon, *Nature's Metropolis: Chicago and the Great West.* New York: W. W. Norton, 1991.p.311 转引自 Janet L. Abu-Lughod, *New York, Chicago, Los Angeles: America's Global Cities*, Minneapolis: University of Minnesota Press, 2001, p.51。

④ Herman Kogan and Robert Cromie, *The Great Fire: Chicago 1871.* New York: G. P. Putnam's Sons, 1971.p.113.转引自 Janet L. Abu-Lughod: *New York, Chicag, Los Angeles: America's Global Cities*, Minneapolis: University of Minnesota Press, 2001, p.52。

了城市自身的经济增长。

1870—1900 年芝加哥是美国增长最快的城市。伊利诺伊州的城市在 1870 年成为全国铁路中心,主干线穿过芝加哥、密尔沃基、岩石岛、伯灵顿等城市,1870—1902 年伊利诺伊州的铁路英里数超过美国其他州。"19 世纪 90 年代芝加哥……把许多村庄由主干线路串联起来,如同一串珍珠。15 年以后,芝加哥铁路线上的往返者增加了 9 倍达到了 7 万人。"①便利的交通使芝加哥在 19 世纪 70 年代成为中西部的商贸中心、工业中心和金融业中心。1875 年该市批发贸易总额达到 2.5 亿美元。1890 年交易额翻了一倍,1910 年则增长为 1890 年的 5 倍还多。1870 年伊利诺伊州的钢铁产量在全国名列第十七,但在 1880 年则迅速攀升至第四。1890 年,芝加哥市农业产品、肉类加工、有轨电车制造、锡器、玻璃铸造、机械制造、乐器制造、家具制造都名列第一。制革、建筑、服装和制桶业居全国第二。1860—1890 年芝加哥的制造业产值从 1355.6 万美元,上升到 6.6 亿美元,1910 年更达到 18.7 亿美元。19 世纪 70 年代芝加哥就超过了圣路易斯成为中西部主要的金融支点,1880 年至 1900 年这里银行的交易总额和存款则超过了费城和波士顿。1900 年后更成为仅次于纽约的金融市场②。

1871 年芝加哥市有 32.5 万居民,地域范围为 35 平方英里。1880 年该市人口增加到 50 万,1890 年人口超过 100 万,当年芝加哥成为美国第二大城市。1893 年,这个城市控制了 185 平方英里的土地,总人口为 140 万。增长的 30 多万人口主要来自城市对周边土地的兼并活动。③ 最大的兼并发生在 1889 年,芝加哥领土面积增加了 133 平方英里,包括今天的芝加哥南部,海德帕克、肯特伍德、伍德朗的 35 至 71 街,卡柳梅特地区的外围的工业

① Kenneth T.Jackson, *Crabgrass Frontier the Suburbanization of the United States*, New York: Oxford University Press, 1987, p.93.

② 参见 Frederic Cople Jaher, *The Urban Establishment: Upper Strata in Boston, New York, Charleston, Chicago, and Los Angeles*, Chicago: University of Illinois Press, 1982, p.473。

③ 参见 Janet L. Abu-Lughod, *New York, Chicago, Los Angeles: America's Global Cities*, Minneapolis: University of Minnesota Press, 2001, p.106。

社区,如大格罗斯(Grand Grossing)、南芝加哥、乔治普尔曼镇等。① 1900 年芝加哥的人口则跨过 200 万大关。

芝加哥城市空间布局中最具特色的是市中心商业区的形成。市中心商业区被称为 Loop(因高架铁路环绕而得名),这个区聚集了一些著名的零售商、办公设施和金融机构,导致地价不断上涨,1873 年中心商业区的土地价值占全城的 12.5%,1892 年达到 23.3%,1910 年则占 40%②。因此,向立体发展的摩天大楼出现了。1887 年,芝加哥一家房地产公司建成了第一座具现代意义的摩天大楼——家庭保险大厦。该楼采用钢架结构,不用承重墙。这种钢架结构的摩天大楼很快风行起来。同时芝加哥的发展也对周边地区产生了经济辐射作用,其典型特征是出现郊区卫星城。这一时期,铁路和电话的广泛使用使得一些大工厂可以在不同地点设分厂,或开设相关企业,在此基础上形成卫星城。这些卫星城的地理位置选择很重要,它们既要接近芝加哥的市场和劳力,又要远得足以找到地价便宜之处。绿岛是芝加哥的第一个卫星城,最初它只是芝加哥南部 16 英里的集镇,19 世纪 80 年代后变成芝加哥大企业的附属。1880 年由乔治·W.普尔曼在芝加哥南面 8 英里处建立的普尔曼车厢厂是另一个典型的工业卫星城,厂方对该卫星城和工人实行家长式管理,为工人建造了经济公寓,并设立了商店等服务机构。1906 年由美国钢铁公司在印第安纳州西北部建立的钢铁城市加里也是芝加哥的一个主要卫星城。"进入 20 世纪,由于交通运输条件的改善,开始在更远的地方出现卫星城,如在芝加哥南部 35 英里的范围内产生了加里、沃基根、埃尔金、奥罗拉、乔利埃特、芝加哥海茨等。"③中心城市、卫星城与郊区共同构成了芝加哥大都市区。这些卫星城市从地域上看,都是围绕着芝加哥这个核心而分布;从人口、经济、文化娱乐等方面上看,都附属于芝加

① 参见 Kenneth T. Jackson, *Crabgrass Frontier: the Suburbanization of the United States*, New York: Oxford University Press, 1987, p.142。

② 参见 Frederic Cople Jaher, *The Urban Establishment: Upper Strata in Boston, New York, Charleston, Chicago, and Los Angeles*, Chicago: University of Illinois Press, 1982, p.473。

③ 王旭:《美国城市发展模式——从城市化到大都市区化》,清华大学出版社 2006 年版,第 69 页。

哥,因此,芝加哥为单核式大都市区。

芝加哥早期的城市规划也促成了其空间模式的单核式。1906 年芝加哥商业俱乐部委托伯纳姆为芝加哥作城市规划,经费由商会组织资助。1909 年完成的《芝加哥规划》设计了一个呈放射状加同心圆的高速公路系统,从城市中心向外延伸至少 60 英里,因此,它既是一个城市规划又是一个区域规划。设计师伯纳姆设计了统一的公交系统,并建议与铁路运输站点相一致,芝加哥联合车站就是该规划的产物。在城市内部,规划对拓宽街道和修建立交桥等关键问题提出建议,立交桥的出现,无疑是为了巩固城市经济围绕 Loop 而持续发展。芝加哥成立了规划委员会负责实施该规划,至1931 年,为该计划的实施共发行的债券达 30 亿美元。

芝加哥之所以采用这样的城市规划,与其崛起的时代背景密切相关。当时正值美国第二次工业革命如火如荼展开的时候。城市的内部结构是以扩张为主要特征,沿着交通线从城市中心向外辐射。当城市向外扩张时,芝加哥城市功能的地理分区开始产生:中心商业区成为零售业、批发业或金融业的汇聚地,服装工业仍定位在商业区附近,以追逐那里密集的消费群体;一些大工业在城市中无法找到高利润的厂址而迁往郊区。钢铁、橡胶和玻璃工厂都定位在城市边缘,那里土地便宜,市政规则较少,制造业可以得到充分的扩张空间,同时又可以减少对环境的影响。水产业的行业要求与自然资源密切联系,码头的位置不易改变,但造船移到了河流的上游或下游。以上三个就业带反映了不同的土地使用和不同部门的技术要求。此外,工人居住地也发生了变化。在工业化未到来的时代,工人定居在城市附近是很普遍的,因为这一地区包含了城市的主要就业基地。但是工业化的来临使毗邻工厂的居民聚集地激增,居民社区因经济、种族等界线而划分得更加清晰。

芝加哥的城市发展模式,引起了社会学家的关注。20 世纪 20 年代社会学家们开始对芝加哥市的住宅区、工业区及中心商业区的形成和变迁进行了大量的调查研究,以解释城市内部的变动。此间 1925 年伯吉斯(E.W. Burgess)提出了同心圆模式,用以描述解释城市中心和外围土地利用的功能分异。伯吉斯认为任何一个城市都是从中心区向外围的同心圆区进行辐射性的扩张,土地所处的位置离中心区越远,其便利性就越差,土地的租金就越便宜,密集度也越低。从中心区向外,土地的使用会呈现出以下的同心圆形式:中心商业区,过渡区,工厂区和低收入者居住区,高收入者居住区和通勤区。从中心向外,随着离城市中心距离的增加,移民的迁入、犯罪、贫穷和疾病都在相应地下降。同心圆理论考虑到各种基本的条件是在不断变化的,人口的自然增长、新迁入的移民,经济增长和收入的增加都会使城市区域里的一个环形带向下一个环形带演化。该理论因其通俗易懂和宣传力度较大而产生了较为广泛的影响。20世纪多数城市理论研究都是基于同心圆学说而展开,芝加哥也被人们认为是工业城市的原型。此后,霍伊特(H. Hoyt)、哈里斯和乌尔曼(L.D.Harris & E.L.Ullman)发展了伯吉斯的学说,分别提出了解释城市用地功能分区的扇形模式(1939年)、多核模式(1945年)。由于上述学者当时均在芝加哥大学任教,故被称为芝加哥学派。

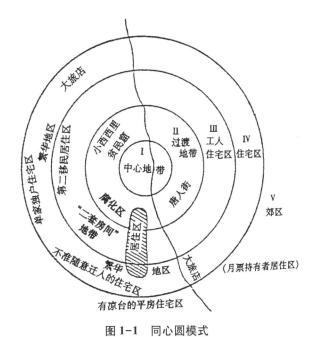

图 1-1　同心圆模式

资料来源:[美]R.E.帕克等《城市社会学——芝加哥学派城市研究》,宋俊岭等译,商务印书馆2012年版,第54页。

### 二、美国早期集中型城市空间结构形成的原因

19世纪美国的绝大多数城市都如芝加哥这样是集中形态,交通技术的限制是主要因素。19世纪初,水运很便宜,而陆运很贵,帆船的(吨/英里)运输成本是马车的十分之一,海船的运输成本较之帆船更低。成本差异的结果之一是港口城市的优先发展,之二则是经济活动尽可能集中在城市内那些水运可以直达的区域。由于大多数人是步行上下班,因此,毋庸置疑,工作地的集中也就意味着居住地的集中。19世纪20年代出现的铁路技术延续了这一聚集效应,铁路的出现使长距离运输的成本大大降低。所以,有铁路通过的地区区位优势异常明显。制造商和零售商为了节约成本,围绕着铁路站点及其周围地区形成聚集。在港口城市,一个理想的工业区位是位于铁路线与码头之间,这种结构的遗迹在今天曼哈顿的下西区仍然能够看到。在19世纪,港口很繁忙。下曼哈顿是一个主要的制造业和货运中心,来往于欧洲和美国中西部的货物从这里进入曼哈顿,上百米的路程几乎全部是这种低成本的运输模式。这种追逐铁路和水运码头而安身的意识,提高了聚集地的区位价值。工业、商业和住房都尽量建在这样的区位之内或附近,而地价的不断上扬则使人们选择了建筑密集型房屋。制造业和商业用房被安置在一个挨着一个的多层建筑内。对居住用地利用率的追求,往往导致了居民建筑内惊人的拥挤。

另外,19世纪的技术特点也有助于城市高密度开发模式的实现。当时劳动生产主要依靠蒸汽机作为动力,并通过传送带和滑轮进行传送。以这种方式传递的距离是有限的。南北战争结束后,电梯和钢结构技术出现了,两者结合使建造摩天大楼在经济和技术上成为可能。因此城市内高楼大厦拔地而起,城市空间的利用越来越稠密。此时,工业主要集中在城市,在南北战争后不仅制造业越来越城市化,而且它在大城市的发展速度越来越快,这一现象一直持续到19世纪末。一般来讲,城市规模愈大,工业部门愈多,吸引移民人口愈多,服务的范围也愈大。随着较大城市从工业化中获得更多的增长,城市等级体系内不同水平城市间的差距被拉开。大公司要想成功地占领其他公司的市场区,总是将总部设在相对大的城市。因为大城市

不仅提供较大的地方市场,且更容易达到规模经济。一旦交通价格大幅度下降,而大、小城市间生产产品的价格相差不大的话,大城市内的较大公司就能迅速占据小城市小公司的市场。如此一来,资本活动带动了大城市向外围地区的不断扩展,而大城市在该地域内的中心辐射作用也越来越强。19世纪末至20世纪初,随着有轨电车从市中心向城市边缘的延伸,电车轨道经过地带的郊区居住区发展起来,城市和郊区之间的联系愈发紧密,形成有机的整体,共同构成了大都市区的两个基本生态组织结构,芝加哥等单核式大都市区的城市空间结构就是这样形成的。

# 第二章 "洛杉矶模式"的形成

　　19 世纪末至 20 世纪初的科技进步和管理革命使美国拥有了 20 世纪 20 年代"永恒的繁荣"①。在经历了 1921 年短暂的衰退后,"美国的经济从 1922 年起进入了一个高速发展时期。据统计,美国的国民生产总值从 1920 年的 862 亿美元,增至 1929 年的 1 044 亿美元。"②对于洛杉矶来说,20 世纪 20 年代是一个重要的转折时期。首先,从经济发展来看,这一时期,洛杉矶超越了旧金山,成为西部的地区性中心城市。第二次世界大战及冷战为洛杉矶的国防工业带来了繁荣,在国防工业的刺激下,洛杉矶经济空前发展。20 世纪 60 年代末,当美国陷入经济衰退的阴影时,洛杉矶率先采用了工业分散化、再工业化的方针,及时调整其产业结构,不仅成功地走出衰退阴霾,并且其经济再次攀升,一跃成为全球重要经济城市之一。纵观洛杉矶经济发展道路,我们发现,它并没有经历东北部和中西部的经济衰退,而是呈现出持续的螺旋式上升趋势。其次,从空间结构上来看,洛杉矶也与美国其他大都市区不同,是先有分散的众多小城镇,城镇之间通过合并形成大都市区,而不是由一个核心城市向外扩展,通过不断兼并周围地区建立的大都市区,这种模式导致洛杉矶这个中心城市先天发育不足。作为后发性城市化地区,1920 年以后特殊的历史机遇促使洛杉矶分散化的城市空间结构得到充分发展,并最终在 70 年代以后形成了具有典型意义的"洛杉矶模式"。

---

① 余志森主编:《美国通史——崛起和扩张的年代 1898—1929》,人民出版社 2001 年版,第 460 页。
② 余志森主编:《美国通史——崛起和扩张的年代 1898—1929》,人民出版社 2001 年版,第 461 页。

## 第一节 第一次世界大战后洛杉矶大都市区的发展

### 一、第一次世界大战后的经济状况

20 世纪 20 年代飞机制造、石油精炼和汽车工业的快速发展,带动了洛杉矶的地方经济。1919—1939 年洛杉矶县内工厂的商品总价值从全国第二十七位攀升到第 7 位;同期洛杉矶市制造业的总产值由第十二位上升到第 6 位。20 年代中期,洛杉矶出现了飞机制造业的萌芽,空中服务也很快发展起来。地方飞机制造工业的初步发展便利了洛杉矶与东海岸城市之间的经济联系,1929 年在洛杉矶和纽约之间出现了第一个飞机航班。此后,飞机制造业成为工业扩张中的旗舰。至 1935 年洛杉矶石油精炼、飞机制造业、汽车零件组装、橡胶制品和电影工业组成了洛杉矶的支柱性产业,制造业成为洛杉矶县最大的收入来源。20 年代洛杉矶超过旧金山成为加州的工业中心。30 年代洛杉矶市的人均收入超过了加州的平均水平,1965 年其人均收入已成为全美第一[①]。此外,无论洛杉矶县还是洛杉矶市都是主要的商品零售和批发市场。

在 20 世纪 30 年代洛杉矶市以西、以北、以南 10 英里的弧形地带内建立起六大飞机制造公司,即洛克希德(Lockheed)、道格拉斯(Douglas)、诺思罗普(Northrop)、北美(North America)、瓦尔特(Vultee)、维加(Vega)。1939 年飞机制造业仅仅是以熟练工人为主、就业人数共 2 万的产业,到 1943 年时它已成为一项使用装配线生产的大型工业,仅在洛杉矶县就有 24.3 万工人。随着飞机制造业的发展,许多辅助性的企业也在这里聚集。1939—1941 年有 50 个辅助性企业在洛杉矶县投资生产或扩大经营规模。洛杉矶的产业结构初具科学—工业复合体的雏形。企业的集中,带动了住宅建筑的繁荣,人们甚至把建筑业称为当时工业图景中一个最耀眼的闪光点。大

---

① 参见 Frederic Cople Jaher, *The Urban Establishment: Upper Strata in Boston, New York, Charleston, Chicago, and Los Angeles*, Chicago: University of Illinois Press, 1982, p.659。

量廉价住宅建在工业企业、尤其是飞机制造业厂的附近。

此时,石油精炼是洛杉矶大都市区内增长最快的工业。在 1892 年石油生产出现一个小繁荣,1897 年石油开始被用于商业提炼,并在一些重要领域中市场化。第一次世界大战时,巴拿马运河的开凿和联邦港圣佩得罗港口的加深,使石油出口急速增加。到 20 世纪 20 年代初,锡格纳尔希尔油井、亨廷顿海滩和圣菲油井生产了世界 1/5 的石油,石油成为洛杉矶的"黑色黄金"。石油业的发展,使大量人口涌入洛杉矶盆地,在那里建立了许多居民小区,1920 年有 346 个小区开工,1921 年上升到 607 个,1922 年为 1 020 个,1923 年增加至 1 434 个[1]。

汽车业的发展在洛杉矶也堪称一个奇迹。福特汽车公司的"T"型汽车发明后不久,即投入大批量生产,进而迅速普及。到 1922 年,全国 60 个城市中有 13.5 万个家庭完全依靠汽车作为交通工具。在洛杉矶,汽车的普及速度更快。"1910 年后 10 年时间里,洛杉矶人口翻了一番,但其汽车拥有量增加了 5 倍。到 20 年代末,洛杉矶人均拥有汽车的数量居全国首位:全市共有 80 万辆汽车,平均每个家庭一辆。洛杉矶成为全国第一个车轮上的城市,率先产生车轮上的文明。"[2]

洛杉矶不可避免地受到了"大萧条"的冲击。1929 年石油价格下降,工业就业从 1929 年 10 月到 1930 年 10 月下降了 1/4。但洛杉矶因其拥有工艺技术和批量生产;充足的劳动力和企业资本;新兴的汽车、飞机制造业;石油资源和阳光气候的恩赐于一身,使其顺利闯过了经济大萧条。因此尽管大萧条的头几年使洛杉矶在 20 年代的工业发展停滞下来,但到 30 年代中期,这里的工业开始复苏,1934—1935 年间,大多数工业部门已经恢复到 20 年代末的水平。1935 年,洛杉矶的工业在全国的排名上升到第七名[3],1939

① 参见 Mark S.Foster," Auto Mobile and the Suburbanication of Los Angeles in the 1920s", *in Major Problems in the History of the American West*, Howard P.Chudacoff.(ed.), Lexington:D. C.Heath and Company,1994,p.323。

② 王旭:《美国城市化的历史解读》,岳麓书社 2003 年版,第 122 页。

③ Greg Hise, "Industry and the Landscapes of Social Reform", in *From Chicago to L.A.*: *Making Sense of Urban Theory*, Michael J.Dear & J.Dallas Disherman, (eds.), Thousand Oaks, California: Sage Publications International Educational and Professional Publisher,2001,p.107.

年洛杉矶的工业就业人数比 1929 年增长了 1/5①。电影业因在大萧条时期安慰人们的恐慌情绪而得到发展。到 1939 年洛杉矶县不仅保留一流的农业收入,也有一流的飞机制造业、电影工业,汽车流水线、橡胶轮胎、家具产品、零售业、部分服装行业等也在全国名列前茅。

欧文斯峡谷的引水保证了城市供水,同时为了满足农业和居民需求的增长,洛杉矶还开放了圣费尔南多谷。到 30 年代中期,市政府承担了电力供应,在洛杉矶县建立了一个发电厂。为了进一步提高水的供给,联邦政府资助建设的"胡佛水坝",跨越科罗拉多河取代了原来的帕克大坝。

### 二、第二次世界大战后的制造业繁荣

第二次世界大战后,第三次科技革命在美国迅速兴起,其经济日渐勃兴,国民生产总值由 1945 年的 2 124 亿美元跃至 1965 年的 6 377 亿美元,平均年增长率为 6%。1964 年美国的人均国民生产总值达到 3 272 美元,是西欧 13 国人均国民生产总值 1 552 美元的两倍多②。洛杉矶在国防工业和福特主义科学管理方式的影响下制造业飞速发展,取得了惊人的成绩。1965 年全县制造业的产值比 1939 年增加了 8 倍。企业的增长刺激了资本的积累,洛杉矶县银行储蓄在 1927—1949 年增长了近 4 倍,1949—1970 年也是如此。至 1970 年洛杉矶大都市区已经成为全美经济的重要力量。

随着第二次世界大战的爆发,联邦政府对西部各州及城市增加了国防投入,这主要是因为西部气候适宜;可以为军事基地、造船厂和机场提供广阔的活动空间;也可以为初级金属生产提供电力资源。"几乎每个北纬 41 度线以南的西部城市都获得了新建或扩建的基地——丹佛边上的劳里空军基地、科罗拉多斯普林斯附近的彼得森机场、盐湖城西南的基恩斯陆航基地、图森的戴维斯—蒙森空军基地、埃尔帕所的比格斯机场以及阿尔伯克基

---

① 参见 Roger Keil, *Los Angeles : Globalization, Urbanization and Social Struggles*, New York: John Wiley & Sons,1998,p.65。
② 参见沈学民:《富裕中的贫困——美国贫困标准统计指标的剖析》,《世界经济》1986 年第 5 期。

的柯特兰机场。"①联邦政府的国防投入对洛杉矶经济的发展非常有利,第二次世界大战期间,洛杉矶成为了战时主要的制造业中心,如造船业和飞机制造业。全美六个主要飞机制造商的总部都在洛杉矶,如道格拉斯飞机、休斯飞机、北美航空、洛克希德公司、诺斯罗普公司、伏尔提飞机。战争期间,一年的飞机生产量比 1903 年至战前所有的飞机总数还要多。战后,洛杉矶仍然享受着战争红利。尤其是对道格拉斯公司、休斯飞机公司、北美飞机制造公司和洛克希德等这样的大公司。它们不仅得到了联邦政府资金、技术、设备等方面的支持,并且为了研发的需要,它们与高校和科研机构建立了良好的供需网,使科学—工业复合体的产业结构得到强化。如,加利福尼亚大学洛杉矶分校为满足飞机制造商们的技术需求而设计了一个新的工程计划。技术与管理的专业知识、训练有素的工人以及众多附属公司结合在一起,使洛杉矶获得了 1946—1949 年间国家大部分军用飞机合同,并且在 50年代赢得了重整军备合同中的最大份额。1945—1955 年洛杉矶在飞机和仪器方面的资本投入超过了 60 亿美元。其飞机制造业在 1955 年创造了27.5 万个就业机会,到 1967 年则达到 35 万个,另有 15 万个分布在邻近各县。从 1950—1953 年,即在朝鲜战争期间,洛杉矶的总就业增加了 41.5 万个工作岗位,仅飞机制造业就增加了 9.5 万个工作岗位(该行业已从原来的重点制造飞机机架,调整为更加多样化的航空与航天器—电子器件—导弹制造)②。1962 年《洛杉矶时报》估计,1/3 的洛杉矶和长滩的工人依赖国防工业③。60 年代美国防务经费的剧增,加强了国防与西部教育、信息产业之间的联系。在这段时期,洛杉矶逐渐发展成高科技—工业复合体的中心,集民用飞机制造、先进的电子工业、宇宙探索、武器研究和大量国防业务于一体。自 60 年代以来,西部在美国国防支出中所占份额一直比较稳定,至

---

① [美]卡尔·艾博特:《大都市边疆——当代美国西部城市》,王旭等译,商务印书馆 1998年版,第 22 页。

② 参见[美]爱德华·W.苏贾:《后现代地理学——重申批判社会理论中的空间》,王文斌译,商务印书馆 2004 年版,第 296 页。

③ 参见 John Caughey & Laree Caughey, *Los Angeles*: *Biography of a City*, Berkeley: University of California Press Berkeley Los Angeles London, 1977.p.395。

60 年代末,当战后的经济繁荣达到其高潮的时候,洛杉矶作为国家最大的技术型大都市,在这个区域的地位已岿然不可动摇。

"1945—1948 年间洛杉矶新建或扩建的制造业工厂数量比战争年代的 1942—1944 年多 50%,而在战后初期几年中南加利福尼亚吸引了美国制造业全部新投资的八分之一。"①值得关注的是钢铁公司,尤其是伯利恒(Bethlehem)钢铁厂从 1942 年起产量开始扩大。一份报告中说 1942 年洛杉矶的钢铁消费估计超过 200 万吨,越来越多的钢铁是地方生产的,这份报道预示了南加州的工业未来。时至 20 世纪 40 年代后期,洛杉矶已发展成为中西部之外销售量最大的汽车—玻璃—橡胶轮胎制造中心。至 50 年代,洛杉矶在轮胎生产上仅次于阿克伦,在汽车装配数量上仅次于底特律。服装工业的发展也是惊人的,到 1944 年,洛杉矶的服装业就业为 3.5 万人,生产大约 26.5 亿美元的商品,其中 85%销售到落基山的东部②,1949 年洛杉矶成为仅次于纽约的服装业中心。到 1950 年,洛杉矶 1/4 的就业集中在制造业,超过了同期的旧金山和西雅图。尽管国防工业仍旧居于主导地位,但是南加州不再被看作是仅由飞机制造、电影娱乐和奥兰治的高科技来主宰其命运。1950 年电影、电视和广播从业者在洛杉矶仅占就业的 3%,扩张的服装贸易,钢铁和门类齐全的工业,为西部市场提供了各种服务③。地区市场规模的扩大、日益多样化的本地产品和新的高科技产业一道,使洛杉矶成为西部的销售中心。1956 年,美国银行调查表明加州不再是国家中的经济边缘地带,对国家市场来说具有特殊贡献。它不仅满足了本市商品的需求,而且为其他地区提供了必要的补充。

福特主义科学管理方式主导了战争期间和战后的制造业生产。福特主义是 1914 年由亨利·福特实行的自动化汽车装配线所开启的大规模生产方式,其具体内涵包括零部件的规格化、劳动的标准化与生产线的科学管理

① [美]卡尔·艾博特:《大都市边疆——当代美国西部城市》,王旭等译,商务印书馆 1998 年版,第 81 页。

② 参见 John Caughey & Laree Caughey, *Los Angeles*: *Biography of a City*, Berkeley: University of California Press, 1977, pp.391-392。

③ 参见 John Caughey & Laree Caughey, *Los Angeles*: *Biography of a City*, Berkeley: University of California Press, 1977, p.396。

化,后一内容主要由科学家泰勒所奠定。福特主义的精神与运作原理快速传遍美国甚至世界各地,成为20世纪生产方式的主流。福特主义的独特之处也是最终使其与泰勒主义相区别之处,就是他明确地认识到:大规模生产将带来新的大众消费、劳动力再生产的新体制、劳动控制和管理的新策略。简言之,意味着一种新的理性化的、现代主义的和平民主义的民主社会①。福特主义在战争时期发挥了巨大功效,第二次世界大战时的战时动员急切需要人力、物资的统一计划和劳动过程的合理化。尽管有工人抵制流水线生产,部分资本家也惧怕集中化控制,但对资本家和工人双方来说,都很难拒绝在全面战争时期不断提高生产效率的福特主义生产方式。这种新型的管理模式使劳资关系以社会契约的形式稳固发展。它不仅作为一个大规模生产的体制,更多的是代表一种全新生活方式一直持续到60年代末。福特主义渗透到各个城市的生产、生活中,其中最具代表性的城市有:底特律、芝加哥、匹兹堡等。这些城市的经济以工业为中轴联合在一起,以规模生产为主导思想。此时,洛杉矶地区也不可避免地发生着变化。洛杉矶、长滩两个港口经济都有所增长,在两个港口与市中心商业区之间,形成了巨大的城市工业带。至40年代洛杉矶已成为密西西比河以西最大的工业集中地,主要包括汽车制造、钢铁、玻璃、轮胎、耐用消费品等。福特主义在当时已成为美国制造业的显著特征。在许多工业部门,福特主义的劳动过程被普遍使用,耐用消费品的批量生产高速发展,洛杉矶也成为该时期工业大都市的缩影。它不仅是福特主义工业扩张的一个示范场,而且也是凯恩斯主义需求刺激和批量消费主义的一个示范场。在这段时期,洛杉矶独树一帜的鲜明特色,就是它同时发展成为"福特主义工业化"和"阳光带"的一个典型例证,即大规模工业生产和高科技产业相结合的典范。福特主义也推动了新一轮大规模的郊区化进程。伴随着汽车普及而产生、并不断扩展的郊区化,将城市生活推进到依赖汽车和沿高速公路延伸开去的边远地区。

---

① 参见[美]戴维·哈维:《后现代的状况——对文化变迁之缘起的探究》,阎嘉译,商务印书馆2004年版,第167页。

### 三、移民种族变化与种族骚乱

第一次世界大战时尤其在美国参战后,北部工业中心劳动力明显短缺,但移民洪流因战争受到阻碍,缺少的移民劳动力只有从南部征募黑人而得到补充。大量黑人涌入工业城市,加速了北部工业中心的黑人隔离,尤其是纽约和芝加哥。在洛杉矶,劳力短缺因流入的墨西哥移民而得到一定程度的缓解,也有一小部分黑人在第一次世界大战及战后进入洛杉矶。第一次世界大战结束时,俄国十月革命带来的"红色恐慌",使人们普遍恐惧移民潮。1921、1924 年移民法中欧洲配额明显减少,移民中原来比例较少的墨裔突然增加了。1921—1930 年 11% 的合法移民来自美国南部边界。大萧条时期加州是唯一一个吸引了大量移民的州。1930—1940 年洛杉矶人口增长了近 60 万,即从 2 318 526 人增加到 2 904 596 人。其中 87% 以上的增加人口为移民[①]。1940 年洛杉矶外籍出生的人口中最大比例的仍为墨西哥人,另外近 20 万外籍出生人口来自北欧国家。从美国国内移民来看,30年代中期前大多数来到洛杉矶的美国移民都来自中西部或东海岸,但此后 3/4 的国内移民来自密西西比河西部,并且这些新移民更多的是城市人口。新的无技术非洲裔移民从南部乡村进入城市与墨裔移民竞争工作机会(后者也是在战争期间到洛杉矶的),他们的主要基地是洛杉矶和东部大城市郊区。战争时期对劳动力的需求促使非洲裔人口持续增加,到 1940 年洛杉矶市非洲裔人口为 6.5 万人,1944 年有近 11.9 万,1945—1946 年超过 13.3万人,1950 有 17.1 万非洲裔住在洛杉矶市[②]。40 年代瓦茨区从一个白人居住地蜕变为黑人占多数的地区,接纳了大量邻近人口,并形成居住环境严重拥挤、卫生条件恶劣的"隔都区"(即少数民族聚居区,由英文 Ghetto 音译而成)。另外,洛杉矶近郊地区族裔社区中聚集了大量的非洲裔人口,

---

① 参见 Janet L. Abu-Lughod, *New York*, *Chicago*, *Los Angeles*: *America's Global Cities*, Minneapolis: University of Minnesota Press, 2001, pp.244–245。

② 参见 Janet L. Abu-Lughod, *New York*, *Chicago*, *Los Angeles*: *America's Global Cities*, Minneapolis: University of Minnesota Press, 2001, p.247。

1930—1950 年间洛杉矶县内郊区的非洲裔从 16% 上升到 21%①。当战争结束时,许多黑人工人离开,然而在洛杉矶市南中心和瓦茨的隔都区内社会条件进一步恶化,非洲裔作为种族隔离的牺牲品,被孤立在贫民窟之中。

40 年代墨裔和非洲裔移民人口持续增加,40 年代早期的新移民使洛杉矶墨西哥人社区的规模扩大了一倍,估计达 40 万人。1945 年洛杉矶联合大都市区内非洲裔移民数量增至 16 万②。1960 年在战后全国婴儿潮的影响和新移民法刺激下,洛杉矶的外来移民主要是墨裔、亚裔。这些移民进入洛杉矶市,造成供水、地下水甚至电话线都严重不足,白人纷纷迁到郊外,非洲裔大多集中在洛杉矶市南中心和瓦茨,拉美裔(包括墨西哥裔、波多黎各裔、古巴裔)聚居在市中心东部。1960 年洛杉矶三个最大的非洲裔社区是从中央大道至弗隆排屋(Furlong Tract),瓦茨和西杰斐逊,三者合并形成了黑人带。在种族隔离的制度下,非洲裔在就业市场上始终处于不利地位,即使职业相同,工资也比白人低,而就业不足或失业状态更使许多非洲裔生活窘迫。虽然 1960—1966 年,非洲裔在高科技、高工资职业的就业增长率已明显提高,但是不可忽略的是,下层黑人的收入根本没有增加。自 1954 年以来黑人的失业率始终在 6% 以上③。1970 年,洛杉矶市的贫困率为 20.4%,其中白人贫困率为 6.1%,黑人贫困率则高达 63%,拉美裔贫困率为 27.3%;同年洛杉矶隔都区内贫困率为 45.2%,白人贫困率为 25.8%,黑人贫困率为 80.5%,拉美裔为 42.3%④。此外,洛杉矶在 1937 年通过瓦格纳法,资助住房计划。1940 年洛杉矶城市住房管理局调查表明,1/4 或超过 25 万住房是不合标准的。至 1943 年 2.7 万人受益于瓦格纳法和拉纳姆法

① 参见 Janet L. Abu-Lughod, *New York, Chicago, Los Angeles: America's Global Cities*, Minneapolis: University of Minnesota Press,2001,p.248。

② 参见[美]卡尔·艾博特:《大都市边疆——当代美国西部城市》,王旭等译,商务印书馆 1998 年版,第 31 页。

③ 美国民事动乱顾问委员会:《克纳报告》,第 251—252 页,转引自梁茂信:《都市化时代——20 世纪美国人口流动与城市社会问题》,东北师范大学出版社 2002 年版,第 312 页。

④ 摘自梁茂信:《都市化时代——20 世纪美国人口流动与城市社会问题》,东北师范大学出版社 2002 年版,第 277 页表格。

(Lanham Act)下的公共住房。但这些法案对减轻少数民族住房短缺或种族融合来说作用微乎其微。非洲裔贫困率的上升和公共住房法的失败,导致了种族关系的紧张。60年代美国社会充斥着自由主义的平等思想,在肯尼迪政府的"新边疆"和约翰逊政府"伟大社会"的实验场中,美国的经济与社会生活呈现出空前繁华的景象。然而这"昙花一现"的繁华并没有惠顾下层人民和少数民族群体。从1963年开始,城市种族暴力冲突日益增多,其规模也不断升级。1961—1969年间,共发生各类种族冲突达2 500多起①。

1965年8月洛杉矶瓦茨区爆发了骚乱,黑人马凯特·佛赖伊超速驾驶,随意改换车道,被白人警察发现追赶,行至瓦茨区时被抓获。在围观的黑人中有人唾骂警察,警察错将一名妇女扔进警车而遭围攻,前来救援的警察也与围观者发生冲突。非洲裔黑帮卷入后,冲突骤然加剧,联邦政府和地方政府动用了1.6万军队和警察才平息了这次冲突。在为期一周的冲突中,有34人死亡,其中有3个黑人,1 032人受伤,4 000多人被捕,波及面积达120平方英里,有600多栋房屋被毁,财产损失达4千多万美元②。由此开始,很多黑人选择以暴力方式来让白人了解他们的问题。除了非洲裔以外,洛杉矶的奇卡诺人③也有较大规模的行动,首先是在1966年发动中学罢课,继而在1970年发起了有3万人参加的抗议活动④。

## 第二节 "洛杉矶模式"的形成

从20世纪60年代末开始,国际形势发生了变化,欧洲、日本经济复苏使美国的世界经济中心地位受到削弱。随之而来的70年代的"石油危机"对美国经济影响深远。危机到来时,首当其冲受到影响的是制造业,美国进

---

① 参见 Janet L. Abu-Lughod, *New York, Chicago, Los Angeles: America's Global Cities*, Minneapolis: University of Minnesota Press, 2001, p.259。
② 参见梁茂信:《都市化时代——20世纪美国人口流动与城市社会问题》,东北师范大学出版社2002年版,第308—309页。
③ 指墨西哥裔美国人或操西班牙语的拉丁美洲后裔。
④ 参见[美]爱德华·W.苏贾:《后现代地理学——重申批判社会理论中的空间》,王文斌译,商务印书馆2004年版,第298—299页。

入了产业结构调整的时代,洛杉矶也不例外。1969—1970 年的经济衰退到来之前,洛杉矶工业就业的劳动力比例达到了 32%的高峰,但在经济衰退的影响下迅速下降,随之而来的是产业结构的调整。工业实行分散化和再工业化的方针,服务业、批发零售业、金融和管理等部门的就业显著增加,经济结构呈现多元化。"从 60 年代开始,洛杉矶从一个高度专业化的工业中心(即主要集中在航空制造业)向一个更加多样化、有限工业化和金融大都市区转变。"①与产业结构的调整相适应的是生产方式的转变。从 20 世纪 60 年代开始,福特主义生产方式逐渐不能适应新形势的需要,因此在 60 年代末,美国经济普遍出现了一个福特主义向后福特主义的转变,其中洛杉矶的转变是比较成功和彻底的。福特主义主张大规模生产,它是与标准化生产相匹配的大规模经济,生产目标是为了不断扩大资本和设备。相比较而言,后福特主义的灵活生产制度注重一个工序(或产品)迅速向另一个工序(或产品)的转化和迅速调整产量的能力。它主要依靠同劳动过程、劳动力市场、产品和消费模式有关的灵活性。其特征是出现了全新的生产部门、提供各种新方式的金融服务、新的市场等。这种形式的工业组织刺激了小生产单位的发展和企业内部的竞争,因此,商业、技术和组织创新得到了极大的独立和强化。麦克尔·斯道珀和艾伦·斯科特极为详尽地讨论了"灵活生产"的问题。他们认为,从福特主义到后福特主义工业组织的转变是全球资本主义出现的关键时期。这个转变包括四个独立的环节:一、工业社会的中心部门不再像以前那样集中生产耐用消费品,而是更多地转向了高科技产业和金融服务业;二、灵活生产方式的出现;三、生产的地理基础转变造就了一批新的核心工业地区;四、相关集体和机构安排形式的变化,特别是终止凯恩斯主义的福利政策②。另外,斯科特也认为后福特主义的"弹性生产"模式建立在小规模、小批量(以合同转包最为典型)的生产基础之上。

---

① 参见 Edward Soja,Rebecca Morales & Goetz Wolff,"Urban Restructuring:An Analysis of Social and Spatial Change in Los Angeles",*Restructuring in the Age of Global Capital*,1983,Vol. 59.No.2。

② 参见[美]Michael J.Dear:《后现代都市状况》,李小科等译,上海教育出版社 2004 年版,第 8 页注释①。

这种生产模式绝不会汇集成集约化的经济活动。由洛杉矶的产业集群来看,主要分两种形式:劳动力密集的工艺型,主要是以制衣和首饰加工为代表;高科技型,以国防和航天工业最为典型。因而,在洛杉矶的内部,较老的福特主义与较新的后福特主义的生产过程、资本积累方式逐渐并置在一起。

## 一、制造业的调整与多元化经济结构

去工业化(deindustrialization)和再工业化(reindustrialization)过程可以说是对福特主义城市的解构以及新工业发展体制重构的开始。美国学者戴维·哈维认为以1973年为界,资本主义生产体制已经从"福特主义"转向了"灵活积累体制"。与福特制截然相反的灵活积累体制,是把传统的生产过程拆散为不同的步骤,在不同的地区进行,以分散的生产方式逐步取代传统的大规模流水线生产。资本主义通过分散劳动力市场、劳动力过程和消费者市场,形成了地理上流动灵活的组织。灵活积累模式造成周转时间加速(生产、交换和消费的世界,都倾向于变得更快)和空间范围的缩减。哈维称这种时间—空间维度势不可挡的变化为"时空压缩",这种巨大的变化深刻地影响到了城市经济。

洛杉矶有选择地限制原有工业的门类和产量。面对严重国外竞争、利润减少的局面,部分企业缩减旧有重工业,而转向更多样化的结构。在早期的工业化过程中,工业主要集中于从洛杉矶市中心向南延伸到圣佩德罗和长滩这两个连体港口的广阔地区,以及圣费尔南多谷、百列谷和圣贝纳迪诺县内的部分外围地区。在这广袤的城市工业地理景观里,诸如弗农市已完全致力于制造业、相关的大型零售业和商业服务业。如今,这些地区已成为洛杉矶的锈蚀地带,其特征是:有无数被遗弃的工厂,很高的失业率,经济遭到了极大破坏,大规模的人口外迁。昔日这一全国第二大汽车流水装配中心,现在已经降为一家通用汽车公司,原先这一全国第二大轮胎制造业工业,现已荡然无存,费尔斯通公司、丰年公司、古德里奇公司、忠诚公司以及其他一些较小的公司也纷纷倒闭,南加州的许多钢铁业也惨遭同样的厄运。在1978—1982年这四年期间,由于许多工厂的倒闭和长期裁员,至少造成7.5万人失去工作。自1980年以来,在南大门市,费尔斯通橡胶公司、通用汽车公司和诺里斯工业—韦泽锁厂的倒闭,意味着 12 500 多人的失业①。大多数新的就业集中在高科技部门(主要是飞机和航天),生产性服务部门和低工资部门(如服装工业和个体服务)。经过资本和劳动力的重组,洛杉矶在 1973—1975 年的经济衰退后又呈现出了勃勃生机。在 1972—1979 年间,7 个航空航天和电子领域(主要包括飞机和零件、导弹和航天器、办公设备和计算机、无线电和电视设备、通讯设备、电子零部件、调节和控制装置)的制造业总就业率从 23% 上升到 26%②。这 7 个工业部门就业率的增长超过了同期的休斯敦。新就业岗位增加的总数,也几乎等于整个硅谷高科技劳动力的净增长。在整个 70 年代,洛杉矶县以近 100 万个制造业就业岗位而成为最大的制造业地区。80 年代洛杉矶的制造业产值占加州的 1/2,在全国也占有举足轻重的地位。这种经济重构下的有选择的工业化对劳工组织产生了重要影响。在 70 年代,洛杉矶县的工会化比率从 30% 多降到约 23%。在奥兰治县,这种比率的降低甚至更加明显,这里曾经异乎寻常地扩大了制造业的就业,但此时,其工会化的比率却由 26.4% 骤降至 10.5%③。

洛杉矶地区新工业的地理形态由三部分组成。首先,是在老工业区外围的郊区居住区和农业地带成长起新的"科技点"。最闻名的是高科技宇宙航空、电子产品公司、办公楼和工业园区所组成的聚集区之一奥兰治,其他则分布在圣费尔南多谷和从洛杉矶国际机场至洛杉矶长滩大型港口的沿线地区。其次,主要集中在洛杉矶市区中心,并逐渐向周边地区扩散的是低技术、劳动密集的设计产业和时装产业,比如服装、家具和珠宝生产;附近主要是娱乐工业的中心,聚集了一些技术型工业,包括电影、电视节目、流行音乐等。最后,紧密地连接着这些工业的是增长得最快的,如金融、保险、房地

---

① 参见[美]爱德华·W.苏贾:《后现代地理学——重申批判社会理论中的空间》,王文斌译,商务印书馆 2004 年版,第 304 页。
② 参见 Edward Soja, Rebecca Morales & Goetz Wolff, "Urban Restructuring: An Analysis of Social and Spatial Change in Los Angeles". *Restructuring in the Age of Global Capital*, 1983, Vol. 59, No. 2.
③ 参见[美]爱德华·W.苏贾:《后现代地理学——重申批判社会理论中的空间》,王文斌译,商务印书馆 2004 年版,第 305 页。

产等为国外资本运行提供商业服务的部门。以小型和中型公司为主导的后福特主义工业的扩展,弥补了美国中西部大型福特式托拉斯企业的快速衰落,推动了洛杉矶成为北美领先的工业大城市。这不仅导致了郊区的城市化,也为洛杉矶市中心的快速生长添油加力,使得它在作为就业核心的同时,变成这一地区、加利福尼亚以及太平洋沿岸盆地的经济控制和指挥中心。

洛杉矶调整原有产业格局,着力发展多元化的经济结构,尤其是高科技产业,以增强地区竞争力。此时洛杉矶经历了一个明显的"阳光带"的高速发展阶段。高科技以电子和航空领域为中心高速发展,其成果可以与休斯敦和北加州的硅谷相媲美。1972—1979 年洛杉矶航空电子增加就业岗位11 万个。此外,通讯设备、计算机、电子仪器等产业也在洛杉矶发展起来。一项联邦调查统计表明,到 1985 年仅洛杉矶县,就有超过 25 万人从事高科技产业①。航空和电子业的发展也促进了民用和军用产品的结合,高科技产业成为经济发展的"加速器"。

同时高科技与服务业相结合,使服务业成为经济中增长最快的部门。服务行业在 20 世纪六七十年代都实现了最高的就业增长率。尽管自 1970年以来其增长率已有所减弱,可服务业的就业总人数已超过了制造业的就业人数,一举成为这一区域最大的就业行业。在服务行业、批发和零售行业以及金融、保险和不动产业就业机会急速增长,而在政府部门的就业机会(尤其是联邦政府的就业机会)却明显下降。"1972 至 1984 年服务业的就业从 57.1 万人增加到 93.4 万人,增长比例为 63.5%。到 1989 年洛杉矶县的服务业就业达到了 117.7 万人。"②这种增长遍及旅游、娱乐场所、法律服务、会计等行业及私人服务部门。以金融行业为例,1972—1984 年间,这个部门的就业增长了 56%,而同期总就业只增长了 29%。"1990 年 22%的洛杉矶就业与制造业相关,但是却有 69%的地方就业是在服务业部门。1970

---

① 参见 Roger Keil, *Los Angeles: Globalization, Urbanization and Social Struggles*, New York: John Wiley & Sons, 1998, p.109。

② Roger Keil, *Los Angeles: Globalization, Urbanization and Social Struggles*, New York: John Wiley & Sons, 1998, p.99.

至 1990 年间,洛杉矶服务业就业创造的收入增加了 2.1 倍,与制造业的收入增长几乎同步。"①该地区 1/5 的就业是在私人部门,其中最集中的是电影业。与此相反的是,在 70 年代城市财政危机的影响下,政府就业大量收缩,相关的公共服务就业也减少了。

70 年代后,洛杉矶大都市区也逐渐发展为国际金融控制和管理的中心。洛杉矶中心商业区成为一个主要的国际资本总部:金融、会计、保险公司和大量娱乐场所、饭店坐落在这里。洛杉矶出现了一个与其规模相称的有全球经济影响的商业区。到 20 世纪 80 年代中期,洛杉矶成为了全球性城市之一②。有人称其为"太平洋沿岸的纽约"——一个全球化城市。

1980 年洛杉矶地区是仅次于纽约的第二大金融储备区,此时"美国 500 家最大的公司中有 25 家落户洛杉矶大都市区。"③"大约有 150 个国际性银行活跃于洛杉矶,使其成为美国国内仅次于纽约的第二大的银行集中地。"④洛杉矶作为一个全球资本的控制中心和管理中心出现了与纽约竞争的局面。

20 世纪 80 年代外国资本也持续不断进入美国。"1984 年,11.7% 的加州房地产、生产设备和仪器属于外国投资。1987 年外国在美国的直接投资中,洛杉矶有 420 亿。"⑤加拿大和日本主要投资大型购物中心和饭店。英国、中国、德国、荷兰、瑞士和伊朗在这里投资银行、保险、石油等商务活动。"1983 年,洛杉矶港(洛杉矶港区与长滩港区的合称)称雄全美,其货物进口额竟远远超过纽约港与新泽西港之和。至此,东部城市在外贸业中所独占

---

① Miles Finney,"The Los Angeles Economy:A Short Overview",*Cities*,1988,Vol.15,No. 3.

② 根据美国学者弗里德曼提出的全球性城市理论,衡量全球性城市有 7 项标准,即:主要的金融中心;跨国公司所在地;国际性结构的集中度;商业服务部门的高度增长;重要的制造业中心;交通的重要枢纽;城市人口达到一定标准。据此,他认为洛杉矶是 30 个全球性城市之一。

③ 王旭:《美国西海岸大都市研究》,东北师范大学出版社 1994 年版,第 217 页。

④ Roger Keil, *Los Angeles:Globalization,Urbanization and Social Struggles*,New York:John Wiley & Sons,1998,p.101.

⑤ Roger Keil, *Los Angeles:Globalization,Urbanization and Social Struggles*,New York:John Wiley & Sons,1998,p.114.

的优势地位已完全让位于西海岸城市,洛杉矶人将洛杉矶港自诩为'世界大港'。"①

伴随着金融、贸易、管理业的发展,建筑市场呈现繁荣。1972—1982 之间增加了 3 000 万平方英尺以上的高级办公楼,增长率达 50%。洛杉矶中心商业区内高级办公区占 1/3 以上的面积,这里有 13 个大公司总部(包括联邦石油,太平洋保险,克罗克银行和科德维尔银行等)。在从商业区到太平洋沿岸并向南延伸到洛杉矶国际机场这一地区里,有 60 多个公司的总部,12 家银行和储蓄贷款公司,拥有 10 亿多美元的资产;8 家最大的国际会计师事务所中有 5 家事务所设立于此②。边缘地带的商业区中有 21 家大型地产属于外国公司或与外国合作的公司。"日本八大汽车公司和韩国、德国、瑞士、意大利等国汽车制造厂家都在这里建立庞大的美国总部或代理处。"③

快速发展起来的还有专业化的服务业,律师职业扩大了 25%,商业服务公司、工程建筑和会计业也增幅显著。"与洛杉矶的外向型经济及其在太平洋经济中地位一致的是,《洛杉矶时报》成为全国第二大报纸。1990 年,它在欧洲设 6 个分部,亚洲 5 个,中东和非洲 5 个,拉美 5 个。"④资本和劳动力的国际化,使洛杉矶成为名副其实的世界金融贸易大都市区。

目前,洛杉矶的城市产业主要由国际贸易、娱乐业(电视、电影、电子游戏、音乐)、航空航天、高科技、石油、流行服饰和旅游业组成。三个主要的电影公司——派拉蒙电影公司、20 世纪福克斯、环球影业都坐落在洛杉矶及周围城市。其他重要的工业还有媒体制作、金融、通讯、法律、医疗器械和交通等领域。洛杉矶是美国西部最大的制造业中心,洛杉矶到长滩的连绵港口是世界最繁忙的港口之一。长滩有著名的瑟摩斯工程,是开采石油的

---

① Bureau of the Census, *U. S. Department of Commerce*: *Newsletter of U. S. Export and Import*, January 1981.转引自王旭:《美国城市史》,中国社会科学出版社 2000 年版,第 307 页。

② 参见[美]爱德华·W. 苏贾:《后现代地理学——重申批判社会理论中的空间》,王文斌译,商务印书馆 2004 年版,第 316 页。

③ 王旭:《美国西海岸大都市研究》,东北师范大学出版社 1994 年版,第 217 页。

④ 王旭:《美国城市史》,中国社会科学出版社 2000 年版,第 307 页。

人工岛,岛上有世界独一无二的大斜井。此外,数百家银行在洛杉矶设有办事处,包括许多著名的国际大财团,如诺思罗普(Northrop)、罗克韦尔(Rockwell)等,洛杉矶已成为仅次于纽约的金融中心。

## 二、种族多元化与劳动力的两极分化

自 1960 年以来,进入洛杉矶的移民,其人数之众,种族之多样,可以与19 世纪末 20 世纪初涌入纽约的移民潮相媲美。来自墨西哥的移民热重新抬头,至少增加了上百万人口,操西班牙语的种族日益扩大。20 世纪 50 年代,洛杉矶县非拉美裔白人占 85%以上,80 年代拉美裔、非洲裔和亚裔共占人口的 50%以上[1]。尽管亚裔人口比例比较小,但是自 1970 年以来,有 20多万韩国人定居洛杉矶,在零售业和服装业方面已经成为一股主要力量。菲律宾人、泰国人、越南人、伊朗人、危地马拉人、哥伦比亚人和古巴人大量到来,一些来自太平洋岛上的移民也不断增加。"据估计,自 1980 年以来,已有近 40 万的塞尔瓦多人移居到洛杉矶。"[2]1970 年洛杉矶的黑人多达50.4 万[3]。洛杉矶已经成为一个世界性大都市。人口和劳动力的增加,有力地带动了制造业和服务业的相应发展。这样,人口和资本互为前提,互相促进,在整体上推动了西海岸城市和整个西部地区经济的全面发展,使之成为战后美国经济发展最快的地区。洛杉矶自然而然地成为西部经济发展的龙头。它在 60 年代超过底特律和费城等城市后,又于 1990 年超过了芝加哥,成为美国第二大城市。对个人而言,城市的发展孕育了更多发迹的机会,为那些雄心勃勃者创造了广阔的社会空间。也正因为如此,在 20 世纪后半期欣欣向荣的洛杉矶市被一些美国学者誉为 20 世纪"实现美国梦之都"。据美国政府统计,自 60 年代以来,洛杉矶每十年的人口增长率始终

---

① United States Census:*California-Race and Hispanic Origin for Selected Large Cities and Other Places:Earliest Census to 1990*,2005 年 2 月,见 http://www.census.gov/population/www/documentation/twps0076/CAtab.pdf。

② [美]爱德华·W.苏贾:《后现代地理学——重申批判社会理论中的空间》,王文斌译,商务印书馆 2004 年版,第 324 页。

③ 参见[美]约翰·霍普·富兰克林:《美国黑人史》,张冰姿等译,商务印书馆 1988 年版,第544 页。

在 24%左右,仅次于佛罗里达州的迈阿密市,排在全国性 50 个大型大都市区的第二位。

表 2-1 1960 和 1990 年洛杉矶县的人口组成

| 1960 年 | | | 1990 年 | | |
|---|---|---|---|---|---|
| 族裔 | 人口数量(人) | 占全部人口的百分比(%) | 族裔 | 人口数量(人) | 占全部人口的百分比(%) |
| 总人口 | 6 038 771 | 100.0 | 总人口 | 8 863 164 | 100.0 |
| 非拉美裔白人 | 4 877 850 | 80.8 | 非拉美裔白人 | 3 618 850 | 40.8 |
| 拉美裔白人 | 576 716 | 9.6 | 拉美裔白人 | 3 351 242 | 37.8 |
| 黑人 | 461 546 | 7.6 | 黑人 | 992 974 | 11.2 |
| 美国印第安人 | 8 109 | 0.1 | 美国印第安人 | 45 508 | 0.5 |
| 亚裔和其他非白人种族 | 115 250 | 1.9 | 亚裔和其他非白人种族 | 954 485 | 10.8 |

资料来源:E.Soja & Allen J.Scott,*The City：Los Angeles,Urban Theory at the End of the Twentieth Century.Steinberg*.p.3.转引自 Michael J.Dear,*The Postmodern Urban Condition*,Oxford：Blackwell Publishers Ltd.,2000,p.15.

洛杉矶还存在很多低教育水平和非法移民人口,数量在 40 万—110 万之间[1]。大量移民为洛杉矶提供了廉价、便于操纵的劳动力。一方面,高科技工业需要大量高素质、高教育的专业人才;另一方面,低素质移民的涌入占据了那些低报酬的行业,洛杉矶在这两极中实现了高科技、资本集中操作和低技术、劳动力密集操作之间的平衡。劳工两极化趋势愈加明显,处于中间的劳动力在数量和影响上都大为减少。"结果,洛杉矶成为'沙漏经济'的著名例证,即在收入登记上高、低两头日益膨胀,能使受教育低的工人向上流动成为中产阶级的机会减少。换句话说,这个城市的问题并不是下层阶级大量失业问题,而是大批就业者属于低薪群体。"[2]"就业分层化,管理型和监督型的工作由白人男子承担,监察测评的工作主要是受过高等教育或在电子集成方面受到特殊训练的亚裔男子承担,大众化的工作,如繁重无

---

[1] 参见 Edward Soja, Rebecca Morales & Goetz Wolff. Urban Restructuring, "An Analysis of Social and Spatial Change in Los Angeles",*Economic Geography*,1983,Vol.59,No.2。

[2] 王旭:《美国城市化的历史解读》,岳麓书社 2003 年版,第 410 页。

技术和文秘工作大多聘用拉美裔女性、拉美裔男性或少部分亚裔女性,最底层的是一小部分拉美裔男性,主要从事清理电子集成产品和其他边缘化低报酬的工作,这些工作往往接触有毒物质,脏、累并且危险。"①

低教育水平的工人主要就业在三类部门中。第一是数目庞大的小公司,他们依靠低技术和低工资维持运作。在洛杉矶还出现了类似19世纪末的"血汗工厂",即以严重剥削廉价外来移民或妇女劳动力为基础而进行生产的工厂。除服装工业外其他轻工业,甚至一些电子公司也是如此。这些公司扩展规模主要归因于与第三世界相似的劳动力市场条件的优势。第二类就业是给雇员付联邦规定的最低报酬。一些美国居民不能接受这样的工作,但是移民可以。这类工作大多是短暂性的,包括食品加工、玻璃、塑料和金属制造。第三类是在那些基础性工业部门就业。这里工人的工资比较高,也有工会组织。这种类型主要集中在洛杉矶跨墨西哥边界。根据调查,洛杉矶有200个公司在墨西哥边界城镇设有工厂。这些公司中既有规模较大的,如:休斯飞机制造、诺斯罗普和罗克维尔;也有大量小公司,如服装、食品加工、家具、汽车配件、电子等。就业的规律分布使居民居住也具有一定的规律性。从地域角度来看,蓝领工人居住在较老的中心城市,而控制劳动力的主管人员、经营人员和监督人员却居住在属于边缘地带的山坡和海滩上,二者之间叠加的地带则分布着白领职业人口。低教育水平的移民是产业结构调整时首当其冲的受害者。

洛杉矶县1970—1979年制造业中20%的就业增长是在服装工业。到1985年,15%的新制造业就业增长也是在这个行业。该行业需要对流行趋势作出灵活快速的反应和密集型劳动,因此聚集了大量的青年,尤其是女性青年。与纽约更专业化的服装部门相比这里的技术要求更低,对劳工的控制更强。低报酬的服务就业从60年代起,增加了至少50万个,这主要归因于大量拉美裔和亚裔移民。"洛杉矶大都市区中恶意剥削工人的工厂与主

---

① Allen J.Scott, *Technopolis*: *High-Technology Industry and Regional Development in Southern California*.Berkeley: University of California Press,1993.p.195.转引自 Janet L.Abu-Lughod: *New York*, *Chicago*, *Los Angeles*: *America's Global Cities*, Minneapolis: University of Minnesota Press, 2001,p.364。

要拉美裔居住区距离很近。"①并且这些工厂中只有 20% 有工会组织,80% 的企业低于合法的健康安全标准。同样的,1979 年的调查发现洛杉矶县 80% 的服装公司存在违反国家规定的最低工资或超时工作的问题。"血汗 工厂"的出现是灵活的后福特主义的产物,有组织的转包为小企业的形成 开辟了机会,而且使得这种陈旧的、家庭式或家长式的手工业劳动体制得以 复活,使它们作为一种重要生产形式而不是作为生产体制的附庸繁荣起来。 纽约、巴黎和伦敦也出现了这类"血汗工厂"并且在 80 年代激增而不是减 少。"这个城市的贫困率在 1969 年时为 11%,1979 年为 13%,而到 1989 年 这一比例已超过 15%。同一时期,加州以及洛杉矶县中等家庭的收入在 80 年代通货膨胀中增长了大约 17%。"②"1989 年洛杉矶的个人收入低于国家 最低贫困线的人数增加了很多,90 年代也一直持续上升。贫困人口主要集 中在城市南部和东部郊区,富人集中在洛杉矶县的较好的郊区、远郊区,它 们之间的鸿沟在 80 年代以后持续扩大。"③

种族和族裔的复杂性和少数族裔的经济贫困状况,使洛杉矶在走向国 际化的过程中滋生了多种危机。1965 年瓦茨骚乱后,1992 年的洛杉矶骚乱 则又是一次破坏力比较大、影响比较深远的种族骚乱。

### 三、洛杉矶模式的形成

第二次世界大战前,美国大都市区的结构大多数为一个中心城市加上 周围众多的居民郊区和工业卫星城,整个大都市区内一般只有一个占有绝 对优势地位的商业区,即中心商业区。中心商业区是集就业、购物、文化于 一体的整个大都市区的核心。因此整个大都市区可以看作是单核式结构。 第二次世界大战后,洛杉矶大都市区人口和工业的郊区化进程加快,服务业

---

① Janet L.Abu-Lughod,*New York*,*Chicago*,*Los Angeles*:*America's Global Cities*,Minneapolis:U-niversity of Minnesota Press,2001,p.365.

② James B.Steinberg,David W.Lyon & Mary E.Vaiana(eds.),*Urban America*:*Policy Choices for L.A.and the Nation*,Santa Monica:Rand,1992.p.55.

③ Janet L.Abu-Lughod,*New York*,*Chicago*,*Los Angeles*:*America's Global Cities*,Minneapolis:U-niversity of Minnesota Press,2001,p.367.

也迅速外迁。人口和工业的低密度、分散发展促使大都市区内形成了众多的郊区商业区,这些商业区星罗棋布地分布在原有中心商业区的外围,形成了大都市区内的次中心,它们部分地补充了中心商业区的功能。虽然其经济地位还无法赶超原有的中心商业区,但是它们在经济功能上已经可以与原中心商业区形成互补和互动。因此,在 70 年代以后洛杉矶多中心模式形成。

据美国学者朱拉诺和斯莫尔对洛杉矶大都市地区的空间分配活动的研究来看,1980 年洛杉矶和奥兰治市有 28 个次中心带[①],而洛杉矶大都市区的 2/3 就业分布在市中心外和次中心带。他们对洛杉矶及附近地区 32 个主要次中心做了研究[②]。这 32 个次中心是根据其所在的主要城市而命名的。其中圣莫尼卡至洛杉矶市中心的地带,被称之为"威尔榭走廊",这条长 19 英里的地区共包括 5 个次中心,因此研究者把其合起来称之为核心带(core)。

表 2-2　1980 年洛杉矶大都市区主要次中心的就业情况

| 排名 | 地方 | 就业人数（千） | 就业密度（人数/每英亩） | 面积（千英亩） | 就业人数占总人口的比率（%） | 与 CBD 的距离（英里） |
|---|---|---|---|---|---|---|
| 1 | 洛杉矶市中心 | 459.0 | 36.0 | 13.0 | 1.47 | 0.1 |
| 2 | 西洛杉矶 | 176.2 | 25.5 | 6.9 | 1.37 | 15.8 |
| 3 | 圣莫尼卡 | 65.1 | 16.9 | 3.8 | 1.11 | 16.7 |
| 4 | 好莱坞 | 64.2 | 21.4 | 3.0 | 0.73 | 7.3 |
| 5 | 洛杉矶机场 | 59.1 | 16.7 | 3.5 | 4.32 | 18.8 |
| 7 | 格伦戴尔 | 43.0 | 15.5 | 2.8 | 1.07 | 12.3 |
| 8 | 康默斯 | 41.9 | 17.0 | 2.5 | 4.05 | 9.8 |
| 9 | 文图拉/狩猎公园 | 39.2 | 33.2 | 1.2 | 2.42 | 4.9 |
| 10 | 圣佩德罗 | 37.6 | 15.7 | 2.4 | 2.74 | 23.3 |

---

① 他们把次中心地带定义为一个就业密度至少为 10 人/英亩和总就业至少为 1 万人的地区,而 CBD(洛杉矶市区)就业密度为 36 人/英亩,总就业为 46.9 万人。

② 美国学者对次中心(subcenter)的定义莫衷一是,此处使用的次中心的定义同上。

续表

| 排名 | 地方 | 就业人数（千） | 就业密度（人数/每英亩） | 面积（千英亩） | 就业人数占总人口的比率（%） | 与CBD的距离（英里） |
|---|---|---|---|---|---|---|
| 11 | 英格尔伍德 | 36.5 | 14.6 | 2.5 | 1.24 | 14.7 |
| 12 | 帕萨迪纳 | 35.9 | 25.3 | 1.4 | 1.73 | 12.1 |
| 13 | 长滩机场 | 33.2 | 15.5 | 2.1 | 3 684.78[a] | 23.3 |
| 14 | 玛丽娜德尔雷伊 | 31.7 | 11.4 | 2.8 | 1.28 | 14.0 |
| 15 | 长滩 | 29.7 | 18.0 | 1.6 | 0.84 | 25.3 |
| 16 | 范纽斯机场 | 27.8 | 12.6 | 2.2 | 2.04 | 22.1 |
| 17 | 伯班克机场 | 26.2 | 28.4 | 0.9 | 10.86 | 16.5 |
| 18 | 霍索恩 | 17.9 | 12.4 | 1.4 | 0.74 | 13.5 |
| 19 | 霍恩迪尔 | 16.9 | 17.1 | 1.0 | 1.36 | 20.5 |
| 20 | 东洛杉矶 | 16.3 | 37.3 | 0.4 | 2.30 | 6.8 |
| 21 | 富勒顿（奥兰治县） | 16.1 | 11.4 | 1.4 | 4.97 | 27.3 |
| 22 | 唐尼 | 14.6 | 17.3 | 0.8 | 2.38 | 14.8 |
| 23 | 里弗赛德 | 14.2 | 21.4 | 0.7 | 3.76 | 56.9 |
| 24 | 舍曼奥克斯 | 13.3 | 11.9 | 1.1 | 1.04 | 18.6 |

a：原文中的该数据就是如此

资料来源：Genevieve Giuliano & Kenneth A.Small，"Subcenters in the Los Angeles Region"，*Regional Science and Urban Economics*，1991，vol.21，no. 2.

表 2-3 1980 年洛杉矶地区中心与次中心地带就业与人口密度情况对比

| | 就业数量（千） | 人口（千） | 地区（1000英亩） | 就业密度（人数/每英亩） | 人口密度（人数/每英亩） | 就业率（%） |
|---|---|---|---|---|---|---|
| 洛杉矶县中心地区 | 469.0 | 319.0 | 13.0 | 36.0 | 24.5 | 1.47 |
| 次中心地区 | 321.9 | 282.2 | 14.2 | 22.7 | 19.9 | 1.14 |
| 洛杉矶县总数 | 1 325.1 | 879.9 | 59.8 | 22.2 | 15.0 | 1.48 |

资料来源：Genevieve Giuliano & Kenneth A.Small，"Subcenters in the Los Angeles Region"，*Regional Science and Urban Economics*，1991，vol.21，no. 2.

　　通过以上两个表格,我们发现核心地带经济活动仍旧相对集中,尤其是洛杉矶的中心商业区,随着距中心商业区的距离越来越远,人口与就业密度大体上仍旧是呈递减规律。但是细心的读者一定可以发现,次中心地带的就业和人口密度与原有中心商业区的差距大大缩短,甚至在个别城市、机场区域的人口就业密度明显高出中心商业区,虽然原来的中心城市在经济上仍旧保持一定优势,但是人口、就业广泛散布在大都市区内,并且相对密度越来越平均。当然人口与就业不可能在大都市区内达到真正的"匀质"性,但是郊区、远郊区的人口与就业的增长无疑是80年代以来洛杉矶人口郊区化的主要趋势,这一趋势延续至今。此外,需要指出的是,次中心地带的就业既有高度专业化模式也有多样化的混合工业模式。其中以服务为定位的次中心人口密度较高,也比较接近核心地区。也有一些以服务为定位的次中心主要是一些老城市的市中心,散见于整个洛杉矶大都市区。

　　由此意义出发,洛杉矶大都市区可以被称为多中心模式。由洛杉矶大都市区的发展我们可以发现人口的向心化和离心化、集中化和分散化运动并不是绝对的两极,而是一个复杂地区在其扩展中不同阶段的特性反映。同时,人口的流动性、生产和服务行业的可变通性,都大大便利了经济活动的各个部门散布在某一区域的不同地方,导致中心城市与郊区之间的部分功能发生置换。因此洛杉矶模式并非城市发展的一个例外。从全局来看,洛杉矶大都市区走了一条城市化—郊区化—郊区城市化的道路。

## 第三节　"阳光带"与"冰雪带"的比较

　　20世纪上半叶,除了30年代大萧条期间外,从整体上讲,美国制造业保持着高速发展的势头。这一时期内,汽车工业的出现及随之而来的大规模生产,为美国经济增长注入一股强劲的动力。中西部城市凭借雄厚的技术力量和完备的工业设备,大力发展汽车工业及相关产业,成为美国最大的生产基地,执全美汽车工业之牛耳,汽车工业成为该地区的支柱产业。尽管在萧条时期,集中从事生产资料和耐用消费品的中西部城市遭受了沉重的损失,但第二次世界大战爆发带来的大量军火订单使中西部一扫颓势。美国城市史专家乔恩·蒂福特指出:"1920 年到 1945 年,中西部城市一直是强大的制造业中心,并保持着全国经济中心地位。"①

直到 20 世纪 60 年代,美国产业结构发生重大变动,传统工业首当其冲,举步维艰。在此背景下,美国的制造业带、传统工业集中的东北部和中西部城市发展缓慢,步入衰退之中,被称之为"冰雪带(snowbelt)"、"霜冻带(frostbelt)"或"锈蚀带(rustbelt)",与"阳光带"城市的繁荣增长形成鲜明对比。中西部城市是美国重要的重工业基地,其衰退状况尤为严重。50 至 60 年代两个主要战争在太平洋地区发生,与军事相关的工业在西海岸得到了大量的国防资金。航空工业得到大发展,相对的,这些政府投资不仅忽略东海岸和中西部,而且事实上从那里抽取了资源。1976 年,东北部和中西部各州交纳的税款比得到的联邦拨款多 290 亿美元②。1986 年财政年度,这个差额有所缩小,但仍达 220 亿美元,而西部和南部所获取的联邦拨款比所交纳的税款多出 688 亿美元③。东北部和中西部的资金流向了华盛顿,再由华盛顿流向了"阳光带"。而洛杉矶、圣佩德罗港、长滩、奥兰治县的高科技走廊却经历了高速的发展阶段,芝加哥、纽约和其他冰雪带的工业城市则人口有适度下降,大都市地区增长率甚至也有所下降,到 1970 年中心城市出现绝对下降。

芝加哥,这个曾经风云一时的工业中心,在 1960—1990 年间一直处在艰难处境的徘徊之中。"芝加哥在 1947 年制造业就业达到 668 056 人的顶峰后就逐步走向衰落,尤其在 1967 至 1982 年间,芝加哥的制造业就业失去

---

① Jon C.Teaford,*Cities of Heartland：The Rise and Fall of The Industrial Midwest*,Bloomington：Indiana University Press,1993,p.176.

② Nick Taylor, "The Second Civil War", Business Atlanta, Nov., 1981, in Howard Chudacoff(ed.),*Major Problem in American Urban history*,1994,p.387.转引自韩宇:《美国中西部城市的衰落及其对策——兼议中国"东北现象"》,《东北师范大学报》(哲学社会科学版)1997年第 5 期.

③ Richard M.Bernard, *Snowbelt Cities：Metropolitan Politics in the Northeast and Midwest since World WarⅡ*,Indiana University Press,1990,p.9.转引自韩宇:《美国中西部城市的衰落及其对策——兼议中国"东北现象"》,《东北师范大学报》(哲学社会科学版)1997 年第 5 期.

了 25 万个职位,几乎占该城市制造业的 46%。"①在 70 年代,芝加哥市的工厂有 1/4 倒闭,尤其是重工业和其相关产品。1947—1981 年间,该地区经历了 14% 的制造业失业。同时郊区的制造业也开始减少,1982—1992 年间,芝加哥大都市区的就业下降了 18%。单 1991—1992 年,芝加哥市、郊区的库克县和周围的五个邻县共失去大约 2.5 万个制造业就业,其中芝加哥市减少了 1.9 万个就业②。除此之外,其他部门的就业也有减少,1991—1992 年间,芝加哥服务业就业也减少了 3.1 万个,即使是新的服务业,如企业服务、工程和管理等相关行业,在 90 年代初的表现也不尽如人意。

纵观冰雪带的发展历程,可以发现,它们的共同特点是产业结构是以制造业为主,制造业的盛衰左右了整个城市的沉浮。从工业发展的一般规律看,任何工业部门都要经历形成、发展、成熟、衰退的过程,而由特定工业部门聚集而成的工业城市的发展必然受到主导产业兴起、发展、成熟、衰退周期性变动的影响而发生波动。因此,芝加哥随着制造业的衰退步入衰落是工业城市内在机制作用的结果,是历史发展的必然。而缺乏良好的投资环境以及偏重"阳光带"的联邦政策是造成其衰落的外在因素③。

就这一点而言,洛杉矶的发展模式具有启发性。60 至 80 年代早期,芝加哥的制造业大幅下降时,洛杉矶经济持续呈现显著的扩张趋势。洛杉矶 80 年代的国防合同稳步增加,1985 年达到高峰。直到冷战结束时这一势头才有所减缓,这一现象与芝加哥的衰退形成强烈对比。联邦政府国防投入是洛杉矶经济发展的强大助力,但是洛杉矶较早地从以制造业为中心调整到着重发展服务业、高科技行业;从福特主义的规模生产向后福特主义的分散、灵活生产模式的转变是其经济能长期繁荣的主要原因。由于洛杉矶较

① John F. McDonald, *Employment Location and Industrial Land Use in Metropolitan Chicago*, Champaign. Ⅲ: Stipes. 1984. pp.55 - 93. 转引自 Janet L. Abu-Lughod: *New York*, *Chicago*, *Los Angeles*: *America's Global Cities*, Minneapolis: University of Minnesota Press, 2001, p.323。

② 参见 Janet L. Abu-Lughod, *New York*, *Chicago*, *Los Angeles*: *America's Global Cities*, Minneapolis: University of Minnesota Press, 2001, p.324。

③ 参见韩宇:《美国"冰雪带"现象成因探析》,《世界历史》2002 年第 5 期。

早地实行了重工业的限制工业化方针,而转向多元经济结构,使大都市区经济更具弹性和活力,抵抗经济衰退的能力也更强。此外,在洛杉矶大都市区内部分散着较多的次中心,这些次中心不仅汇聚了人口和就业,同时形成了独立的经济运行环境,拉动了大都市区经济。例如,从圣莫尼卡向南延伸到帕洛斯·贝尔德斯半岛,这里是航空工业和承接国防合同的心脏地带,也是一个集电子、重要银行、保险公司以及名目繁多的商业服务快速扩展的中心,各种高科技人才汇聚在这里。在洛杉矶大都市区内围绕机场和港口出现了人口和就业较为集中的次中心。这些次中心就是大都市区内分散的经济增长极,有力地补充了中心城市的经济,同时也分散了经济衰退冲击的风险和压力。

为了摆脱困境,20 世纪 80 年代芝加哥最终确定了"以服务业为主导的多元化经济"的发展目标。积极调整其产业结构,重点发展了商业、房地产业、娱乐业、旅馆业等第三产业,从单一制造业中心转型成为多元化经济体。

一方面,芝加哥立足金属加工、食品等传统制造优势,重点发展高技术产业。高技术产业对城市经济的兴衰具有重要意义,它是拓宽产业结构的重要内容,也是"阳光带"城市崛起的重要原因之一。对于芝加哥而言,制造业的衰退是其衰落的根源,制造业的振兴则是其走出困境的重要环节,而制造业振兴的关键是以高科技产业为依托。芝加哥大力吸引投资,注意引进新兴高科技工业中的管理、研发、营销等价值链高端部门,以提升城市综合实力。如,2000 年芝加哥政府向波音公司提供了价值 6 000 万美元的优惠措施,包括 10 年免交房地产税及州所得税,成功使其总部迁入芝加哥,波音总部的迁入为芝加哥带来了 300 多位高级市场管理、项目开发专家。尽管芝加哥大都市区制造业就业人数从 2000 年的 63 万人,逐渐减少至 2012 年年底的约 42 万人[1],但是,根据美国商务部经济分析局发布的芝加哥大都市区(MSA)制造业 GDP 相关数据表明,2000—2010 年,芝加哥大都市区

---

[1] 参见崔晓文:《芝加哥大都市区制造业结构变迁历程》,2014 年 10 月 27 日,见 http://www.istis.sh.cn/list/list.aspx? id=8357。

制造业 GDP 占整个大都市区 GDP 的比重维持在 11.0%—12.7% 之间,占全美制造业 GDP 的比重约在 4.0%—4.5% 之间①。

另一方面,利用位于美国交通运输网络中心的有利区位,充分挖掘整合商业、金融服务业、运输物流业的潜力,芝加哥逐渐站在了各个领域的最前沿,成为了美国最多样化的城市经济体,走出了"锈蚀带"的阴影。2006 年该大都市分区的私有部门的服务业的 GDP 达到 3 273 亿美元,占总 GDP 的 76.8%,其中房地产及其租赁业、金融保险业的比重分别为 14.0% 和 10.7%。芝加哥是世界排名第五的集装箱多式联运中心,是西半球最大的多式联运都会。它以多式联运方式运送货物多达 1 389 万标准箱,运送量是洛杉矶—长滩港的两倍,是纽约新泽西港的三倍。芝加哥同时也是陆路交通的重镇。其奥黑尔机场堪称全美甚至全球最大的机场,有通向 54 个国际城市和 134 个美国国内城市的直航航线,每年通行的客运量全球第一。它还拥有用于仓储/配送的 5.07 亿平方英尺的空间②。2008 年芝加哥大都市区服务业就业人数达到 390 万人的一个峰值,受金融危机影响后,2010 年年初服务业就业人员数量下降到 360 万人左右,随着经济形势的好转,2012 年年底服务业就业人数重返 380 万左右③。

表 2-4　芝加哥—内珀维尔—朱利厄特主要产业的 GDP

单位:百万美元

| 年度 | 2001 | 2002 | 2003 | 2004 | 2005 | 2006 |
|---|---|---|---|---|---|---|
| 所有产业 | 396 279 | 396 764 | 404 222 | 413 389 | 417 230 | 426 171 |
| 私有部门产业 | 363 152 | 363 519 | 368 469 | 378 971 | 385 176 | 394 481 |
| 制造业 | 51 044 | 51 581 | 52 023 | 55 899 | 53 050 | 50 992 |
| 零售贸易 | 22 426 | 22 731 | 23 241 | 23 923 | 25 197 | 26 280 |
| 金融与保险 | 40 419 | 39 153 | 41 628 | 40 924 | 41 427 | 45 382 |

① 参见崔晓文:《芝加哥大都市区制造业结构变迁历程》,2014 年 10 月 27 日,见 http://www.istis.sh.cn/list/list.aspx? id＝8357。
② 参见陈晖:《国际制造业城市服务业及其发展历程(1):芝加哥》,2009 年 8 月 20 日,见 http://www.istis.sh.cn/list/list.aspx? id＝5366。
③ 参见崔晓文:《芝加哥大都市区制造业结构变迁历程》,2014 年 10 月 27 日,见 http://www.istis.sh.cn/list/list.aspx? id＝8357。

续表

| 年度 | 2001 | 2002 | 2003 | 2004 | 2005 | 2006 |
|---|---|---|---|---|---|---|
| 房地产及租赁业 | 56 774 | 57 429 | 56 405 | 56 150 | 57 388 | 59 853 |
| 政府服务 | 33 126 | 33 244 | 35 670 | 34 478 | 32 339 | 32 081 |

资料来源:陈晖:《国际制造业城市服务业及其发展历程(1):芝加哥》,2009 年 8 月 20 日,见 ht-
tp://www.istis.sh.cn/list/list.aspx? id=5366。

芝加哥还努力调整企业的经营模式,由大规模的大机器生产转向发展中小企业以适应灵活的市场需求,补充大企业的不足也是经济有机发展的保护伞。一言以蔽之,即在经济上要走一条"化繁为简"、"化重为精"、"化聚为分"的道路。

# 第三章 分散化、多中心空间结构的成因(上)

洛杉矶—长滩—阿纳海姆大都市统计区(MSA),由洛杉矶县和奥兰治县组成,土地面积为 1 736 平方英里。2010 年人口为 12 150 996 人,在全美位列第二①。整个洛杉矶盆地北面和东面都有山体环抱,西面和南面濒临太平洋,尽管洛杉矶市的商业中心仍旧充满了活力,但是聚集了部分就业和居住人口的次中心遍布整个大都市区。2011 年该大都市区内人口在 5 万以上的城市为 57 个,它们是重要的就业中心。人口、就业的分散化、低密度发展模式,使洛杉矶成为了美国第一个现代意义上分散化的城市②。纵观洛杉矶大都市空间的发展历程,交通通讯手段的变革、联邦高速公路计划、私人企业和各级政府的城市住房建设是促成该地区分散化的主要原因,下文将分而述之。

## 第一节 交通工具变革与人口的分散化

洛杉矶往往被描述成一个以汽车和高速公路为象征的城市,可见交通的变革对其产生的重要影响是非比寻常的。纵观洛杉矶交通和通讯手段的变化,主要经历了三个重要发展阶段:电车时代、汽车时代和高速公路时代。

---

① 参见 United States Censusu, *2010 Census Urban Area Facts*, 见 http://www.census.gov/geo/reference/ua/uafacts.html。

② 参见 Carey McWilliams, *California The Great Exception*, Berkeley: University of California Press, 1999. p.22。

## 一、电车时代的郊区化

电车在 19 世纪末被发明,20 世纪初曾一度繁荣,推动了美国近代郊区化的进程。1880—1910 年洛杉矶迎来了它的电车时代。洛杉矶最早的城市交通工具是有轨马车。1874 年,在市中心的米旋广场至第六大街出现了由罗伯特·M.威德尼法官投资修建的第一条长 2.5 英里的马车轨道。但是有轨马车因价格比较昂贵而被中产阶级及上层社会垄断。此后,洛杉矶相继出现了电缆车与最简单的有轨电车。19 世纪 80 年代末,弗兰克·斯普拉格发明了一个有效的远程配电、输电系统,掀起洛杉矶有轨电车发展的热潮,也第一次为广大普通百姓提供了快速又便宜的服务。电车每小时可运行 14 英里,是马拉车的 4 倍,其优势是显而易见的。19 世纪末,电车(trolley)在美国出现,促进了城市的扩张,新城市面积相当于原步行城市的三倍。如同 1904 年其发明者所评述的那样"电车是我们现代生活中最有力的因素"[1]。

亨利·亨廷顿及他的太平洋电车公司(1901 年成立),为洛杉矶有轨电车系统的修建作出了巨大贡献。该公司主要经营城际有轨电车,即洛杉矶及周围城镇之间的轨道交通,从而在洛杉矶的交通市场中占有重要地位。同期美国东北部或中西部的大城市,尽管在 1880—1920 年也经历了电车系统的建设繁荣期,但是,那里的电车企业往往在修建电车轨道时穿过移民聚集的社区,延伸至城市边缘地带终止,因而向外扩展的社区都是在城市边缘。而在洛杉矶,亨廷顿电车公司建成了世界上最大的城市间电气铁路系统,从圣莫尼卡到圣贝纳迪诺,从帕萨迪纳到巴尔沃亚,用最好的交通路线把洛杉矶地区广泛分散的城镇连接起来,让城市向更广阔的空间扩散开去。东北部的城市往往在市中心修建地铁或高架桥,客观上限制人口向郊区迁移。甚至,密集的工业区也倾向于维持原有的集中模式。因此在电车时代,这些城市的居住密度仍旧较高,多户住宅仍旧是工人阶级或低收入人群的

---

[1] Kenneth T.Jackson, *Crabgrass Frontier*: *the Suburbanization of the United States*, New York: Oxford University Press, 1987, p.115.

主要住宅类型。而"洛杉矶经历了电车系统的充分发展,导致人口的分散,同时各地区之间形成了一个重要的由有轨电车连接的网络结构。"①此后,几百万人自各地涌进南加州,坐着有轨电车寻找他们的郊区梦。1888—1918年间汽车还是有钱人的奢侈品,而电车代表了交通技术的先进性革命,从中心商业区辐射开去的轨道为城市以外的地区开启了一扇门。

亨廷顿在发展电车轨道的同时,还成立了亨廷顿地产发展公司,以电车轨道为依托,开发郊区房地产。在购买大片的郊区土地后,马上修建电车轨道将其与洛杉矶的中心商业区连接起来,既保证了电车的稳定客源又提高了郊区房地产的地价。该公司通过电车轨道的铺设,将西圣盖布利尔谷的地产囊括其名下。1904—1913年,亨廷顿和当地的其他地产商每年开发近500处新郊区地产,极大地扩充了洛杉矶大都市区的版图②。1907年,洛杉矶电车公司老板摩西·谢尔曼直言不讳地说,一条电车线路的长度最终取决于地产商人能从线路周围的地价增值中赚多少钱,因为电车公司的利润直接来自开发商的口袋③。1911年时,洛杉矶电车公司拥有350英里的单线、170英里的双线电车轨道,控制着洛杉矶市近80%的电车交通④。由于亨廷顿的开发方案便利了人口的流动,从而迎来了1880—1910年的洛杉矶城市的第一个快速发展阶段,该时期与洛杉矶不断合并周围城镇、形成洛杉矶大都市区同步发生,因而电车的重要性可见一斑。在电车轨道系统的不断延伸与扩张以及土地投机的刺激下,洛杉矶出现早期人口分散化趋势。有轨电车不仅可以使中产阶级和社会上层逃离拥挤的市中心寻求他们的郊区梦,同时也使较为富有的工人阶级可以从市中心拥挤的贫民窟、廉价的出

① Robert Fishman,"Re-imagining Los Angeles",in *Rethinking Los Angeles*,Michael J.Dear,H. Eric Schockman and Greg Hise.(eds.),Thousand Oaks:Sage Publications,Inc.,1996,p.253.
② Mark S.Foster,"The Model-T,the Hard Sell,and Los Angeles's Urban Growth:The Decentralization of Los Angeles During the 1920s",*Pacific Historical Review*,1975(11),转引自 Howard P.Chodacoff (ed.),*Major Problems in American Urban Histroy:Document and Essays*.Washington D.C Heath and Company,1994,p.323。
③ 参见 Eric H.Monkkonen,*America Becomes Urban:The Development of U.S.Cities &Towns 1780—1980*,Berkeley:University of California Press,1988.p.180。
④ 参见 Robert M.Fogelson,*The Fragmented Metropolis:Los Angeles 1850—1930*,Berkeley:University of California Press,1967,p.92。

租房和"血汗工厂"地带迁出。但是此时的人口外迁,还主要是在步行可以达到的距离范围内或围绕着电车站居住,因而,新的居住社区逐渐在这里聚集,甚至出现新的城镇。而超越步行距离以外或距电车线路较远的地方仍旧是大片未开发的土地。"电车系统为市中心和分散的社区之间提供了动力。"①

电车交通线开启了洛杉矶城市扩展的序幕。此外,州政府和市政府提供给市民的天然气、电和电话设施等服务也鼓励了郊区化进程。1882 年,美国建立了第一个发电站,即爱迪生发电站。从此,美国电力产量和消费量不断上升。1940 年美国总发电量为 1 418 亿千瓦小时,至 1963 年增长到9 141 亿千瓦小时。电力的远距离输送,打破了时间和空间的阻碍。电话自 1876 年发明以后,减少了人们面对面的接触,使工业活动可以在更广阔的范围内分散布局。电影和商业电台的出现打破了中心场所的娱乐垄断,提高了居住地区外围的吸引力。同时,洛杉矶的自然地理条件也加速了分散,其西部、南部平原一直延伸到海岸北部和东部峡谷再向前延伸到山脉,没有自然屏障影响人口的分散定居;它也不像芝加哥这个典型的集中型都市,居民大都是贫困的欧洲移民,移民在寻找工作时经常依靠各自的种族团体,往往被限制在城市拥挤的隔都区内。洛杉矶大都市区,人口主要是来自本土美国人,他们面对洛杉矶充分资源和更多的市场需求,可以自由选择工作和居住的机会比起芝加哥、纽约这样的城市要多得多。因此无论社会条件还是自然条件都有利于洛杉矶形成独特景象。美国学者斯潘赛·克伦普曾这样评价洛杉矶:"在 20 世纪的第一个十年,毫无疑问,是电车线路将人口分散到了城市的边缘,同时也是电车线路将洛杉矶定型为一个横向发展的城市,而不是一个以摩天大厦和贫民窟为特点的城市。"②

随着洛杉矶居住分散化进程的开始,中心商业区也稳步从南部向西部转移。1885 年洛杉矶的中心由斯普林和第三大街转移到第六大街,1920 年

① Robert Fishman, "Re-imagining Los Angeles", in *Rethinking Los Angeles*, Michael J. Dear, H. Eric Schockman and Greg Hise.(eds.), Thousand Oaks: Sage Publications, Inc., 1996, p.252.
② Martin Wachs, "Autos, Transit, and the Sprawl of Los Angeles: The 1920s", *Journal of The American Planning Association*, (*summer*) 1984, p.298.

转移到希尔(Hill);同时它的功能也发生了变化,1885—1920 年办公楼、宾馆、百货商店在中心商业区有所增加,这些变化使 1920 年洛杉矶商业区中 3/4 为商业和专业性的公司。相反工业远离中心区,这不仅是因为土地价格昂贵,还因为大的工业家与商人、律师、小制造商们不同,他们较少依赖中心商业区以获利,而是要求更多的空间,因此他们倾向定居在最初的工业街区(洛杉矶的东南部)。在那里有南太平洋、圣菲、太平洋电车等公司和大量未开发的土地,其他重工业则把滨水地区作为首要选择。

## 二、汽车时代的郊区化

第一次世界大战以后,汽车、高速公路加速了郊区化,大量的郊区地带被重新划分。汽车和卡车运输改变了原有的以铁路为主体的线状交通,网状的公路系统开始形成。1910 年至 1940 年洛杉矶大都市区迎来了其空间发展的重要历史时期。早在 1879 年由一个美国律师乔治·B.塞尔顿发明了汽车,同年,汽车首次出现在洛杉矶的大街上。但由于价格昂贵和道路条件的限制,汽车一直是上层社会的奢侈品。1903 年福特汽车公司成立,随即在美国本土 31 个城市设立了分公司,建立了庞大的汽车销售网。1908 年 10 月,亨利·福特设计的"T"型汽车正式上市。"T"型汽车的优点是底盘较高,马力大,重量轻,即使在崎岖不平的乡村道路上也能行驶,而且结构简单,便于操作和维修。更为重要的是此后经过多年不断的改进,售价不断下降,单车价格 1910 年为 950 美元,1912 年新型"T"型汽车单价已经降至 575 美元,第一次降到美国人年平均工资以下。至 1920 年,销售量达到全美所有新车销售量的一半,由此福特汽车公司成为世界上最早的汽车销售商。1924 年福特公司采用装配线生产技术和零件标准化后,产量猛增到每年 248 307 辆,售价降至 260 美元。到 1930 年,该型汽车年产量达到了 2 500 万辆。美国平均每 5 人就有一辆汽车,波士顿为 8 人,匹兹堡为 6 人,底特律为 4 人,洛杉矶为 3 人(详见表 3-1)[1]。福特称"T"型汽车为"这是

---

[1]  Carl Abbott, *Urban America in the Modern Age: 1920 to the Present*, Arlington Heights: Harlan Davidson Inc., 1987, p.36.

辆让世界坐在车轮上"的汽车。此外,制造汽车的技术逐渐成熟,人们在汽车的颜色、性能上有了更多的追求,1921 年以后,通用汽车公司几乎每三年就有一款新型号的汽车问世,并且允许顾客在不同价格、不同型号的汽车中自由选择。该公司在 1923 年生产出带冷却发动机的雪佛兰汽车,挑战福特汽车公司的主导地位。在阿尔弗雷德·斯隆出任通用汽车公司的总经理后不久,通用就取代福特而成为全国汽车工业的巨擘。1928 年,重新改造后的克莱斯勒汽车公司后来居上,与通用汽车公司、福特汽车公司并称美国汽车工业三巨头。汽车数量的大幅度增长,与开始于 20 世纪 20 年代的美国第一次大规模郊区化不谋而合。批发业的分散紧随零售业,而零售业则紧随人口的分散。工厂脱离靠近铁路线区位限制而自由布局。零售商可以接近他们的消费者,制造商可以接近劳动力。因此,零售业、批发业和轻型制造业都随着人口逐渐向郊区迁移,在全国范围内,掀起了人口向郊区迁移的大潮。

表 3-1　洛杉矶大都市区人口与注册汽车的数量关系

| 年份 | 洛杉矶大都市区人口 | 注册的汽车数量 | 人/每辆汽车 |
| --- | --- | --- | --- |
| 1900 | 250 000 | — | — |
| 1910 | 504 131 | 36 146 | 14.0 |
| 1920 | 936 455 | 180 624 | 4.1 |
| 1930 | 2 190 900 | 842 528 | 2.6 |
| 1940 | 2 785 643 | 1 160 124 | 2.6 |
| 1946 | 3 704 000 | 1 424 800 | 2.6 |

资料来源:E. Gordon Ericksen, "The Superhighway and City Planning: Some Ecological Considerations with Reference to Los Angeles", *Social Forces*, 1950, Vol.28(4).

　　1910 年左右,洛杉矶居民开始购买汽车,此后私人拥有汽车的数量呈直线上升趋势。到 1925 年,洛杉矶有世界上最高的汽车使用率。"1915 年洛杉矶的 75 万居民拥有汽车的量是 5.5 万辆,在全国最高。1918 年,注册的汽车是 11 万辆,到 1924 年增加到了 40 万辆。"①此外,1910 年美国生产

———————

① ［美］Michael J.Dear:《后现代都市状况》,李小科等译,上海教育出版社 2004 年版,第 155 页。

出第一批卡车,当时全国登记卡车的数量为1.01万辆;第一次世界大战前,空气轮胎的发明和应用以及卡车制造技术的改进,使卡车在载货量、速度和运费上都极大地超越传统的马车,甚至与火车运输展开了竞争,导致了火车货运量的减少。洛杉矶在20年代就已经使用卡车为当地主要的运输工具。在经济大萧条时期,有4家主要的汽车制造商在洛杉矶开办了批量生产的流水线生产厂。1914年年末,洛杉矶还出现了全国最早的小公共汽车公司。这种公共汽车载客量大,收费便宜,不仅在洛杉矶市内经营,还专门开辟市区与周围城镇之间的交通线路。与电车相比,这种小公共汽车不受轨道限制,具有灵活、方便、快捷的特点,很受当地居民的欢迎。小公共汽车公司营运的第一年,每天的载客量为15万,对电车公司构成了极大的威胁。在洛杉矶电车公司的抵制下,小公共汽车的经营萎缩、停滞了。至第一次世界大战后,对小公共汽车的需求不断增加,洛杉矶电车公司与太平洋电车公司开始暗中经营收费便宜的公共汽车,作为有轨电车的补充。此时市议会和加州铁路委员会也都鼓励公共汽车的营运。对于在20世纪20年代拥有美国最庞大的电车交通系统的洛杉矶来说,以小汽车为基础的交通系统时代已经来临。汽车和卡车的广泛使用使城市空间发生了改变。

20年代,洛杉矶已经成为世界上最早以汽车制造为发展方向的城市之一。这一发展方向既反映了其高度分散化的城市形态,又促进了这种城市形态进一步演变。在此阶段,由于汽车的普及,洛杉矶出现了以汽车为载体的美国历史上规模最大的人口流动,即人口从城市到郊区的分散以及伴随着人口郊区化而产生大都市区内经济的分散化和多中心格局。随着汽车的出现,郊区经历了重大的变迁,率先引入汽车的洛杉矶也变成新型大都市的典范。

首先,汽车的出现"使原有的规模经济被彻底推翻"①。所有的经济学家都承认,汽车的出现减少了交通运输成本,它消灭了传统交通工具带来的规模经济效应。原来的港口、铁路货运站都是主要的城市基础建设项目,它

---

① Edward L. Glaeser and Matthew E. Kahn, *Sprawl and Urban Growth*, 2003年5月,见ht-tp://www.nber.org/papers/w9733。

们只能在大都市区内集中布局而不能分散开来。集中运输产生的规模效应是企业家们所追求的降低成本的最好方法,因此传统城市中工厂集中在港口、码头、铁路货运站的附近。如今汽车和卡车的出现取代了轮船和火车,从而使原有的为节约交通成本而产生的规模效益消失。正如美国学者鲍格(Bogue)指出:"经济学家和工业家们发现,在现代交通运输条件下,对于大工业来说,位于中心城范围以内已经成为不必要。有一个广阔的可供选址的领域,在半径大约为几英里的范围内都是很适宜的。"①同时,电话通讯减少了人们面对面的接触,使经济活动分散成为可能。因此,大工业和人口向郊区迁移的速度进一步加快。

其次,由于汽车灵活方便,不受固定线路的限制,因此郊区的分布摆脱了固定线路的束缚,郊区社区在有轨交通线路之间的广大空地上纷纷涌现并蔓延开来。这样,郊区的分布不再呈放射状而是连成片状。在洛杉矶,随着汽车的发展,房地产商们得以开发原来电车线路无法到达的郊区——圣费尔南多谷。在那里,1923 年开发的杰拉尔德社区拥有几千套独户住宅,该社区离最近的电车线路也有 3 英里的距离②。

最后,由于汽车的速度快,郊区呈蛙跳式即向远离中心城几十英里的远郊发展。城市的规模迅速膨胀,中心城市进一步衰落,新郊区在中心城市的外围崛起。在 1920—1930 年,当汽车登记数量增加了 150%以上时,全国最大的 96 个城市的郊区面积增加了两倍,其速度和中心社区的发展速度一样快。个别社区的增长尤其迅速,如,底特律附近的格罗斯波因特,十年内郊区面积增加了 725%;芝加哥附近的埃尔默伍德公园增加了 717%;长岛的拿骚县人口增加了近乎三倍;到 1922 年在 60 个城市的大约 13.5 万个郊区家庭已经完全依赖汽车交通③。在 1917—1928 年,洛杉矶外围地区地产价

①　Kenneth Fox, *Metropolitan America*: *Urban Life Urban Policy in the United States*, *1940—1980*, Jackson: University Press of Mississippi, 1986.p.13 转引自孙群郎:《美国城市交通的发展与城市生态组织的变迁》,《史学集刊》2001 年第 2 期。

②　参见 Mark S.Forster, "The Model-T, the Hard Sell, and Los Angeles's Urban Growth: The Decentralization of Los Angeles During the 1920s", *Pacific Histroical Revies*, 1975(11)。

③　参见 Kenneth T. Jackson, *Crabgrass Frontier*: *the Suburbanization of the United States*, New York: Oxford University Press, 1987, pp.175-176。

格的增长速度为中心区的两倍。1924 年距中心商业区 8.6—10.3 英里的环带内,有 13.4%的农业用地转化为城市用地,而 10 年后,这一比例上升到27.8%,这些土地主要是用来建筑独户住宅①。1946 年一个规划中的帕纳拉马城(Panarama City)还是一片葱郁的果园,到 1954 年时已成为一个 1.7 万居民的郊区社区②。

## 第二节 "好路运动"与联邦高速公路计划

### 一、"好路运动"

汽车的迅速发展对公路的建设提出了要求,20 世纪初期美国的道路状况很差,在加州经过改良的道路不到 100 英里,大部分州属公路都未铺设。进入 20 世纪,随着汽车拥有量的增加,改善道路情况成为居民的迫切要求。因此在全国范围内掀起了"好路运动"(Good Road Movement)。1913 年联邦邮政办公室财政支出预算案中专门拨款 50 万美元用于改善乡村的邮递道路。三年后,又出台了 1916 年联邦道路法案,授权州政府设立相关的道路部门并由联邦政府和州政府共同出资修筑道路,极大地促进了乡村和远郊道路的铺设。仅 1919 年一年之间,联邦、州和地方政府用于道路建设和维护的费用就高达 375 万美元。1921 年联邦政府又颁布了一个道路法案,拨款计划在全国范围内修建 20 万英里的主干道,联邦政府负担其中 50%的费用。同时还规定成立公共道路署以规划一个全国的公路交通网络。国家用于建设公路的费用从 1918 年的 7 000 万美元,增加到 1930 年的 7.5 亿美元。③ 洛杉矶市内的道路在此时也得到了相当大的改善与发展。

1924 年奥尔姆斯特(Olmsted)、巴瑟罗姆(Bartholomew)和切尼

---

① 参见 Kenneth T. Jackson, *Crabgrass Frontier: the Suburbanization of the United States*, New York: Oxford University Press, 1987, pp.175-176。

② 参见孙群郎:《美国城市郊区化研究》,商务印书馆 2005 年版,第 182 页。

③ 参见[美]杰拉尔德·冈德森:《美国经济史新编》,杨宇光等译,商务印书馆 1994 年版,第 634—635 页。

(Cheney)写了一篇题为《洛杉矶主要交通街道计划》的报告,引发了建立公路汽车交通管理控制的重要一步。这个计划的基本观念是:不同类型的交通杂乱混合在一起是不利的,所有街道都应该分为三种用途即大道、机动车专用道(或绿荫道)和小道。虽然奥尔姆斯特的计划没有立刻投入使用,但其观点对后来的高速公路计划产生了重要影响。

为了改善市内交通情况,20年代洛杉矶出现了两种完全不同的解决方案。太平洋电车公司代表提出快速交通提案(Rapid Transit Proposal),建议在主干线附近建更多的线路,在商业区修建地铁。洛杉矶交通委员会(Los Angeles Traffic Commission)与南加州汽车俱乐部联合提出了"主要交通道路计划"(Major Traffic Street Plan),主张建六线路的高速路向南北东西伸展开去。这两个计划无疑将对洛杉矶城市空间结构的发展产生深刻的影响。但这两个方案都有消极因素,前者主张在老城市基础上建新线路的方案将提高线路成本,限制独户住房的发展,洛杉矶将出现如东部城市那样沿电车轨道线分布的公寓聚集区。后者的建议,将打破辐射式模式而倾向于没有中心,它将直接威胁着商业区的中心性地位和现有的公众交通系统。汽车俱乐部最后取得了胜利,这主要是因为房地产商的经营活动是城市发展的主要动力,他们的利益压倒了商业区企业的利益。房地产商致力于建设独户住房,但是由于交通变革提高了土地价格,使房地产商对独户住房家庭的利润有所减少,而独户住房的供应如果下降,将间接对金融和抵押系统甚至全市经济都产生影响。洛杉矶的城市领导们认为洛杉矶的未来定位应该是由无数个独户家庭和巨大的高速公路相结合的城市,因此支持房地产商的意见。最终"主要交通道路计划"被采纳。可以说房地产商的主要目的是投机而不是人性化地关注洛杉矶的发展,但当公路计划实行十年后,洛杉矶大都市新的生活方式由此形成。

尽管有众所周知的"同谋理论"①谴责通用汽车公司搞垮了公共运输,

①　当时在洛杉矶流行一种观点,认为汽车制造商从中作梗破坏了代表电车公司利益的快速交通提案。更有甚者认为洛杉矶对汽车的依赖是通用、福特、克莱斯勒等汽车公司与费尔斯通轮胎橡胶等公司联手合谋使然。这种说法源于70年代,是由危机时期以布朗德弗特·斯奈尔为代表的一些社会评论家所散布的激进之辞,缺乏真实的成分与历史依据。

但是洛杉矶人不喜欢拥挤的有轨电车,他们情愿享受私人汽车的便利。1937 年洛杉矶的公路规划项目如火如荼地展开了,南加利福尼亚汽车俱乐部推出了它的高速公路计划;1938 年,阿罗约·塞古机动车专用道公司开业;1939 年,公布了颇具影响力的《洛杉矶都市区运输计划》;1940 年年底,洛杉矶第一条高速公路,即帕萨迪纳高速公路建成通车,这条高速公路全长 6 英里,全自动化,单向双车道,是现代高速公路系统的先驱①。然而,仅仅依靠洛杉矶大都市区自身的力量,大规模兴建高速公路的计划困难重重,主要原因是由于缺乏资金。联邦政府的资助无疑成了高速路发展的关键因素。

## 二、联邦高速公路计划

1940—1970 年是洛杉矶大都市区空间模式的成熟阶段。第二次世界大战是洛杉矶大都市区空间发展中的一个重要推动事件。由于战略地理位置的重要性,高速公路的建设速度明显加快。高速公路的铺设全方位地连接城市中心与郊区,也进一步地强化了洛杉矶不断向外兼并、蔓延的趋势。加州第一条高速公路是 110 号高速公路,也是大家所熟知的帕萨迪纳高速公路(或 Arroyo Seco Parkway),它开放于 1940 年 1 月,主要连接了洛杉矶市与帕萨迪纳的中心。1947 年《加利福尼亚考利尔—蓬斯公路法案》加速了洛杉矶的公路建设。但是对于各州之间如何出资修筑公路、资金从何而来一直没有较好的方案,直到 1956 年才通过了《联邦资助高速公路法案》(Federal Aid Highway Act),联邦州际高速公路系统启动,联邦政府计划铺设 4.1 万英里的州际高速公路,且把资助的份额提高到占全部投资的 90%。因此艾森豪威尔在国情咨文中称之为历史上最大的公共工程计划。在联邦政府的大力资助下,全国的公路里程继续增长,1970 年已经铺设的公路里程达 294.6 万英里。联邦、州和地方三级公路像蛛网一样密布全国,而且在大都市区内相对稠密。为了减少交通拥挤,还在交叉路口修建了众多的立交桥和穿越城市区的快行车道。洛杉矶地区的主要高速公路都是在此期间开始修建的。布罗兹利(Brodsly)评价说,在当代道路交通规划文件中,“想

---

① 参见王旭:《美国城市史》,中国社会科学出版社 2000 年版,第 193 页。

不出哪个可以(和这个工程)相比。"①

州际公路系统的支持者相信,该系统通过向中央商务区提供更好的连接其他城市和该城市腹地的交通条件,必将加强城市的经济实力。但是没有预见到这个系统会在中央商业区和城市自身之外的大量边缘地区提供更多的商业空间。高速公路修建之初,人们就认识到,修建高速公路有两种选择:一种是州际公路穿过城市,一种是用环路的方式避开城市从城市边缘经过,而后者将对城市设计产生重大影响。1956年开始对该决策进行公众听证,在其后几年的时间内大量的公众反对开发穿过城市的州际公路,所作的决策差不多都是建设避开城市的公路。因而造成后来人们所熟悉的环形公路的模式。这是一项意义深远的郊区化设计。环形公路为城市周围的经济活动提供了重要场所。在环形公路沿线企业工作的人们不再需要居住在市中心的通勤范围内。环形公路,从其效果来看,带动了新的"中心城市"的出现。而随着环形公路附近城市的崛起,其附近地区的交通拥挤又再次出现,继续修建更外围的环形公路似乎是合理的需求。这样一来,区域越摊越大,并且使成百上千平方英里的城市远郊土地划入大都市区范围内。因而,从某种程度上说,环形高速公路也是郊区化过程的强大推动力。

第二次世界大战后的十年,就业岗位向郊区和远郊区转移,证明了郊区城市自身的经济增长能力,以及沿主要高速公路,特别是主要高速公路交叉点的购物中心、公司总部和商务活动的区位优势日益凸显。在这些高速公路的节点处新的城镇纷纷出现,逐渐汇聚成新的人口、就业中心。由于高速公路的延伸,郊区也沿着这些高速公路网而蔓延,洛杉矶从而形成了不同于第二次世界大战前的城市形态。它是郊区化、分散化的典型代表,其发展模式是多中心和低密度的。一位记者如此这般地描述了当时的洛杉矶:它是"无顶、无底、无形、无际……随机的、迷乱的、没有渊源的、未加计划的",它的郊区是"不定形的"②。在洛杉矶有四通八达的高速公路系统延伸开去,

① D.Brodsly, *L.A. Freeway*, Berkeley: University of California Press, 1981.p.136.转引自 Michael J.Dear:《后现代都市状况》,李小科等译,上海教育出版社2004年版,第157—158页。

② 转引自[美]卡尔·艾博特:《大都市边疆——当代美国西部城市》,王旭等译,商务印书馆1998年版,第135页。

圣迭戈高速公路(I—405)是南北向的重要高速公路,它沿着大洛杉矶的西部和南部,北起圣费尔南多,南至欧文峡谷;海港高速路(I—110)连接了圣佩德罗、洛杉矶港、洛杉矶市中心和帕萨迪纳;I —10 高速路是东西向的重要道路,它东起圣莫妮卡,穿越洛杉矶和圣贝纳迪诺直到亚利桑那州边界;州际 210 高速公路则连接了洛杉矶和它的北部郊区(详见图 3-1)。除了州际高速公路外,还有加州高速公路系统。

在洛杉矶出现了全国汽车流动造成的无定型的城市蔓延。它有大量无定型的房屋聚集区、购物中心、工业公园、独立的城镇。优质的交通系统,使洛杉矶在交通高峰期可容纳 1 100 英里的卡车,并且拥有最大的城际电气铁路。洛杉矶地区的道路有 1/3 以上是高速公路、停车场和互通式立体交叉的设计。该设计使车辆不用穿过另一条线的车辆就可以从一条路到另一条的交叉路口。在城镇地区这个比例更是高达 2/3。1984 年洛杉矶拨款修建了 18 英里的地铁,花费 3.3 亿。经过威尔榭大道,穿过好莱坞在圣费尔南多谷设终点,成为 160 英里的交通网的中心,仅次于纽约的规模,进一步缓解了地上交通拥挤状况。

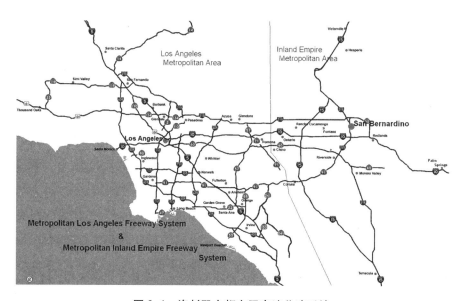

图 3-1　洛杉矶大都市区高速公路系统

### 三、汽车和高速公路对城市空间结构的影响

随着四通八达高速公路网的修建,人口向洛杉矶大都市区郊区迁移的速度加快。1950—1960 年,洛杉矶市的人口增加了 25.8%,长滩人口增长了 37.2%,而洛杉矶县其余地区人口增长了 66.6%。此后的十年,人口仍旧向郊区移动。1960 年洛杉矶市的人口占整个大都市区的 41.1%,长滩人口占 5.7%;至 1970 年两个城市的人口分别降为 39.9% 和 5.1%,同期洛杉矶县内郊区人口增长了 55%[①]。

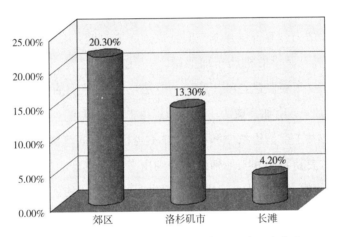

图 3-2　1960—1970 年洛杉矶大都市区人口变化率

资料来源:United States Department of Transportation, *Metropolitan Setting*, 见 http://ntl. bts. gov/lib/ 000/500/588/760704. pdf。

表 3-2　1960 和 1970 年洛杉矶大都市区人口

| 年份 | 郊区 | 洛杉矶市 | 长滩市 |
| --- | --- | --- | --- |
| 1960 | 3 215 588 | 2 479 015 | 344 168 |
| 1970 | 3 868 658 | 2 809 596 | 358 633 |

资料来源:United States Department of Transportation, *Metropolitan Setting*, 见 http://ntl. bts. gov/lib/ 000/500/588/760704. pdf。

---

① United States Department of Transportation, *Metropolitan Setting*, 见 http://ntl. bts. gov/lib/ 000/500/588/760704. pdf。

战后,郊区化的过程所带来的不只是人口的变化,当高速公路系统完成时,几乎所有主要城市都有一定比例的汽车工业。汽车的大量生产不仅增加了就业和与汽车相关的钢铁、其他金属材料、帆布和橡胶等行业的经济利润,也繁荣了城市经济。汽车商的增加为地方经济增加了新的零售业,相关行业也随之繁荣。车库、汽车修理厂、车站、轮胎店、汽车配件甚至洗车店在城市中纷纷出现,这些店大多数都沿着公路线选址。值得一提的是汽车服务业的发展情况。汽车刚刚发展之时,对零售商来说私人停车场被认为是浪费空间和金钱的东西而没有出现,直到一个新型汽车服务站——汽车加油站的出现。该形式意味着以汽车为定位的观念已经引起人们的重视,从此以后,加油站为顾客提供停车空间则成为必要设施。全国供应站是1913年建立的洛杉矶最早的机动车加油站之一,在建立之初,只提供一台加油泵,加油的机动车要驶进这唯一通道。但是几年后,该加油站可以同时供几个机动车加油①。南加州成为了这一新思维的主要舞台。第一次世界大战前,汽车加油站主要销售汽油和石油,并不经营汽车的清洗和打蜡等业务。汽车的修理、更新轮胎和其他辅助零件则由专营店受理。把这些服务集中在一起的超级服务站则为汽车消费者提供了相当的便利。20年代早期,这种超级服务站在南加州大量出现,并且在这十年中,迅速在全国范围内扩散开来。至1922年,超级服务站的理念普遍得到认可。到20年代末,洛杉矶汽车服务站已经在全国享有盛名,其他地区都没有这样大规模、便利的服务站。20年代,洛杉矶的郊区化进程已经开始,这种超级服务店也在郊区居民区生根开花。这种一站式服务的设想取得的成功,启发了商场老板。他们把原有的集中在中心商业区的市场开到了郊区,并且商场越开越大。第一家坐落在中心商业区之外的布勒克威尔榭(Bullock's Wilshire)是世界上第一个修建汽车通道入口的大型商场②。1919—1920年开业的好莱坞公共

① 参见 Richard W. Longstreth, *The Drive-In, The Supermarket, and the Transformation of Commercial Space in Los Angeles, 1914—1941*, Cambridge, Massachusetts: Massachusetts Institute of Technology, 1999. p.8。

② 参见 Robert Gottlieb, Mark Vallianatos, Regina M.Freer and Peter Dreier, *The Next Los Angeles: the Struggle for a Livable City*, Berkeley: University of California Press, 2006, p.138。

市场,占地面积为 5 000 平方英尺,是其周围食品店的 2 倍;1921 年开放的西贝弗莉公共市场(Beverly-Western Public Market),占地 1.5 万平方英尺,这样大空间的设计,主要是便利了驾车族的购物需求①。由此,分散化的进程也改变了城市的消费区域的布局。大型商场不再局限于市中心,而是沿"威尔榭走廊"扩散开来。到 20 年代中期,超级服务站在洛杉矶遍地开花,成为主要城市特色,它们也是现代意义的超级市场、购物城的前身。除此之外,汽车带来的新生事物还有公路旁的旅店和最早的汽车旅馆。更重要的是汽车为城市经济开启了新的领域,如保险业、新公共设施建设等行业。

从 20 世纪 50 年代后,汽车对商业和服务业活动的影响日益明显。虽然购物中心的出现至少可以追溯到 20 世纪 20 年代,但是只有在第二次世界大战后,随着冰箱的出现,商业发展才达到了更鼎盛的时期。50 年代的郊区化进程伴随着购物中心和超级市场数量的急剧增长而不断发展。此后,随着居住区和商业活动的不断扩大,逐渐出现工业的扩散。公路货运的安全性和稳定性不断增加,使得工业在城市周边的发展成为可能,同时也刺激了工业的进一步发展,对新工厂的选址更是起了推波助澜的作用,工业区占满了郊区公路的两侧。当郊区逐渐增加了商业和工业功能之后,它也吸纳了越来越多的服务业,这是代表着后工业社会特色的行业。郊区购物中心不仅集中了商业,也集中了服务和娱乐,逐渐发展成郊区商业区,如洛杉矶"南海滨都市(South Coast Metro)"就是其中一个②。

郊区的分散蔓延,使洛杉矶的中心城市进一步衰落。早在 20 世纪 20 年代,工业和商业开始分散之时,因为市中心和郊区之间存在的阶级和种族的差别,使富有阶层抛弃了经典的集中型大都市模式而迁往郊区。换句话说,洛杉矶成为美国第一个郊区化大都市,市中心的作用被削弱了。在 20 世纪初,市中心曾是城市交通、商业、工业娱乐的中心,同时也是大都市地区经济运行和公共政策制定、执行的核心地。然而,到了 20 世纪 60 年代末,洛杉矶无论从经济、对外交通、政府职能等方面看都不再是这个大都市区内

---

① 参见 Robert Gottlieb,Mark Vallianatos,Regina M.Freer and Peter Dreier,*The Next Los Angeles*: *the Struggle for a Livable City*,Berkeley:University of California Press,2006,p.13。

② 参见孙群郎:《美国城市郊区化研究》,商务印书馆 2005 年版,第 199 页。

的绝对中心。工业随着四通八达的高速公路和铁路线分散分布;零售业追随居民向郊区、远郊区扩散;远离城市的机场成为城市对外交通的主要方式;政府职能也被大都市区的各个地方政府所分割。

由此可以看出,经济和交通的相互促进,成就了洛杉矶分散化的城市空间结构。20 世纪初汽车的出现、普及使经济的分散化成为可能,带动了大规模的人口向郊区迁移的热潮。高速公路计划的实施则便利了大量边缘城市的崛起。正如菲什曼所说,"在新兴城市中距离是用时间来衡量的,而不是用街区或英里……新兴的城市是一个汽车城市"①。进入 60 年代,由于人口、就业、商务、娱乐都在郊区汇集,从而使分散的郊区中逐渐聚集起小中心商业区,70 年代后,渐次发展成为洛杉矶的次中心带。

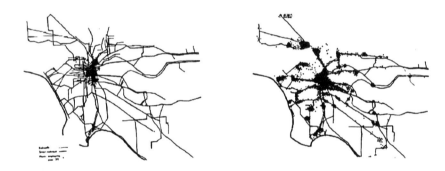

图 3-3　1924、1960 年洛杉矶工业分布图

## 第三节　信息时代与大都市区空间结构的变化

我们前面已经提到,电话便利了分散人口的联系与沟通。继电话之后,另一些通信技术的出现也减弱了人们对密集型居民住宅的需求,例如收音机、电视机和随后几年出现的录像机、传真机、卫星、光纤电缆、计算机以及因特网。尤其是计算机和网络系统的发展,使传统的面对面的交流方式被电子交流所取代。这些革新在后郊区时代的经济发展中扮演了重要的角

---

① 转引自〔荷〕根特城市研究小组:《城市状态:当代大都市的空间、社区和本质》,敬东译,中国水利水电出版社、知识产权出版社 2005 年版,第 45 页。

色。根据国内学者的研究,生产的分散化趋势受以下因素影响:

1.就生产过程的各个组成部分来说,对劳动力的要求是特定的且相互不同的,而在同一功能空间单元很难找到或者复制这些不同类型的劳动力,即劳动力的分散。

2.产品的特性决定了地区分布的不同,运输成本已经不再是企业选址的决定因素,因而,不同的生产部门可以分布在不同地区,其中间产品可以通过运输来回传送,即企业的分散。

3.作为信息加工设备的生产者,该产业本身也是自己产品早期的主要使用者。先进的设备可以处理和传播信息,使其功能可以在空间分散。这些分散的功能通过在线信息系统和可编程的生产工具又整合进相同的生产和管理过程,即信息的分散。①

由于以上因素的作用,生产根据市场渗透原理而分散化,并根据分散后市场的地理位置而形成二次集聚,使整个生产过程重新进行空间整合,从而形成分散后的再集中。因此,信息化为城市空间分散提供了重要手段。

美国学者较早地注意到信息时代城市空间结构的变化。20世纪60年代,美国的城市规划师梅尔文·韦伯就已经为描述城市空间不断转变的地位提出了一个概念模式:"非空间的城市范围"②。韦伯表明,不断增强的流动性和全球通讯缩短了人类交往的距离。因此他认为城市是一个非空间的城市范围,一个由肉眼看不见的运输和交流网络所构成的巨大支架,而不应该看作是物体的静态组合。他的观点动摇了以往的城市空间的向心性原理。另一位著名学者曼纽尔·卡斯泰尔在他的经典著作《信息化城市》③中,阐述了传媒和通信的快速发展与旧规范的决裂,对城市空间产生了一些重要影响:社会中的技术与组织的平行发展所带来的最重大的结果就是重建流动空间的社会意义;地方空间由流动空间所取代;作为后资本主义生产

---

① 参见李青、李文军、郭金龙:《区域创新视角下的产业发展:理论与案例研究》,商务印书馆2004年版,第325—326页。
② [荷]根特城市研究小组:《城市状态:当代大都市的空间、社区和本质》,敬东译,中国水利水电出版社、知识产权出版社2005年版,第47页。
③ [美]曼纽尔·卡斯泰尔:《信息化城市》,崔保国等译,江苏人民出版社2001年版。

运输的特定结果,城市之间以及城市中心与城市边缘之间的传统等级正逐渐消失。如此一来,原有的城市体系也悄然发生变化,走廊城市和网络城市得到了发展。所谓的走廊城市是指没有明显的核心和可定义边界的多中心城市蔓延地区①。在这种多中心的城市体系中,城市间的联系得到了加强,其联系方式由垂直等级联系转向横向联系方式,这在"网络城市"体系中表现得更加突出。网络城市的结构较单中心城市具有更大的多样性和创造性,拥有更多的区位自由度。中心地理论认为城市增长潜力与规模相关,而信息时代网络城市的发展则与弹性相关,二者之间的主要区别如表3-3所示,网络城市的增长率明显快于中心地城市。

表3-3　中心地城市与网络城市模式异同点

| 中心地城市模式 | 网络城市模式 |
| --- | --- |
| 中心性 | 节点性 |
| 规模相关性 | 规模中立性 |
| 主从服务倾向 | 弹性与互补倾向 |
| 均质商品和服务 | 异质商品和服务 |
| 垂直可达性 | 水平可达性 |
| 单向流动 | 双向流动 |
| 交通价格 | 信息价格 |
| 空间竞争 | 对价格竞争的歧视 |

资料来源:顾朝林等:《经济全球化与中国城市发展——跨世界中国城市发展战略研究》,商务印书馆1999年版,第285页。

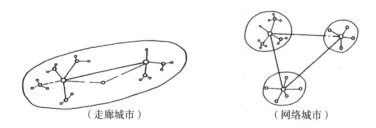

（走廊城市）　　　　　　（网络城市）

图3-4　走廊城市增长模式与网络城市增长模式

资料来源:顾朝林等:《经济全球化与中国城市发展——跨世界中国城市发展战略研究》,商务印书馆1999年版,第286页。

---

① 参见顾朝林等:《经济全球化与中国城市发展——跨世界中国城市发展战略研究》,商务印书馆1999年版,第284页。

　　信息化同样对洛杉矶大都市区空间的分散提供了必要手段。理查德·温斯坦曾这样描述这座城市:"分类的不连续性与汽车出现之前已有的(但已经分散的)社区之间的连接,使之成为没有等级差别的灵活的、延伸的、体现了洛杉矶特性的母体。"①在这种意义上,洛杉矶成为其他城市的典范,因为空间上的分散性不仅体现在 60 年代后出现的边缘城市和科技郊区,也体现在以往的集中型城市中。分散的环境被无形的网络所连接,城市环境去掉了传统的公共场所的概念,而成为各种主题公园的总和。换句话说,以芝加哥风格为代表的传统城市形式日趋消失,代之而起的是条块化的、马赛克式的景观。没有传统意义上的中心城市,电子通信使人们之间的交往方式大大转变,人们更多的是结成电子邻居,信息高速公路把他们结为一体。用新马克思主义城市学派的话来说,洛杉矶是"近期资本主义工业化、城市化和社会生活的典型表现"。历史学家多洛雷斯·海登认为它是"20 世纪中期至后期美国最大最复杂的城市"②,是美国文化与价值观念的代表。

①　Richard S.Weinstein, "The First American City", in *The City*: *Los Angeles and Urban Theory at the End of the Twentieth Century*, Allen J. Scott and Edward W. Soja, ( eds.), Berleley: Univeristy of California Press,1996.p30.转引自[荷]根特城市研究小组:《城市状态:当代大都市的空间、社区和本质》,敬东译,中国水利水电出版社、知识产权出版社 2005 年版,第 36 页。

②　多洛雷斯·海登:《位置与艺术在建筑上的意义》,载《设计季刊》第 122 期。转引自[美]卡尔·艾博特:《大都市边疆——当代美国西部城市》,王旭等译,商务印书馆 1998 年版,第 136 页。

# 第四章 分散化、多中心空间结构的成因(下)

19 世纪末 20 世纪初,在某种程度上,独户住宅已经逐渐成为郊区化的同义词,这种居住模式在洛杉矶比其他城市普及的速度要快得多。这主要是由于洛杉矶城市空间扩展的时间相对较晚,它几乎是与公共交通系统的建设、发展同时发生。正如马丁·瓦克斯(Martin Wachs)所提到的:"由于洛杉矶特殊的发展时代,导致它与波士顿、纽约、费城等城市的典型发展模式完全不同,这些城市在有轨电车出现之前已经发展到了较大的规模,再加上步行是首选的交通方式,于是较高的人口密度变成了它们的主要特征。"①第一次世界大战前洛杉矶的规模还无法与纽约、芝加哥相比,此后它快速、低密度的发展与人们对独户住房的渴望有着密切联系。第一次世界大战后,洛杉矶住在独户住房之中的居民远远高于芝加哥。第一次世界大战前,尽管洛杉矶出现了向郊区扩张趋势,但商业仍旧是集中在洛杉矶市中心。第一次世界大战后,大众交通体系的迅速发展,大大缩短了郊区与城市之间的车程。中心城市作为商业中心开始衰落,人口和商业向市中心外迁移,紧接着工厂也离开中心城市,到 30 年代末大多数工厂迁到较远的郊区。

到 20 世纪 20 年代,洛杉矶人口在向郊区迁移的过程中触发土地投机的热潮,这时期一些农业用地被大量细分,成为新城镇。它们中有一部分并进城市之中以保证水供给等基础的社会服务,但有一些抵制了这一压力保持了自治形式。为以后形成洛杉矶零散大都市的多中心格局奠定了基础。

---

① 转引自[荷]根特城市研究小组:《城市状态:当代大都市的空间、社区和本质》,敬东翻译,北京水利水电出版社、知识产权出版社 2005 年版,第 15 页。

此时,洛杉矶小汽车的普及使分散化的进程大大加快。房地产商抓住这一契机,放弃对中心城市建设而转向在郊区更广阔的空间里发展房地产业。在住房和社会环境上,本土美国人比欧洲移民有相对宽泛的选择。他们更倾向于修建独户家庭住房,居住面积大,周围是绿地,他们理想的郊区是宽敞、富裕、整洁、高尚的、永久的和同质性的,这是洛杉矶分散化过程中人的理念基础。开发商们利用了人们的如此心理,把同质性人口、相对和谐的土地使用、合理划分的郊区统一起来。他们规划的郊区住房,严格遵守了居民的同质性和纯洁性这一观念,不同种族居住在不同社区。郊区住房的迅速发展证实了传统的郊区化理念在实践中的可能性,这也从客观上促进了大都市的分散性。

## 第一节　私人住房的种族隔离取向

### 一、战争期间洛杉矶市的住房隔离

整个 20 世纪的绝大部分时间里,"房主协会"(Homeowner's Associations 简称 HAs)主导了洛杉矶中产阶级住房市场。该协会对住房的分散化、隔离状况起了重要的推动作用。"房主协会"1916 年出现在洛杉矶,最早的房主协会是费利克斯进步协会(Felix Improvement Association),其建立的宗旨是限制对新社区的开发规划。尽管联邦最高法院在 1948 年宣布反对在住房中的种族主义限制,但是在此之前加州住房的种族限制是被允许的。最高法院在 1919 年的加里案中,允许了房主协会起诉反对非白人的房主,加上前文所提到的土地的分区制,住房市场中的种族隔离现象就不可避免地发生了。正如马克·韦斯(Marc Weiss)在其《社区建设者的崛起》中所说的那样,洛杉矶在 20 世纪初建立的分区规划的原则是为了迎合高层消费者人群和独户住房所有者而建立的法律程序。[1] 甚至,当地的整个房地产业,也

---

① 参见 Mike Davis, *City of Quartz: Excavating the Future in Los Angeles*, New York: Vintage Books A Division of Random House, Inc., 1992. p.161。

是由有钱人主导的在城市及其边缘地区对土地细分和规划的行业。他们对住房的设计和土地利用作了种种限制,同时也限制了未来房主的类型及其社会地位。这样做的目的只有一个,保持中产阶层和高消费人群居住的社会环境的同质性。

第一次世界大战时,HAs 推出了严格的住房选区政策,从而帮助"净化"、隔离出一个洛杉矶西部的中产阶级世界。同期仍旧实行的吉姆·克劳法①,在洛杉矶市中心的黑人社区中竖起了一座"白人墙"。房主协会出现在洛杉矶的政治舞台是在 20 年代,主要是作为白人试图阻止黑人在隔都区以外的地方购买房屋的工具。白人房主以保护协会的名义实行街区限制,使一些社区订立共同契约实行街区种族限制政策。在这种风气之下,20 年代洛杉矶 95%的城市住房排斥了非洲裔和亚裔。1922 年,白人为了防止黑人入侵其所居住的社区而导致房屋价值的贬值,成立了"反对黑人房屋协会"(Anti-African Housing Association),以此来排斥非白人进入白人社区。"尽管'反对黑人房屋协会'也资助了街道铺设和学校建设,但是它的主要目的仍旧是保护弗蒙特和巴德朗街区的白人阵营。"②

30 年代的工业萧条吸引了大量黑人家庭进入中心街区,造成了少数民族住房的过分拥挤。当黑人试图迁往郊区时几乎都遇到了白人的抵制,甚至,一些保护白人房主的团体与三 K 党勾结在一起,袭击黑人的事件在二三十年代时有发生。20 年代洛杉矶的卫星郊区曾被历史学家描述成"三 K 党的狩猎场"③,而白人房主协会则往往扮演着煽动白人的角色。1948 年,美国最高法院最终反对住房合同上实行种族限制性的条款,但此举却引发了白人房主协会先后上诉上百次抵制非白人的房主。

---

① 1875 年田纳西州出台了第一个吉姆·克劳法,在火车和公共交通中实行种族隔离。在 1885 年左右美国南部大多数州都制定了在公共场所实行种族隔离的法律。参见丁则民主编:《美国通史——美国内战与镀金时代(1861—19 世纪末)》,人民出版社 2002 年版,第 71 页。

② Mike Davis, *City of Quartz-Excavating the Future in Los Angeles*, New York:Vintage Books A Division of Random House,Inc.,1990,p.162.

③ Mike Davis, *City of Quartz-Excavating the Future in Los Angeles*, New York:Vintage Books A Division of Random House,Inc.,1990,p.162.

第二次世界大战期间,房屋短缺进一步恶化了种族关系,战时大量黑人从南部农村进入城市工作,造成了洛杉矶市黑人隔都区异常拥挤的状况。当黑人试图跳跃"白人墙"在郊区或城市边缘买房居住时,他们面临了新一轮的白人房主的敌意。圣加百利村是当时一个臭名昭著的种族限制主义的大本营。这里的居住隔离在 20 世纪 40 年代早期已经形成,白人居民为了保护自己的财产,百般阻挠黑人进入其社区,他们在房屋出售合同中增加限制性的条款,或在契约中规定房屋建筑的统一标准。珍珠港事件爆发后,西杰斐逊地区的白人提出诉讼,要求驱逐 5 个黑人家庭。瓦茨因逐渐聚集起较多的黑人,而遭到南洛杉矶房主协会的抗议。洛杉矶第三十条大街上的黑人住宅被烧毁,随后又有白人抗议反对把第七十一街的房屋出售给黑人[1]。至 1945 年圣诞前夕,洛杉矶南部地区居住的种族主义达到了可怕的高潮。

第二次世界大战刚刚结束,地方商业代表和房主协会在开发商的支持下试图限制黑人向圣费尔南多谷移民。亨廷顿公园房主协会成为该时期阻止黑人向东流入白人工业郊区的代表,向西的黑人又受到有势力的中产阶级房主协会的阻挠;可以想象,黑人能够生存的空间只有洛杉矶市中南区和洛杉矶县南部,因此洛杉矶的黑人和少数民族大多集中在这一地域。尽管如此,在那里的中产阶级下层也强烈抗议住宅区的种族混合,甚至对黑人的迫害和残杀也不断出现。直至朝鲜战争结束,洛杉矶南中心的白人房主对黑人的抵制情绪才有所缓解,这是由于此时白人较大规模地迁移至圣费尔南多谷的新郊区。尽管在 1948 年最高法院宣布反对住房契约中的种族限制条款,并且 1950 年加州移民土地法(Alien Land)也重申了这一宗旨,但是郊区的发展始终抵制非洲裔、墨裔和亚裔。甚至,在洛杉矶市外围郊区为新来人口提供的住房中,仍旧实行隔离主义。由于郊区人口的增加,南加州的郊区出现了零碎和孤立的地方自治政府,这一现象被很多学者描述成是

---

① 参见 Mike Davis, *City of Quartz-Excavating the Future in Los Angeles*, New York：Vintage Books A Division of Random House, Inc., 1990, p.164。

"没有规划的偶然发展"①,事实上我们可以看到,这是白人保持其种族隔离政策的人为后果。此后,房主协会又联合了开发商和售楼商策划了战后新郊区住房的种族和阶级隔离。非西班牙裔白人对黑人和其他少数民族的心理歧视,加速了他们向郊区逃逸的进程。无论是房主协会还是种族隔离制度都从不同程度上加速了人口向郊区分散。

## 二、莱克伍德方案与大都市区内自治城市的发展

1950 年以前,郊区的自治仅仅是少数富有阶层的游戏;1950 年以后,人们逐渐了解到:上层社会追求的自治权是利用分区规划对他们房屋价值的潜在保护;另一方面,企业家为了有效地控制土地使用和逃避高昂的财产税,他们的自治意识开始萌生。但是地方自治无疑受到了增加市政服务所引发的增加新税收等一系列连锁反应的阻碍,因此并未成行。但在朝鲜战争后这种分离自治的愿望逐渐强化,建筑商在刚刚萌生的储蓄—贷款业的鼓励下,划分了新的郊区社区。位于长滩北部的莱克伍德,曾经是地区造船业的中心,如今却面临着被长滩兼并的威胁。它的开发者是温加特(Weingart)、博亚尔(Boyar)和塔帕(Tapper),雇佣律师专门探讨该地区的自治问题,结果引出了 1954 年出台的著名的莱克伍德方案(Lakewood Plan)②。该地区反对任何形式的与大都市区合并,为了避免因自治而导致的财政和劳动力的缩减,该地区以契约的形式与洛杉矶县进行合作。把其重要的防火、警察、图书馆等服务交给县政府,只需支付较低的价格;而该地区维持其分区制的特权,市政服务的费用也由洛杉矶县内的纳税人分担。洛杉矶县监督委员会批准了该计划,意味着该地区取得了自治权,由此,创造了第一个分离的城市。此后,在 1956 年通过的布拉德利—伯恩斯法案(Bradley—Burns Act),允许州内所有的地方政府拥有消费税的 1%,归其自行支配。这就意味着郊区自己的工业、商业就可以供养当地政府的开支而无需增收

---

① Mike Davis, *City of Quartz-Excavating the Future in Los Angeles*, New York: Vintage Books A Division of Random House, Inc., 1990, p.164.
② 该法的详细内容参见王旭:《"莱克伍德方案"与美国地方政府公共服务外包模式》,《吉林大学社会科学学报》,2009 年第 6 期。

财产税,换句话说,该法案以削弱原有主要城市税收的方法,资助了新兴郊区的地方政府。据研究表明,1954—1960 年在洛杉矶县内莱克伍德沿线形成 26 个新的小型城市①。"这种被县和州细分了的特权,提高了地方控制的优势,小型城市的居民可以轻而易举地摆脱低收入或租房人群而选择居住地点,并且通过与县政府签订的服务契约,消除了因扩大市政服务而引起的财政压力,更重要的是,保护了他们的财产没有被潜在的政府扩张或财政重新分配而利用"②。

毫无疑问该法案的推出产生了一系列后果:其一,鼓励了郊区的分离主义和通过分区制而实现的地方自治,加速了白人逃离洛杉矶市。莱克伍德方案和布拉德利—伯恩斯法案为富有房主提供了继续外流的机会,同时也为其保护房子价值和生活观念提供了制度上的保障。"这种特殊的美国地方政府自治便利了城市政治和社会结构的分散化。"③其二,导致洛杉矶市中心财政负担加重,引发了一系列社会问题。其中最重要的是降低了解决低收入或租房人群的住房更新问题的效果。1950—1970 年间,洛杉矶南部和东部边界地带被频繁划分,而非洲裔和西裔则仍旧集中在市中心和东部的老郊区内。非洲裔工人阶层主要沿洛杉矶中央大道扩展他们的居住区,墨裔移民集中在城市中没有使用莱克伍德方案的地区,东洛杉矶有 10 多万居民,这里是洛杉矶最大的未加入合作的地区,包括瓦茨和威洛布鲁克(Willow Brook)。合作使地方政府受益良多,也不可避免地使种族隔离加剧和收入差距扩大,并且造成对洛杉矶市政府财政的侵蚀,使依赖内城公共服务的贫困人口处境更加艰难。其三,莱克伍德方案对社会各阶层的影响也不尽相同。在实施该计划的城市中,人口组成发生了急剧的变化。以康普顿市为例,在 1950—1970 年间,这里居住的穷人从 5.7% 上升到 19.1%。

---

① 参见 Mike Davis, *City of Quartz-Excavating the Future in Los Angeles*, New York: Vintage Books A Division of Random House, Inc., 1990, p.166。

② Gary Miller, *Cities by Contract: The Politics of Municipal Incorporation*, Cambridge, Mass. 1981. p.9 转引自 Mike Davis, *City of Quartz-Excavating the Future in Los Angeles*, New York: Vintage Books A Division of Random House, Inc., 1990, p.166。

③ Roger Keil, *Los Angeles: Globalization, Urbanization and Social Struggles*, New York: John Wiley & Sons, 1998, p.175.

到 70 年代中期,由于加入了莱克伍德方案,较高的财产税排挤了无力承担的低收入家庭,他们被迫选择外迁,也就是说,莱克伍德方案对社会不同阶层的意义是有着天壤之别的。"这些加入了莱克伍德方案的城市为富有阶层提供了重新选择居住地的机会"[1],而对低收入人群来说却是雪上加霜的灾难。

### 三、缓慢增长运动——居住隔离的新形式

洛杉矶的房主协会从发展来看主要经历了两个时期,1920 至 1960 年是房主协会占主导地位的第一阶段,该阶段中,房主协会主要是争取保持其住房在种族和经济上的同质性。到了肯尼迪总统时期(即第二个阶段),房主协会则转向保护他们的"郊区梦",阻止郊区工业、公寓和写字楼的发展。这主要是因为 1965 年以后,一方面郊区空间受到肆意蔓延的住房的威胁;另一方面,长期以来的独户住房占主导地位的格局,被公寓住房所淹没,公寓住房一时间风头无两。1940—1950 年,洛杉矶的房屋拥有率从 40% 上升到 53%,独户住房是最受欢迎的住房形式。1960 年洛杉矶的住房有 240 万套,是 1940 年的 2.5 倍。1963 年,全美国 1/4 的建筑活动集中在南加州,全国 1/4 的房地产在洛杉矶设立办事机构。但是从 50 年代末开始,多户住宅建筑逐渐增加。1958 年,公寓住房的数量略高于独户住房,1970—1973 年间,洛杉矶 92% 的新建住房是公寓房[2]。

从地理面貌上看,洛杉矶的阶级分化在居住地选择上也表现得十分明显。具体来说,富有阶层很少居住在平原地带,他们更多定居在山上,以便更好地接近自然环境。从 20 年代起,沿着洛杉矶河蜿蜒而行的山脚也成为富有阶层的社区。贝弗利山、韦斯特伍德(Westwood)、布伦特伍德(Brentwood)、贝莱尔(Belair)、圣莫尼卡、好莱坞、安东希尔弗湖(Anton Silver

---

① Elizabeth Maggie Penn,*Institutions and Sorting in a Model of Metropolitan Fragmentation*,2003 年 6 月 16 日,见 http://www.researchgate.net/publication/220657715_Institutions_and_sorting_in_a_model_of_metropolitan_fragmentation。

② 参见 Roger Keil,*Los Angeles*:*Globalization*,*Urbanization and Social Struggles*,New York:John Wiley & Sons,1998,p.71。

Lake)等地方都是富人社区。早在1910年开发的贝莱尔是最早的一个门户社区,但是拒绝向犹太人出售房屋。1913年规划的贝弗利山,是由纽约建筑设计师威尔伯库克设计,因为这里接近好莱坞而成为了娱乐业人士首选居住地。60年代各种社会运动风起云涌的时候,保护环境运动也加入其中,在新的城市环境主义的号召下,60年代的保护环境运动主要是保护海湾和山地的开放空间,在70年代早期,土地使用的管理已经在一些海岛开发中实行。因此保护环境与保护富有社区从某种意义上说是一致的,社会上层人士以保护环境的名义,维护其居住空间的同质性,防止对其生活环境的侵蚀。其中最引人注目的是"拯救圣莫尼卡山"运动。这场运动从保护马利布(Malibu)到格里菲斯天文台(Griffith Observatory),好莱坞山也在其中,包括了最大面积的富人居住地,主要有希尔顿饭店、兰特公司(Lantain Corporation)、卡斯尔与库克(Castle & Cook)等公司。为了防止人们的过度开发和自然灾害导致的生态环境的破坏,富有的房主组织起来以保护环境的名义,限制山地的开发,以保证其房产价值和生活状态。他们资助了拉斯弗吉恩(Las Virgenes)和特里由弗(Triunfo)水专区,以提供山脚平原45万新居民使用的水资源。恰逢其时,联邦高速公路计划意图修建四条新的宽120英尺的高速公路穿越溪谷,跨越圣莫尼卡山的山脊。该计划自然遭到了房主协会的强烈反对,它们组织了1万名房主集体请愿,反对这项高速路计划,他们的请愿书上要求建立一个地区公园以保护永久的开放空间。尽管这次保护圣莫尼卡运动被大众认为是使用生态主义的招牌保护富人的奢侈"封地",但至1972年,由于大量白人中产阶级社区的加入,保护环境的抗议活动更加壮大了。1972—1973年的反对居住密度的斗争,阻止了70年代早期的人口流动,限制了对多户住宅的土地供应,甚至,对公寓住宅的限制也被看作是政治上无法挽回地扩大了富有房主们的权利。

除了以保护环境的名义保护富人社区外,富有房主们也限制工业用地的开发。早在1956年曾抗议把2 600英亩的独户住宅区变为工业用地,到了70年代,房主们联合起来阻止对他们生活环境的"污染",跟房主站在对立立场的则是开发商和租房居民。此时,洛杉矶不再是战后繁荣的场面,廉价的土地越来越稀少,两极分化日趋严重,公共服务部门的就业也开始衰落。1965年的瓦茨骚乱后,又出现了奇卡诺人的抗议游行。少数民族因被排除在繁荣和体面的住房之外而愤怒,这种新的冲突不仅出现在中心城市,郊区也是如此。因此,开发商为了维持住房市场的高利润,则把经营的重点投放在郊区住房上面。

此外,在越南战争期间,公寓住房或单元房(Condominium)的建筑陡然增加起来。尽管之前独户住房的普遍流行使人们担心将有更多的工业用地受到独户住房的威胁;但是到了70年代,这一情况发生了根本性的变化。以奥兰治县为例,1960年,该地区2/3以上的住宅都是独户住房,到了70年代末,这一现象彻底改观了,60%的新住宅是公寓房和单元房。主要原因是:60年代末银行利率的提高;便宜土地逐渐减少;战后婴儿潮的影响,使该时期进入住房市场的多为经济实力并不充足的年轻人。同时,70年代的经济衰退和通货膨胀使中产阶级的实际购买力大大下降。1973年秋天,南加州的住房价格比全国平均水平便宜1 000美金,6年以后反而贵了4.24万美金,15年以后,则贵了14.3万美金。如果峡谷区的住房价值仅仅是上升了一倍的话,山上和海滩附近的住房价格则上升了3倍甚至4倍。至70年代末,住房价格的增长幅度几乎是个人收入增长的3倍[①]。房屋价格的增长,无疑也给中产阶级选择独户住房增加了负担,因而公寓住房在此种环境下极大地拓宽了市场。

开发商们也转向建筑多户住宅,以满足市场需求。对高消费群体他们设计了分户出售的大厦住宅;对于低消费群体,他们建廉价公寓以便出租。在一些老城区,如东圣迭戈、部分圣莫尼卡、长滩等20年代的社区都被拆除,代之以一排排劣质的水泥房。1977年10月,洛杉矶大都市区内的多户住宅共112.5万套,独户住房有146.34万套。其中洛杉矶市的多户住宅为57万套,独户住房为50.6万套;长滩多户住宅为7.8万套,独户住房有

---

① 参见 Mike Davis, *City of Quartz*: *Globalization*, *Urbanization and Social Struggles*, New York: John Wiley & Sons, 1998, p.181。

7.06 万套①。富有阶层的房主,对于这种高密度居住的环境并不满意,认为这恶化了社区环境,增加了交通拥挤,增加的穷人数量稀释了他们的政治力量。因此他们反对公寓住房的建设和郊区的非乡村化(deruralization)。在拉格纳·奈格尔(Laguna Niguel)的居民呼吁县监督委员会阻止这种居住空间的高密度趋势,房主协会也研究对策以限制居住密度和保护开放空间。房主协会于是领导了缓慢增长运动(Slow-Growth Movement),缓慢增长运动是保护富有阶层的财产价值、对土地使用的控制和保护种族隔离的新形式。房地产价格的急剧通货膨胀,使普通居民连山脚下的房屋也无力购买。市中心的居民支持公寓住房而独户住房的房主则与其为敌,几年后,接近私人住宅的任何建筑都被视为反对的目标。1978 年第十三项建议(Proposition 13)出台后,缓慢增长运动有了更加坚实的基础。这项建议的内容是规定征收的财产税最高数额不能超过 1%。该计划推出后,地方财产税收入剧减,公共服务的开支也随之收缩。该法案保护了富有阶层,而使低收入者和中心城市的社区环境进一步衰落。1985 年,富有阶层组成的山地和溪谷房主联盟(Federation of Hillside and Canyon Homeowners)发展了 50 多个分机构,比早期的房主协会势力更加强大。1986 年,洛杉矶通过了"U 建议"(Proposion U),该建议认为洛杉矶市中心一半以上的土地应该用于商业用途②。1989 年帕萨迪纳居民投票支持对城市商业和住房开发的控制增长。其他城市也通过法案限制增长,并且选出一些支持"缓慢增长运动"的人进入城市议会。可以看出,缓慢增长运动的兴起主要是中上层阶级房主防止向洛杉矶西部和南部的圣费尔南多谷扩张住房而出现的。他们视居住权为其排外的特权,防止一切可能的密集型居住模式的开发。房主协会领导的缓慢增长运动的胜利,把洛杉矶分散化居住的空间结构加以强化。

---

① 参见 C.Peter Rydell, *The Impact of Rent Control on The Los Angeles Housing Market*, Santa Monica: Rand Corporation, 1981, p.11。

② Mark Purcell, "The Decline of The Political Consensus for Urban Growth: Evidence From Los Angeles", Journal of Urban Affairs. Vol. 22 (1), 见 http://www.researchgate.net/publication/227654996_The_Decline_Of_The_Political_Consensus_For_Urban_Growth_Evidence_from_Los_Angeles。

# 第二节　联邦政府的住房政策导向

## 一、联邦住房政策的演变

联邦政府干预住房建设的开端始于新政时期,罗斯福总统签署了联邦紧急救济署(FERA)、民政工程局(CWA)以及公共工程局(PWA)等机构,启动了大萧条时期的援助计划。"在1929至1933年期间,住宅建设几乎下降了95%,令人难以置信。"[1]罗斯福总统为了恢复经济,计划由联邦政府贷款给地方政府建设19.2万套公共住房,且这些住房大多位于城市的贫民窟地区。然而,公共住房计划一经提出,就受到了建筑业、房地产委员会全国协会、全国木材零售商协会等利益集团的阻挠。他们促使国会立法,限制公共住房的建设。大萧条时期很多住户因无法支付分期付款而被取消住房抵押权,联邦政府在1933年设立房主贷款公司(Home Owners' Loan Corporation 简称HOLC),为私人业主提供资助和住房贷款担保,旨在保障城市居民可以得到合理的住房贷款。仅在1933和1935年间,房主贷款公司对100万户以上的家庭提供了30亿美元的贷款[2],极大地缓解了住房紧张问题。但是,该政策的主要受益者是"郊区的白人工人阶级与中低阶层的住房市场,而非中心城市的贫困和少数民族的群体"[3]。罗斯福政府的住房政策主旨在于为经济危机时期的失业人口提供可就业的机会,并且通过建筑业的复兴拉动整个城市经济复兴。因此,一旦经济复苏后,公共住房建设就大大萎缩了,1933—1937年PWA建设的住房不到2.2万套,其作用可见一斑。

抵押贷款的调整是1934年联邦住房法的核心,该法案建立了联邦住房

---

① Levy, *Urban America*: *Processes and Problems*, Upper Saddle River, NJ.: Prentice-Hall.2000.p. 183.

② 参见陈宝森:《美国经济与政府政策——罗斯福到里根》,社会科学文献出版社2007年版,第651页。

③ John J.Harrigan and Ronald K.Vogel, *Political Change in the Metropolis*, New York: Longman, 2000.p.416.

管理署(Federal Housing Administration 简称 FHA),实行更为优惠的住宅抵押政策,首次付款的金额降到住宅价格的 10%,偿还期延长到 25—30 年,利率降到 2%—3%。而在此之前,偿还期限一般只有 5—10 年,年利率高达 6%—7%,并且抵押贷款的金额通常只有住宅价格的一半或三分之二。在联邦住房管理署的建立过程中,房主贷款公司推荐了大批房地产开发商及借贷行业人员作为该部门的行政、管理人员。正是这批人员帮助制定了全国住房评估指标以及贷款担保标准,他们自己也成了联邦住房管理署内部的主导型力量。例如,洛杉矶房地产商福雷德·马罗参与掌管全国的住房抵押贷款保险。加州房地产协会理事埃尔斯·杜波伊斯被任命为联邦住房管理署保险部主管。FHA 通过对住房分期贷款提供担保以及降低贷款利率等措施,刺激了住房购买力。FHA 使 50%以上的人口可以拥有自己的住房,但是,FHA 在具体操作过程中,常常拒绝为贫困或种族混合的社区提供贷款担保,而对房地产商在郊区的住房项目照顾有加。从 20 世纪 30 年代至 50 年代,联邦住房管理署为房地产商在郊区的新建白人住宅区提供了数十亿美元的信贷,有时担保的额度高达住房价值的 95%。这种信贷政策,无疑使郊区的发展道路更加顺畅。同时,主导着 FHA 政策制定的开发商也可以从 FHA 中贷款,完成他们的建筑项目,包括开发郊区、街道建设等。

　　房主贷款公司建立的居住评价系统,对居住区隔离问题起了非常消极的作用。1940 年,联邦住宅银行署为抵押贷款机构提供了一些统计资料,该统计资料将美国城市各种社区分为高风险和低风险社区,那些被划分为高风险的社区主要是位于中心城市的黑人社区,建议对这些地区不要贷款。后来该系统发展成判定申请贷款住房的信用级别,共分 A、B、C、D 四个级别,在相应的居住安全地图上分别标以绿色、蓝色、黄色、红色。被划为红色的 D 级,为危险系数高、不适宜居住的地区。联邦政府的联邦住房管理署对 D 类地区一般不给予住房分期贷款。结果,富有白人在购房或搬迁时,首先选择 A 区,其次是 B 区。这种分类客观上成为人口向郊区迁移的诱因[①]。联邦政府和地

---

① 　参见王旭:《美国城市发展模式——从城市化到大都市区化》,清华大学出版社 2006 年版,第 198 页。

方政府对独户住宅的优惠政策,把私人住宅投资和住宅建设推向了郊区。

从 1934—1968 年,联邦政府参与的措施主要有四项:提高抵押贷款占抵押财产价值的比率;延长偿还贷款期限;制定并执行住宅建设标准;降低贷款利率。这四项措施使得买房比租房更为合算,增加了美国希望购房家庭的数量。"联邦住房管理局在其最初四十年的运作中,总共提供了 1 190 亿美元的抵押贷款担保,受益的主要是郊区,郊区几乎一半的住房是 20 世纪 50 年代和 60 年代由联邦住房管理局、退伍军人管理署提供财政支持的。在郊区,自己拥有住房的家庭比例从 1934 年的 44% 上升到了 1972 年的 63%,这里已经由富人的'保留地'变成了中产阶级的普通期望"①。在洛杉矶,也与美国其他城市一样,"美国梦"的实现是建立在信贷基础之上的。1960 年,这里的 2/3—3/4 的住房是通过抵押贷款来购买的。这个数字高于全国平均水平。1950—1960 年,房主的总借贷额从 24 亿美元上升到 60 亿美元②。

联邦政府的税收政策也便利了郊区化的发展。如果个人拥有了一栋住宅,房主就可以从计税收入中扣除支付抵押贷款的利息、住房及土地等不动产税后,交纳税金。如果个人租住宅或公寓,他实际上为房主支付了抵押贷款的利息和不动产税,因为他支付的租金包含这些费用。但是,承租人不能从他们的计税收入中扣除这些费用。这项税收政策给房主而不是租房人的优惠有力地推动了住房私有化。住房和财产越多,税级越高,推动力越强。当边际税级扩大了 70% 时,这种推动力对富有的人来说几乎是巨大的诱惑,因为这意味着住房拥有者每支付 1 美元的抵押贷款利息和财产税,联邦政府就补贴给他 70 美分。1977 年,联邦政府的管理与预算总署估计自有自住房地产的抵押贷款利息优惠额度达到了 572 亿美元,另外自有自住房的财产税的优惠额度达到了 166 亿美元,总额达到了 738 亿美元,联邦政府

---

① Kenneth T.Jackson, *Crabgrass Frontier*: *the Suburbanization of the United States*, New York: Oxford University Press, 1985, pp.215-216.

② 参见 Roger Keil.*Los Angeles*: *Globalization*, *Urbanization and Social Struggles*, New York: John Wiley & Sons, 1998, p.71。

的任何其他住房或城市规划政策都相形见绌①。虽然这项政策没有限制人们购买郊区住房,但是大部分新建住房所能占用的土地都位于郊区和远郊区,所以对郊区化的影响是潜移默化的。

## 二、中心城市的改造

与郊区人口和经济的繁荣发展相比,中心城市的人口外流、居住隔离和贫民窟等问题不断恶化,两者形成了强烈的反差。因此中心城市的更新运动迫在眉睫。但是,大萧条的余波使城市政府的财政收入捉襟见肘,对城市改造项目有心无力,致使 30 年代的公共住房计划无疾而终。因此私人企业加盟改造中心城市成为必然的选择。1937 年国会通过了住房法(United States Housing Act)②,该法授权地方社区创建地方住房管理机构,并授予该管理机构征地权,以便获取私有土地进行贫民窟清理和重建。同时该法案授权美国联邦政府建立一个联邦公共住房管理部门,通过贷款、赠与以及岁入分配等形式资助地方公共住房局,使之进行开发、获取及管理公共住房项目。给在各大城市设立的地方住房局提供住房开发费用 90% 以上的贷款,地方政府的其他住房部门提供其余的 10%。此外,政府还提供两种住房补贴:一种是住房建设补贴,另一种是面向最低收入阶层的住房租金补贴。这是一部针对解决低收入居民住房问题的法案,也是美国第一部关于公共住房的法案。同年洛杉矶通过瓦格纳法,资助住房计划。但该法案实施后的几年中,对减轻少数民族住房短缺或种族隔离状况来说,作用微乎其微。1940 年洛杉矶县人口为 2 785 643 人,其中 21.2 万为墨裔,非洲裔大约 7.5 万,日裔 3.7 万人。少数民族的住房条件一般都比较差,1940 年洛杉矶住房管理局调查表明,洛杉矶有超过 25 万住房不符合标准,这些住房大多集中在中心城市,其中白人住房不合标准的有 18.3%,非洲裔的为 28.6%,墨

---

① 参见[美]约翰·M.利维:《现代城市规划》(第五版),张景秋等译,中国人民大学出版社 2003 年版,第 327 页。
② 该法又称瓦格纳法。1937 年 9 月 1 日国会通过的由纽约州参议院瓦格纳提出的低租住房法(Wagner-Steagall Low Rent Housing Bill)。

裔的为 59.6%，亚裔的为 47.2%①。1945 年，州立法通过加州社区再开发法（California Community Redevelopment Act），允许地方政府建立再开发机构为私人投资商清理贫民窟。洛杉矶在 1947 年成立社区重建局（Community Redevelopment Agency，简称 CRA），1948 年开始运作，该机构的主要工作目标有两个：1.吸引私人投资商开发中低等收入住房，复兴破败地区；2.促进经济发展和创造就业②。开发过程的关键是如何定义"破败地区"，一般是从技术、卫生、经济和社会条件加以考察，一旦一个地方被定义为破败地区，则该计划就可以迅速启动。在社区开发法的授权下，该机构拥有 20%的地方税收（在 1994 年 1 月 1 日以后增加到了 25%）。

1949 年，国会通过了新的住房法，该法案最重要的贡献就是制订了城市再开发计划。新住房法第一款授权联邦政府提供 10 亿美元的贷款，资助城市相关部门获取贫民窟和衰败区域的土地以供公共部门或私人进行再开发。由联邦政府每年提供 1 亿美元，补贴贫民窟原有地区土地价格与其重建后价格之间的差价的 2/3，另 1/3 由地方政府承担，地方政府可采取现金支付的方式，也可通过兴建公共基础设施的事务形式来支付该款项。该法案还指定了联邦的指导机构，即住宅与家庭财政事务局（Housing and Home Finance Agency 简称 HHFA），由该局协助地方机构进行贫民窟清理和衰败区的复兴行动，联邦资助款也通过该局拨付。该法案的出台，表明城市更新运动进入国家统一监督管理阶段，加大了各级政府对城市问题的关注与参与力度，从而提高了城市改造的质量。用杜鲁门总统的话来说，"是联邦政府第一次采用有效手段来援助城市清理贫民窟和重建残破衰落地区。"③在洛杉矶市长弗莱彻鲍伦的游说下，洛杉矶第一个接受了联邦拨款，用于城市公共住房建设。联邦住房管理局分派了 1 万套公共住宅的指标给洛杉矶，

---

① 参见 Charles B.Spaulding，"Housing Problems of Minority Groups in Los Angeles County"，*Annals of the American Academy of Political and Social Science*，1946，Vol.248，pp.220。

② 参见 Roger Keil，*Los Angeles：Globalization，Urbanization and Social Struggles*，New York：John Wiley & Sons，1998p.155。

③ 巴顿·伯恩斯坦、艾伦·马图索编：《杜鲁门政府：一部文献史》，纽约哈珀与罗出版社 1966 年版，第 139 页。转引自刘绪贻主编：《美国通史——战后美国史（1945—2000）》，人民出版社 2002 年版，第 75 页。

但是一年后,支持公共住房建设的政治力量开始削弱,新住房中有相当的一部分是在郊区落户的。联邦政府的原意是在城市更新过程中,把公共住房的建设作为重点,但是在市场机制的冲击下,各种利益集团为牟取私人利益,越来越偏离了联邦政府的初衷。按照项目规定,地方城市更新机构负责清理土地,并将配套的基础设施建设好,然后以优惠价格卖给私人开发商。地方政府卖地的收入与其建设费用之间的差价由联邦补贴,最高可达2/3。即使对这样的优惠条件,私人开发商仍旧不满足,低价位的公共住房获取的单薄利润,明显是一个"吃力不讨好"的买卖,因而转向高级住宅、办公楼等高利润建筑的开发则成为必然的捷径。对于开发商的自作主张,地方政府往往无能为力,因为地方政府也急需吸引私人投资更新中心城市的商业区,因此,对于开发商们纷纷抛弃公共住房的改建行动只好采取默许态度。1953—1955年,洛杉矶完成的公共住宅的建设不足5 000套,至1955年,洛杉矶公共住房的建设时代终止了,私人郊区的建设成为了住房建设的主要战略①。1954年,国会通过了新的住房法对1949年的法案进行修正,允许联邦住房拨款的10%可以用于非住房建设项目,1959年将这一比例提高到20%,1965年再次提高到35%。"很多城市都利用城市更新的机会将其市中心区变成了纯商业区,……工业和居住地被最大限度地减少了,贫民窟改造问题被淡化了。"②60年代以后,政府则不再愿意涉足公共住房领域,随着贫困现象及其社会问题的日益凸显,城市政策的重点转移到了减轻中心城市居民的贫困问题上。70年代之后通过的一系列住房法案中,联邦政府基本停止了公共住房的建造,改为通过住房市场向低收入家庭提供住房补贴。补贴分为两种方式:一种是直接给符合条件的家庭补贴房租;二是由政府在市场上租赁住房,再以较低价格分租给低收入家庭。但是到里根政府时期,大大缩减福利项目,住房与城市发展部的预算减少了58%,为低收入家庭提供的住房迅速下降。

---

① 参见 Roger Keil, *Los Angeles*: *Globalization*, *Urbanization and Social Struggles*, New York: John Wiley & Sons, 1998, p.72.
② 王旭:《美国城市发展模式——从城市化到大都市区化》,清华大学出版社2006年版,第218—219页。

### 三、城市更新运动中的洛杉矶

对于洛杉矶的城市更新运动来说,CRA 发挥了重要作用,直至今日仍有计划陆续推出。其中比较典型的是对日裔居住社区"小东京"的再开发计划。该计划覆盖洛杉矶市中心东南区 67 英亩的土地面积,是 20 世纪初以来日本移民的主要居住区。第二次世界大战后,该地区作为日裔人口的主要经济和文化中心繁荣起来。1930 年,居住在洛杉矶县内的 3.5 万日裔人口都是集中在小东京附近方圆 5 英里的范围内。第二次世界大战后,一些日裔美国人倾向迁到郊区居住,如南部海湾的加德纳(Gardena)。因此小东京内人口主要为老年人口和贫困人口。但是该地区仍旧是日裔社区文化的象征性中心。1967 年日本建筑集团卡吉马国际公司(Kajima)在这里第一个投资修建了卡吉马大楼。1972 年世界最大的四家建筑公司在这里修建了一个奢华的饭店理查德·米切尔(Richard G. Mitchel),接下来韦勒考特购物中心也在清理了大片破败地区后建成。在 1970 年 600 多户居民因再开发计划离开了小东京,其中一些人迁居到小东京塔和米亚考花园(Miyako Gardens)居住,在那里,兴建了 400 套单元房。只有一小部分比较富裕的日裔回迁到改造后的小东京的 167 套公寓住宅中居住①。

小东京的再开发计划,是 CRA 第一阶段活动的典型例子,继此计划后唐人街和好莱坞等地区都开始了再开发计划。但开发的结果往往出人意料。20 世纪 80 年代开始的唐人街再开发计划,包括 303 英亩的土地,在 80 年代末,这里聚集了 8 600 人。CRA 的目标是振兴这一地区的经济以帮助大规模的私人投资。结果,CRA 把唐人街变成了一个观光旅游的好地方。香港、台湾和当地华人资本都参与了该计划的投资,导致了这一地区商业和居住成本的迅速上升。同时,这里的人口发生了急速的变化,改建后 20%以上人口为拉美裔。此外,由于东南亚移民的大量流入改变了原有亚裔的人口组成,到 80 年代中期唐人街上 1 400 个店铺中,越南华侨有 700 个

---

① 参见 Roger Keil,*Los Angeles*:*Globalization*,*Urbanization and Social Struggles*,New York:John Wiley & Sons,1998,p.159。

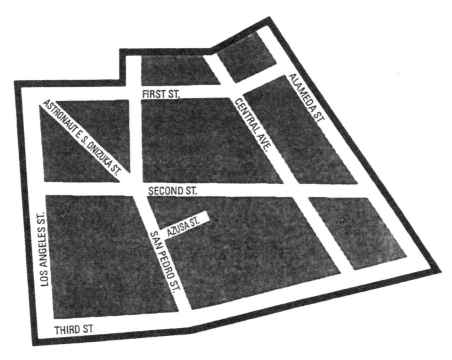

图 4-1 改造的小东京地图

资料来源:http://www.crala.org/internet-site/Projects/Little_Tokyo/upload/Little-Tokyo-Map-in-PDF.
　　　pdf.

店铺。

　　通过这两个例子可以看出,所谓的再发展计划往往通过吸引私人投资改变原有衰败地区的经济和住房面貌,但是由于开发商们为了牟取最大利润,多把住宅区改为商业用途,经济适用房(affordable housing)的建设空间骤然缩小。从而客观上造成了大量原有住宅区人口的外流,加速了人口的分散化进程。同时由于该计划的资金来源是税收,这意味着 CRA 可以改变地方税收的分配,因此 CRA 也是城市内各集团之间相互竞争的政治工具。"从 70 年代开始,各国在洛杉矶的商业利益迫使他们把 CRA 当作其推土机和替罪羔羊。"[1]1980—1985 年间,洛杉矶市中心的办公楼空间增长了

---

① Gilda Hass and Allan David Heskin,"Community Struggles in L.A.",IJURR,1981(5,4),转引自 Roger Keil,*Los Angeles:Globalization,Urbanization and Social Struggles*,New York:John Wiley & Sons,1998,p.157。

31%,但是同期市中心的住房条件却恶化了。在多数情况下,新建住房中,大多是为中产阶级兴建中高档住房,由于价格较高,超出了一般下层群体的购买能力,巨大的差价使被拆除住房的居民不情愿地迁往别处居住。这种城市更新计划根本无助于解决贫困人口的住房问题。联邦政府政策的必然结果是加速了中心城区的衰落。美国学者腊斯克对这种政策的批评更为直接,他认为,战后五十年来联邦政府的"全国性城市政策"实际上成为"全国性郊区政策"①。郊区的蔓延导致了大都市区城郊之间的不平衡发展和经济社会隔离,同时造成了交通拥挤、环境污染、土地资源浪费等问题。1970—1990 年,洛杉矶大都市区地域扩张了 200%,人口增加了 45%;同期芝加哥的住宅用地增长了 46%,商业用地增长了 74%,人口增加了 4%;纽约大都市区在 1960—1985 年,地域扩张了 65%,人口增加了 8%②。

## 四、洛杉矶住房问题

洛杉矶以其马赛克式的独户住房特征而闻名于世,同时洛杉矶房价的居高不下、居住的过度拥挤、贫困人口和无房人口有增无减的现象也成为洛杉矶的痼疾。

由于房价的居高不下,洛杉矶市内有 60%的住房为出租住房,洛杉矶县内出租房的比例为 54%。根据调查发现,平均住房抵押的支付金额从 1980 年的 401 美元上升到 1990 年的 1 137 美元。在贷款购房的人群中,1990 年有 40.6%的人需支付收入的 1/4 以上用于住房贷款,而 1980 年该人群比例仅为 27.4%。供房的负担加重及 90 年代初期的经济衰退,迫使 1992 年 1 135 户丧失了贷款权力而失去房子③。此外,联邦政府终止对公

① David Rusk, *Cities Without Suburbs*, Washington, D.C.: Woodrow Wilson Center Press, 1993. p. 106.

② 参见 Henry R. Richmond, "Metropolitan Land-Use Reform: The Promise and Challenge of Majority Consense", in *Reflection on Regionalism*, Bruce Katz (ed.), Washington, D.C.: Brookings Institution Press, 2000. p. 16。

③ 参见 Allen J. Scott, Brown E. Richard, *South-Central Los Angeles*: *Anatomy of an Urban Crisis*, The Ralph and Goldy Lewis Center for Regional Policy Studies: Working Paper No. 6 June, 1993. p. 24。

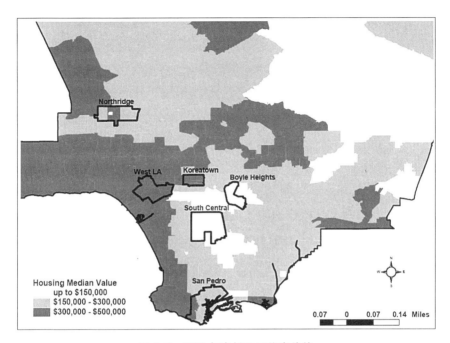

**图 4-2 1990 年洛杉矶县住房价格**

资料来源: Ong, Paul M.; Spencer, James; Zonta, Michela; Nelson, Todd; Miller, Douglas; Heintz-Mackoff, Julia, *The Economic Cycle and Los Angeles Neighborhoods: 1987—2001*, The Ralph and Goldy Lewis Center for Regional Policy Studies, 2003. p.57.

共住房计划的资助,也是导致低价住房萎缩的重要原因。

　　住房供应的严重不足,导致了居住拥挤的情况,尤其是少数民族和移民群体。1990 年,洛杉矶县内有 40%以上的亚裔和大约 55%的拉美裔居住在拥挤的住房内。在低收入的移民中,44%的人需要拿出 30%以上的收入支付住房费用。[1] 城市内有 20 万套以上的住房是过度拥挤的,洛杉矶县内的情况则是 24%,远远高出 8%的全国平均水平[2]。城市内平均家庭规模从 1980 年的 2.61 个人,上升到 1990 年的 2.86 个人。从 80 年代至 90 年代,

① 参见 Micheal J.Dear,"In the City,Time Becomes Visible: Intentionality and Urbanism in Los Angeles,1781—1991", in *The City: Los Angeles and Urban Theory at the End of the Twentieth Century*, Allen J.Scott and Edward W.Soja.(eds.), Berkeley,Los Angeles and London : University of California Press,1998,p.15。

② 参见 Allen J.Scott,Brown E.Richard, *South-Central Los Angeles: Anatomy of an Urban Crisis*, The Ralph and Goldy Lewis Center for Regional Policy Studies,1993,p.23。

洛杉矶的人口增加了 17.5%,而住房增加仅为 9.3%[1]。就在 6 万个家庭等待各种经济适用房的时候,私人住房建设却大幅增加,在 1974—1989 年,从 1.51 万套上升到 4.19 万套[2]。

1960—2010 年间每十年统计结果显示,洛杉矶县内贫困人口所占比例分别为 13.0%、10.9%、13.4%、15.1%、17.9%、17.1%。同期全美贫困人口所占总人口的比例为 22.1%、13.7%、12.4%、13.1%、12.4%、14.9%。也就是说,洛杉矶县的贫困率自 1980 年以来远远高于全国平均贫困率[3]。2009—2013 年,洛杉矶市的贫困人口比例更是高达 22.0%。2009—2013 年,洛杉矶县内拥有自己住宅的人口数为 3 230 383,占县内总人口的比例为 46.9%,同期洛杉矶市的比例仅为 37.6%,而加州自有住房率则为 55.3%[4]。

## 第三节　洛杉矶的城市发展规划

### 一、分区制的引进

美国早期城市,由于交通落后,主要的通勤方式是步行。因此,城市的规模受到了极大的限制,更重要的是,城市没有出现明确的区位功能的分化,也就是说住宅、工厂、商店等都交错分布。此时,市中心集中了更多的富人住宅和商业性机构,而社会下层人群则居住在城市边缘。市中心支配着周围地区的商业活动,并且对其有一定的辐射作用。随后,由于第二次工业

---

[1]　参见 Allen J.Scott, Brown E.Richard, *South-Central Los Angeles : Anatomy of an Urban Crisis*, The Ralph and Goldy Lewis Center for Regional Policy Studies, 1993, p.24。

[2]　参见 Allen J.Scott, Brown E.Richard, *South-Central Los Angeles : Anatomy of an Urban Crisis*, The Ralph and Goldy Lewis Center for Regional Policy Studies, 1993, p.24。

[3]　参见 United States Census, *Poverty Rates by County : 1960—2010*, 见 http://www.census.gov/hhes/www/poverty/。

[4]　参见 QuickFacts Beta United States, *Los Angeles County, California*, 见 http://quickfacts.census.gov/qfd/states/06/06037.html ; QuickFacts Beta United States, "Los Angeles (city), California", 见 http://quickfacts.census.gov/qfd/states/06/0644000.html。

革命的到来,交通工具发生了重大变革,有轨交通把城市面积向周围扩展开去,以固定的交通线路为轴心,呈放射状延伸。市中心的轨道密集,因而仍旧聚集了大量的人口与就业,但是,步行城市的功能和结构发生了重要变化。中心商业区形成,而工业企业开始外迁,出现了众多的卫星城市;从人口的角度看,富有阶层逐渐向郊区迁移,而贫困人口则在中心商业区周围的旧住宅区汇聚。中心商业区仍旧是城市的中心,主宰着城市的经济生活,这就是"同心圆"理论所描述的现象。对美国大多数城市来说,尤其是东北部和中西部的城市,至20世纪上半期仍旧是这种城市形态。

早期洛杉矶的发展模式也与同心圆模式相近,但是,这种发展模式在20世纪初就发生了彻底的改变。其中洛杉矶的城市规划部门起了重要作用。洛杉矶城市议会在1904年提出限制在居住区中的某些工业活动。1908年引进了分区制,把整个城市分为居住区和工业区,根据当时的划分,城市被分为两个居住区和七个工业区。1910年,洛杉矶政府又出台了一项政策,规定在工业区内作为居住的城市土地面积不能削减。虽然该规定是为了保护独户住房,但是该法案促进了工业区的分散发展,也迫使制造商们在尽可能接近工厂的地带修建工人住宅区。此后,至30年代,分区制对洛杉矶城市形态的重要作用显露出来。1925年,芝加哥工程公司为洛杉矶城市议会和县监督委员会提供了一份发展综合、快速的交通系统的计划。在该计划的附录中,提供了一份关于洛杉矶市中心的居住和就业情况调查,1925年洛杉矶市中心商业区的总就业人数有27 022人,在东部工业区的就业者有11 080人,弗农工业区就业者有2 507人,在北部工业区的就业人数有2 184人。换句话说有1/5—1/3的工人集中在洛杉矶市东部、弗农和北部主要工业区就业,并且他们的居住地距工厂一般在2英里的范围内①。可以看出,由于分区制的引进,使洛杉矶市的功能分区发生了很大变化,工业区在城市中有规划地发展起来,在工业区附近,又因聚集了较多的工人阶层,而逐渐形成居住聚集区,这种居住与就业混合社区越来越大、越

---

① 参见 Greg Hise,"Industry and the Landscapes of Social Reform",in *From Chicago to L.A.：Making Sense of Urban Theory*,Michael J.Dear and J.Dallas Disherman.(eds.),Thousand Oaks：Sage Publications,Inc.,p.113。

来越多,就自然产生了一个个独立发展的小中心。这些分散的工业区及其周围的工人聚居区,也促成了分散、多中心格局,因此完全打破了伯吉斯的同心圆理论的城市发展形态。1922年,洛杉矶县监督委员会的地方规划调查中,发现"在洛杉矶商业区的周围被一些次中心包围着。在中心商业区5—6英里以外,我们可以发现次中心,每一个次中心都有其各自的人口特点和共同意识"①。类似的情况在班迪尼(Bandini)、英格尔伍德(Inglewood)、好莱坞和帕萨迪纳也被证实。1925年,城市理论学家赛西尔·戴米尔(Cecil B.Demille)发现居住和工业区混合型的卫星城如科尔格罗夫(Colegrove)和加文泽(Garvanza)等分散在整个洛杉矶,像"水果蛋糕上点缀的葡萄干"②。

## 二、"田园城市"运动对城市规划的影响

在20世纪初,在英国兴起了"田园城市"(Garden City)运动。这是一种新的城市规划理论,由英国城市规划师埃比尼泽·霍华德提出,其主要思想是"城镇和乡村必须相结合",在大城市以外建立独立的新镇,既有住宅区也有工作区,既有穷人也有富人。"这种愉快的结合将迸发出新的希望、新的生活和新的文明"③。这一新理论迅速传播到美国并发生了实质性的变化。1907年,布利斯领导成立了美国田园城市协会,1909年由马什主持的全国城市规划会议在华盛顿召开。会议上小奥姆斯特德(F. L. Olmsted)提出在郊区建立同质性的居民社区,将富人和穷人分开。全国住宅协会的领导人亨利·维勒也提出建立美国独特的花园郊区(Garden Suburb),即只有住宅区,没有工作区,只有富人没有穷人。这个观点与彼时流行的地区理论相呼应,后者强调"拥挤—罪恶的弊端、分散—再集中的有利之处",但是

① Greg Hise,"Industry and the Landscapes of Social Reform",in From Chicago to L.A.: *Making Sense of Urban Theory*,Michael J.Dear and J.Dallas Disherman.(eds.),Thousand Oaks:Sage Publications,Inc.,p.116.

② Michael J.Dear,H.Eric Schockman and Greg Hise,"Rethinking Los Angeles",in *Rethinking Los Angeles*,Michael J.Dear,H.Eric Schockman and Greg Hise,(eds.),Thousand Oaks:Sage Publications,Inc.,p.5.

③ [英]埃比尼泽·霍华德:《明日的田园城市》,金经元译,商务印书馆2009年版,第9页。

其强调的居民同质性已经与霍华德最初的设想大相径庭。在建设田园城市
思想的影响下,人口的郊区化、分散化过程无疑成为城市发展的指导方针。
因此,城市俱乐部 1926 年时曾评论道:未来城市将是地方中心发展的社区
和花园城市的和谐一致。

20 世纪 40 年代以后,洛杉矶的城市规划走向科学化,并且在城市更新
运动中发挥了重要作用。1946 年 6 月的《新综合分区法法令》生效,1948
年弗莱彻·包伦市长设立了洛杉矶社区再发展机构。1954 年普尔逊(Poul-
son)市长批准了加利福尼亚州第一个再发展计划,即洛杉矶再发展工程。
城市规划发展成为一门精确的科学,洛杉矶的土地利用规划机构也不断壮
大其规模。1941 年的城市宪章修正案授权城市规划局扩大规模,在战时的
扩员中,它的职员翻了一番①。1959 年洛杉矶规划局几经调整,加强了规划
的技术性。在高速路修建的热潮中,规划局的任务就是为其寻找科学的规
划。例如在 20 世纪 60 年代,提出了三个系列报告,主要分析了洛杉矶的商
业区,旨在为中心城市区域的综合规划提供基础。在 1969 年,城市规划局
在加尔文·汉密尔顿的领导下,提出了"中心概念",强调大都市的多中心
性,认为众多的竞争中心都是相对平等的。此后,城市再发展机构成为全市
再发展计划的主导力量。1991 年洛杉矶社区再发展机构推出的商业战略
计划,包括了商业区及其周边 40 个地区的相关计划。

通过对洛杉矶历史的考察,我们可以这样来分析:如果说 19 世纪的技
术发展导致了经济活动的集聚和人口的高密度,那么 20 世纪的情况则刚好
相反,出现了一个又一个促进分散化的技术。就居民而言,分散的主要动力
是汽车,它的速度、路线与时间的灵活性是大规模郊区化的前提条件。其他
因素同样加快了郊区化的进程。比如,提高个人收入使人们有能力改变自
己的居住环境;电话通讯出现减少了人们面对面的接触,使经济分散成为可
能;电影和电视的发展打破了中心场所的娱乐垄断,提高了居住地区外围的
吸引力;不断改善的道路交通环境方便了人们的出行。尽管有大萧条的冲

---

① 参见 Michael J. Dear, *The Postmodern Urban Condition*, Oxford: Blackwell Publishers Ltd.,
2000,p.108。

击,但是郊区化的趋势没有间断。第二次世界大战后,抵押信贷成为郊区化的一个稳定有效的动力。就业率提高,收入增加,使国家在郊区的土地开发、住房建设和交通建设上的投入不断增加。同时电子通信的发展得到加强,也为人口分散提供了更多的便利。20世纪40至60年代人口的高出生率,也加剧了郊区住房建设的膨胀。综合这些因素,大都市区在人口绝对值和占总人口比重两个方面均增加迅速则成为必然的结果。同时,需要注意的是,在大都市区内部,大部分增长发生在中心城市的外围,即郊区的增长。就业岗位向郊区和远郊区的转移,证明了郊区城市自身的经济增长能力。高速公路完善后,商务活动的区位优势发生了转移,不再聚集在中心商业区,而是沿高速公路,尤其是高速公路交叉点的地方,在这里兴起了大批的边缘城市。因此分散化是20世纪城市发展的主导趋势,这一趋势延续至今。20世纪70年代,我们曾一度发现中心城市的人口增长是完全停止的,许多大城市人口开始下降,特别是内陆工业城市。但与此同时,大都市区内的总人口却持续增长,这种现象不是所谓的"逆城市化",而是人口分散化的高级阶段,即在大都市区内的郊区,形成新的人口聚集。人口由城市化向大都市区化的转变,不可避免地对城市的政治、社会环境都产生了影响。

# 第五章　洛杉矶模式的双重影响

　　洛杉矶大都市区的多中心、分散化模式是后现代社会的产物,在洛杉矶学派的代表人物迈克尔·迪尔看来,在后现代社会中,城市的发展已不再沿袭老城市的发展逻辑、不再因循旧有管理的途径。根据前文所述,洛杉矶现象在美国具有一定的普遍性,是 20 世纪 70 年代以来美国大都市区发展的主要模式。但是,对于这种模式的评价美国历史学界还持有较大争议。部分洛杉矶学派的学者们侧重关注该模式经济层面的积极作用,对该模式给予了充分的肯定,如洛杉矶加利福尼亚大学城市规划学的教授爱德华·W. 苏贾认为洛杉矶非常典型地代表了全世界正在发生的趋势,预测其他城市将像洛杉矶一样产生变革和转型。但是,另有一些学者注重洛杉矶模式对政治、社会方面的消极影响,南加州大学地理学教授詹尼弗·沃尔茨把洛杉矶称为"全国无家可归者的大本营"[1]。此外,环境保护主义者们对洛杉矶的横向蔓延也忧心忡忡。本章将从经济、政治、社会、生态四个层面对洛杉矶模式的现实意义进行深入分析。

## 第一节　经济层面的分析

　　从经济发展的角度来看洛杉矶模式的积极作用是值得肯定的,复中心的出现比原有的单中心结构具有更强的经济功能。为了说明此问题,有必

---

[1]　参见王旭《美国城市发展模式——从城市化到大都市区化》,清华大学出版社 2006 年版,第 254—255 页。

要对中心城市、郊区、次中心城市之间的关系进行详细的比较分析。

## 一、城市与郊区——经济上的共生

在市场经济体系及其管理机制的作用下,人口的自由流动是恒定现象。而城市是"聚集一定规模的非农业人口、社会物质财富、精神财富及社会经济活动高度集中的地区,是由人、物、空间三要素构成的高级形式的人工环境"[①]。城市作为社会生活的主要载体,是人口向心性流动的产物。人口向城市逐渐聚集的行为形成了城市化,城市化是一个变传统的乡村社会为现代城市社会的自然历史过程,是特定历史阶段的产物。人口的城市化有一个发生、发展、成熟的过程:当城市人口达到某一国家总人口的10%以上时为城市化的起点;达到20%以上进入快速城市化阶段;到50%左右则成为城市化国家,在此阶段出现了市区向郊区扩展的现象,但此后城市化仍保持一段增长时期;到70%左右城市化的进程开始放慢;全过程呈"S"形曲线运动。美国在1920年,城市人口占全国总人口的一半,表明美国成为一个城市化国家。同时人口继续在城市集中,城市的规模变得更大了,把周边的郊区也囊括其中,城市和郊区共同构成了大都市区生态环境的两个有机组成部分。1940年,美国几乎有一半人口居住在大都市区,至此,美国成为一个大都市区国家,此后美国城市化的主导趋势是大都市区的发展。1970年,美国大都市区的发展呈现出一个新现象:大都市区内的人口从城市向郊区大规模迁移,即郊区城市化,并且使大都市区由单核式向多核式结构转变。由此可以看出,城市和郊区的发展都不是一个孤立的现象,郊区是城市发展到一定阶段、城市功能外延、城市化范围扩大的产物,它的发展是与其母体即中心城市紧密相连并依赖中心城市而存在的。中心城市与郊区形成互动关系,共同促成城市化地域范围不断扩展。

在美国,19世纪后半期是城市化的高潮时期,此时城市化具有两个特点:第一是在中心城市的外围,出现了卫星城市,这是城市分工进一步深化的结果。卫星城是以专业化城市为基础,把原有中心城市的一些专业化功

---

① 张耀辉:《区域经济理论与地区经济发展》,中国计划出版社1999年版,第124页。

能转移到了周围新建的城镇上去,在这一时期,卫星城多为距离中心城市较近的工业城市。第二个特点是中心城市大规模地兼并周边郊区,以扩大城市空间。兼并之所以能够实现,首先从被兼并地区来看,当时郊区不仅规模狭小,而且其居民的社会经济地位也不高,郊区的经济力量比较薄弱,没有能力为其居民提供大规模的服务,因此,当地居民申请加入已有中心城市,从而享受中心城市的服务。其次,从中心城市的角度来看,兼并是工业化时期大城市在大都市区内保持主导地位的最有力方式,是在城市间竞争中立于不败之地的必然选择。如前文所述,纽约、芝加哥都是通过兼并扩展其地域面积。这也印证了企业管理中的一个主要观念,即"大型组织比小型组织更有效率,经济将从城市政府的合并中受益,自然增长"①。这种兼并的热潮一直持续到20世纪三四十年代。

## 二、次中心——优于郊区的经济聚合作用

按统计,1970年以前大都市区内可能存在二至三个中心城市;但是,只有一个中心城市占有绝对的优势地位,是该地域经济、文化、娱乐、消费等的核心,其他中心城市的功能则远远低于这个最大的中心城市,我们把这种大都市区称为单核式,纽约、芝加哥大都市都是单核式大都市区。这一局面在60年代末发生了巨大的变化。郊区和中心城市之间的经济地位发生了变化,由于郊区中产阶级和上层阶级的增加和经济活动的郊区化,使郊区的经济力量大大提高。而中心城市由于聚集了少数民族和穷人,汇聚了大量的社会问题。郊区富裕阶层不再愿意与中心城市合并,因为这样不仅会增加郊区居民的税收,还会导致少数民族、穷人和中心城市的各种社会问题有可能向富有郊区扩散,这是白人有产阶层不愿看到的局面。因而,郊区居民选择了自治形式,既保证了郊区应有的公共服务,又避免了郊区出现中心城市的各种社会问题,最重要的是保证了郊区社区的同质性。此外,随着汽车、高速公路和网络对人们生活方式影响的逐渐深入,郊区内的一些自治城市

---

① Kenneth T.Jackson,*Crabgrass Frontier: the Suburbanization of the United States*,New York: Oxford University Press,1987,p.144.

在经济上独立性增强,这些自治城市的规模不断发展,在原有的大都市区内,形成了数量不等的次中心城市。所谓的次中心是指这些城市的经济功能还无法超越原有的中心城市,但是,这些城市自身具有一定独立性的经济功能,不再是以往完全依赖中心城市的郊区。

次中心从地域范围来看,是缘起于郊区范围内,两者之间有着密切的关系。先是出现了居住与就业相混合的郊区,这种郊区具有很强的经济独立性,当这些混合性郊区的人口和就业达到一定程度时,就形成了自治性的小型城市。随着小型城市数量和规模的不断发展形成了次中心城市,次中心城市与原有中心城市一起构成了大都市区的多中心结构。但是次中心城市与郊区也存在着实质性的差异,次中心比郊区具有更强的经济聚合作用:

首先,从性质来看,原有的郊区是单纯的居住地,即使有少量的工业郊区,也是居住郊区与工业郊区相互分离;而次中心是居住区与就业区相混合的模式,这些次中心拥有不同的产业,有些是专业化的,有些则是多样化的,甚至具有中心商务区的功能,因此与原有中心城市的互补性很强。这样的次中心主要有四个类型:第一类是以购物商城为基础而发展起来的小型城市,如前文提到的,沿"威尔榭走廊"分布的各种各样的购物城和商贸中心,集中了洛杉矶大都市区内的 5 个次中心城市。第二类是那些位于大都市区国际飞机场、港口附近的次中心城市。这里四通八达,不仅有巨大的商业购物中心、办公大楼、酒店和公寓,而且,混合了工业和服务业,形成一个高密度就业的次中心。这样的次中心一般都是就业中心,居民住户较少,因为靠近机场和港口的车流量大、污染严重、噪音也较大,不适合居住。洛杉矶国际机场次中心的发展很具有说服力——从圣莫尼卡向南延伸到帕洛斯·贝尔德斯半岛,这里汇聚了航空工业、国防工业、电子、金融、保险公司以及名目繁多的商业服务[1],1980 年时这里的就业密度达每英亩 16.7 人,同期洛杉矶市中心的就业密度为每英亩 36 人;同年长滩机场的就业密度为 15.5

---

[1] 参加[美]爱德华·W.苏贾:《后现代地理学——重申批判社会理论中的空间》,王文斌译,商务印书馆 2004 年版,第 318 页。

人,伯班克机场为每英亩28.4人①。第三类是以郊区工业园区为核心的次中心,工业园区始于1908年的芝加哥郊区,后扩展到全国各地。第二次世界大战后,这种形式的郊区发展迅猛,1980年全美共有3 000多个郊区工业园区②。工业园区的最大优势是产业集群化,尤其对于高科技产业来说这种集群化的优势是异常明显的,它有利于信息与技术的传播,同时还可以共享场地、垃圾处理、企业融资、保险和共担税额等,从而达到减少单位支出的目的,加州的硅谷就是一个典型的例子。在洛杉矶高科技宇宙航空和电子产品公司、办公楼和工业园区所组成的高效交易的聚集区主要分布在圣费尔南多谷和从洛杉矶国际机场至长滩大型港口的沿线地区。这里是世界上电子制造企业最集中的地区,它拥有丰富的电子及许多其他产业的研究和开发资源,就业人数超过12.5万,在过去20年中洛杉矶盆地成为美国最大的出口中心③。根据我国学者的研究,在1970年以后,洛杉矶盆地出现了多个电子生产中心,这种企业的多中心空间集聚与城市的多中心相一致。这种大分散、小聚集的格局,即在洛杉矶盆地内形成若干小规模的集群,组团分布,企业在集群内紧密联系,而集群外的企业仍能借助便利的基础设施条件建立企业间联系,进行创新活动。多中心企业集团的分布也有利于支持高强度的研发活动,促进创新活动和区域经济发展④。第四类是得益于第二次世界大战后产业郊区化而形成的郊区县的中心城市,这方面最极端的例子是奥兰治县的发展。奥兰治县(又译作橙县或橘县)在1889年加入洛杉矶大都市区,成为洛杉矶市的一个郊区县。第二次世界大战后这里的经济飞速发展,高速公路的大量铺设为其奠定了良好的交通基础。1954年瓦尔特·迪斯尼在阿纳海姆市创办了迪斯尼乐园,到1959年,该游乐园的

① 摘自 Genevieve Giuliano and Kenneth A.Small,"Subcenters in the Los Angeles Region",*Regional Science and Urban Economics*,1991,vol.21,no.2。
② 参见梁茂信:《都市化时代——20世纪美国人口流动与城市社会问题》,东北师范大学出版社2002年版,第203页。
③ 李青、李文军、郭金龙:《区域创新视角下的产业发展:理论与案例研究》,商务印书馆2004年版,第306页。
④ 李青、李文军、郭金龙:《区域创新视角下的产业发展:理论与案例研究》,商务印书馆2004年版,第304、309页。

员工达到了 3 650 人。在其开放的 20 年里,迪斯尼乐园每年为阿纳海姆市纳税达 100 万美元①。从 60 年代开始,洛杉矶经济的持续发展带动了周围县经济和人口的增长。60 年代中期,有 1 500 家高科技公司聚集奥兰治,使奥兰治县成为一个重要的科技试验点。"六七十年代的两个十年中,奥兰治人口增长率分别为 226% 和 102%。"②随着经济和人口的发展,奥兰治县在 1963 年正式脱离洛杉矶大都市区,被美国联邦人口统计署划定为一个独立的标准大都市区统计区(PMSA)。

其次,从两者的功能上来看,在大都市区发展初期,中心城市居主导地位,郊区则是城市功能外延的产物,是依赖于城市而存在的。但现在,情况有了变化,次中心城市在原有郊区的地域内出现,使郊区基础设施日益完善,对中心城市的依赖性降低。郊区居民可以选择在其居住附近的次中心城市就业、消费、娱乐等,而大大减少了与中心城市的联系,于是次中心城市部分地取代了中心城市的功能,促使中心城市和郊区之间经济结构的转型和角色的部分置换。用洛杉矶学派"掌门人"迈克尔·迪尔的话说"城市中心区不再能支配腹地"③。城市化区域有多个经济活动集结点,次中心与原有的中心城市构成大都市区内的复中心结构。这种模式有助于缓解中心城市在人口、交通、环境、就业、住房等方面的压力,同时充分发挥了各个次中心的相对优势,与中心城市构成互补关系,从而在整体上提高了大都市区经济运行效率。由此可以说,从经济功能上看,次中心城市的作用是郊区无法比拟的。

次中心城市的出现具有重要的经济意义。中心城市与次中心城市之间的分离,给原有城市群体以更大的发展空间,城市功能可以独立地向更宽阔的范围发展,也可以通过次中心城市的专业分工使城市运行费用更低,服务

---

① Jon C.Teaford, *City and Suburb：The Political Fragmentation of Metropolitan America*, 1850—1970, Baltimore：The Johns Hopkins University Press, 1979.转引自孙群郎：《美国城市郊区化研究》,商务印书馆 2005 年版,第 199 页。

② 王旭：《美国城市发展模式——从城市化到大都市区化》,清华大学出版社 2006 年版,第258 页。

③ 王旭：《美国城市发展模式——从城市化到大都市区化》,清华大学出版社 2006 年版,第254 页。

效率更高,辐射成本更低,辐射范围更广。首先,次中心城市专业化功能突出,减少区域网络运行中的交易费用。其次,次中心的出现,可以代替中心城市把经济辐射扩展到更广阔的地域中去,成为新的经济辐射源。次中心将改变区域经济网络的结构,增加区域经济网络经济增值点,在条件合适时,这些次中心城市有可能成为新的经济辐射源,刺激出一系列的网络节点和形成一个经济增长区域,并使该区域相对于原来的区域更加独立,甚至从原来的区域网络中分离出去,形成新的区域经济网络。因此,城市的演变对区域经济网络有较大的影响,节点、网线、被辐射区是相互作用、相互促进的。节点对市场区的形成与发展影响重大,当地区经济发展超过了一定限度,不能由原来的节点来完成市场区的贸易活动时,就会产生对新节点的需求,或改变节点的形式,如城市群的形成,从而形成节点带动发展、发展促进节点变动的区域经济网络演变的总规律。但是,需要指出的是,次中心的出现除了与中心城市在经济上形成互补、互动的关系外,也不可避免地对中心城市的经济功能提出了挑战,二者之间也往往存在着竞争。

### 三、中心城市——大都市区经济发展的核心力量

次中心的发展,改变了原有大都市区内的经济格局,与中心城市之间形成了一种既依赖又独立的关系。较大规模的次中心是各类公司的聚集体,传统中心城市与次中心的结合,增强了大都市区的经济实力,减少了交通拥挤和通勤时间。反之,从中心城市的角度来看,这些节点式次中心的崛起,绝不是对中心城市存在的一种否定,从目前情况来看,次中心城市还无法超越中心城市,在城市网络之中中心城市仍旧是网络的中心。在洛杉矶,如同在每一座其他的城市一样,中心的节点性界定了城市的特殊性,可以说,中心城市是大都市区内最大的节点。中心依然是中心,纵使中心城市经历了人口和就业的分散化,但是中心城市自身也调整其功能以适应形势的变化,即成为金融业、服务业的中心。其他美国学者也对中心城市和次中心带的经济关系做过类似的研究,如阿纳斯、阿诺特和斯莫尔研究了纽约、旧金山和芝加哥大都市区后,认为中心城市为许多商品和服务需要的面对面的交流提供更好的机会,城郊写字楼依赖中心城市的许多金融和专业服务。斯

沃茨探究了纽约、旧金山和芝加哥的公司服务联系,对五种公司的服务研究如表5-1:

表5-1　中心城市和城郊利用共同服务企业的百分点

|  | 保险咨询 | 审计 | 银行业务 | 银行投资 | 法律咨询 |
|---|---|---|---|---|---|
| 城郊企业光顾城市中心企业百分比 | 53 | 56 | 67 | 67 | 71 |
| 城郊企业光顾城郊企业百分比 | 29 | 35 | 21 | 2 | 16 |
| 城郊企业光顾外部大都市区百分比 | 18 | 9 | 12 | 29 | 12 |
| 中心城市企业光顾城郊企业百分比 | 14 | 5 | 3 | 3 | 2 |

资料来源:参见[美]阿瑟·奥沙利文:《城市经济学》(第四版),苏晓燕等译,中信出版社2003年版,第267页表10—8。

从这个表中可以看出,在中心城市和城郊的关系中,中心城市仍保持着交流商品和服务的优势。国内王旭教授的文章中也详细地分析了多中心格局中中心城市的地位。他认为,"及至70年代,中心城市彻底完成了从制造业中心向生产服务业和信息中心的转变……这样,中心城市在大都市区中形成了新的定位。这个新定位,只能是强化了而非削弱中心城市的主导地位。"①从发展历史观的角度看,中心城市的首位性作用可能会被某个后发节点性城市所超越;在城市体系内,首位城市的地位可能在不同的城市之间发生转移,但是节点性的向心力永不会消失,也就是说,中心城市的功能不会被大大小小的次中心所取代,网络城市的出现也不会使首位性城市消失。根据最近20年的观察,世界城市体系发展的趋势仍是首位城市优先发展,在发达国家,城市增长主要是大都市内的郊区城市化;在发展中国家,首位城市和超大城市仍是人口的主要聚集地。因此网络城市模式的出现,不能取代原有的中心地学说。后现代社会的主要特色就是不再强调一致性和集中性,而是强调个性和差异。由此,笔者认为,随着城市空间理论的发展

---

① 王旭:《美国城市化的历史解读》,岳麓书社2003年版,第26页。

和完善、城市景观的复杂性演变,对城市现象的解释不应该只局限于一种理论一种方法,否则得出的结果都是笼统、片面的。

洛杉矶模式,即城市空间从单一中心结构向多中心结构的演变,是区域经济增长从不均衡到均衡的过程,也是区域经济一体化的必然结果。美国经济学家约翰·弗里德曼(John Friedman)提出:"区域经济的持续增长,推动着空间经济逐渐向一体化方向发展。"[1]按照他的观点,空间经济组织一体化过程可以分为四个阶段:第一阶段是相对稳定的,空间系统由许多独立的地方中心所构成,没有等级结构,每个城镇位于各自狭小的飞地中。这种空间组织所反映的是前工业社会的特征。即在前工业社会,地区间相互缺乏联系并相互割裂,存在大量的自给自足经济,经济发展往往处于停滞状态。第二阶段是不稳定的。区域空间系统由单个强有力的中心和衰落的外围区组成。中心以压倒一切的力量维系着与外围区的依附关系。这种空间组织反映了工业化初期的典型特征。这时,企业家、知识分子和劳动力都纷纷由外围向中心大规模聚集,国民经济发展实际上主要是大城市地区的经济发展。第三个阶段,次级中心开始出现,空间系统由简单的中心——外围结构逐渐转变为多中心结构,大城市间的外围地区取代了全国的外围地区。这种空间组织反映了工业化成熟阶段的基本特征。这时,城市外围地区的重要资源进入国民经济的生产循环,避免了全国性中心的过度膨胀。整个国民经济的增长潜力扩大。第四阶段,空间等级结构已经形成,大城市间的外围地带被卷入大城市经济中,形成了功能上一体化的空间组织系统。这往往是工业化后期及后工业化时期空间组织系统的基本特征。这时,全国经济完成了一体化,企业布局效益及增长潜力实现了最大化,地区间平衡工作达到了最小化。从洛杉矶市和洛杉矶大都市区的发展历程来看,基本印证了弗里德曼的观点,弗里德曼从经济学的角度为我们提供了空间组织发展的理论依据,同时也反映出空间组织从不均衡向均衡发展的最终趋向。

---

① Friedman, J., *Regional Development Policy：A Case Study of Venezuela.* Cambridge：MIT Press,1966.转引自王必达:《后发优势与区域发展》,复旦大学出版社 2004 年版,第 16 页。

## 第二节　政治层面的分析

### 一、政治结构的巴尔干化及其影响

洛杉矶大都市区并没有一个统一的大都市区政府,而是由洛杉矶县政府、洛杉矶市政府和70多个建制的市镇组成,并且还充斥着形形色色的专区,其政治结构是典型的"巴尔干化"的。政治的巴尔干化也就是政治的零碎化,并非洛杉矶大都市区所特有,而是在全美普遍存在的现象。美国地方政府的体制性缺陷,崇尚独立和推崇小政府的历史传统导致美国人民很难接受带有集权色彩的大都市区政府结构,并且在郊区日益分散蔓延的情况下,统一大都市区政府的理论无从实施。① 地方政府这个概念,在美国宪法中并未提及,到19世纪末,才根据司法解释而形成。根据"狄龙法则"的内容,将批准和废除地方政府的权力归之于州立法机构,并把地方政府作为法人实体的运作限制在有限的公共活动之中。因此,地方政府的法人地位具有双重性质:当它运用所拥有的财产运行时,就像一个私人法人公司;同时当它提供公共服务时,又像一个公立企业。地方政府拥有了法人地位,使其不但拥有了征收财产税的权力,也拥有了控制土地使用的权力。而州政府只能规范其权力,却不能取消。这两种权力结合,使地方政府可以根据居民的不同收入、偏好等形成自身的运作规则,而居民也可以自由选择不同特色的地方政府。因此,造成地方政府的数量繁多,功能相似,甚至互相重叠。从美国历史上看,"管理最少的政府是最好的政府"的思想由来已久。这种传统观念根深蒂固也导致了美国地方政府的发达。

对洛杉矶模式政治效用的评价可以说是美国学者最有争议的领域,主要分歧在于大都市区的治理模式。一部分美国学者认为随着大都市区规模的不断发展,应建立一个统一的大都市区政府。如腊斯克在其代表性著作

① 参见王旭:《美国城市发展模式——从城市化到大都市区化》,清华大学出版社2006年版,第392—398页。

《没有郊区的城市》一书中指出："扭转城市地区分裂局面,是结束严重的种族和经济隔离的关键步骤。'城市'必须重新定义为城市与郊区的再统一,这种重新统一是通过大都市区政府取得的。"①另有一些学者也同意建立大都市区政府②,建立大都市区政府的必要性基于以下几个方面:大都市区人口和地域的不断扩展,城市需要新的发展空间;原有地方政府组织机构无法完成整个大都市地区的社会公共问题,客观上需要在大都市区地域基础上进行统一规划、建设和管理;市镇之间存在利益竞争和冲突,地方主义与大都市区协作发展的需求相矛盾,实行统一规划的困难重重,影响了城市管理的效果和质量。因此,从理论上来看,大都市区的发展客观上要求大都市区内的政治一体化,即一个区域一个政府。每一个大都市区都应该由一个单一的政府来管理;每一个大都市区的选民都有权选举最重要的、数量上有一定限制的决策部门的官员;在单一的大都市区政府内部,应该消除权力分割;地方政府应该采用一体化管理结构,权限以等级结构方式,从下而上集中在一个主要行政首脑手中。这种学术观点显然是对洛杉矶分散、零碎的政治结构的否定。

政治"巴尔干化"的消极作用是明显的。第一,对整个大都市区的经济发展而言,大都市区政治的巴尔干化,导致了中心城市与郊区之间、郊区与郊区之间矛盾重重,因而不能有效地进行整个区域内的综合规划。"城市的无计划扩展常常被界定为未能确保土地使用规划、公共工程、公用事业服务以及其他公共设施协调发展。在一个单一权威机构之下,一个以整个大都市区为基础的综合规划被视为获得协调发展的必要条件。"③如果没有综合规划,在现有政府权限内制定的反映狭隘利益的法规会阻碍城市的协调

---

① David Rusk, *City Without Suburbs*, Washington D.C.: Woodrow Wilson Center Press, 1993, p. 85.

② 如在1925年,威廉·安德森就提出每个主要的城市化地区都应该统一于一个地方政府单位;罗伯特·伍德在1959年的著作中总结了大都市区巴尔干化造成的危害,指出它阻挡了效率和经济的需要,抵制了大规模组织机构的诱惑。详见孙群郎:《美国城市郊区化研究》,商务印书馆2005年版,第294—295页。

③ [美]文森特·奥斯特罗姆、罗伯特·比什、埃利诺·奥斯特罗姆:《美国地方政府》,井敏等译,北京大学出版社2004年版,第65—66页。

发展,现行的建设法规和排他性的分区制构成了大都市区全面发展的障碍。例如,中心城市与郊区之间,常常需要在供水、排污、保护环境、消防和打击犯罪等许多问题上进行合作,但实践中很少达成共识,因为郊区政府常常担心自己的独立性、边界、权力和各种利益受到侵害。而统一的大都市区政府会在经济资源的有效配置、土地的合理开发利用、解决大都市区社会问题、保护自然资源、治理城市污染、减少浪费等方面具有明显优势。

第二,对中心城市来说,政治的巴尔干化,削弱了中心城市的经济发展潜力和解决社会问题的能力。洛杉矶大都市区的郊区自治城市因莱克伍德计划获得自治权力。大量规模较小的自治城市没有能力很好地为其居民提供日常公共服务,因而向中心城市寻求帮助,但是二者之间仅仅是依靠契约维系,中心城市没有权利干涉其他自治城市的政策制定或实施,郊区的自治城市利用分区制原则轻而易举地把中心城市的少数民族、贫困人口排除在外。少数民族和贫困人口只能选择在中心城市居住而导致就业也集中在此。布拉德利—伯恩斯法案使自治城市获得了征税权力,中心城市的税收大为减少。众多中小规模的自治城市林立,大大削弱了中心城市的税收,造成中心城市的财政困难,用于改善中下层人民居住条件、教育水平和公共服务的开支捉襟见肘,在中心城市和郊区甚至形成了截然不同的两个世界。由于次中心城市的崛起,使郊区居民与中心城市的经济联系也大为减弱,郊区居民多数对中心城市的感情淡薄。郊区居民关心的仅仅是自身社区的利益,如交通、税收、个人财产、教育及政治选举等问题。在他们看来,郊区政府是保护郊区居民财产和住宅区的工具。如此一来,一方面,郊区政府对中心城市在政治上刻意保持着警惕和疏离意识;另一方面,在公共服务上又经常不得不依赖中心城市,因而,专区(Special District)作为两者之间的妥协方式就有了繁衍的温床。

第三,对大都市区的政治结构而言,专区的发展瓦解了中心城市的政治核心作用。自治市之间通过自愿原则选择专区为其提供公共服务,造成第二次世界大战后专区数量的激增。所谓专区,一般可由州、县、市等常规性地方政府授权产生,也可自上而下地经民选产生。成立专区的前提是必须有一个实体组织,通常是具有诉讼权、签订合同等权力并能提供公共服务的公司。但无论其产生方式和隶属关系如何,专区在财政和行政方面都具有实质性的独立地位①。专区的历史由来已久,从殖民地时代开始就已经存在,在美国独立战争前专区主要是从事修路,建筑桥梁,建立和维护烟草局、水路交通等工作。还有一些最早的专区负责管理贫困人口的救济。1768年马里兰议会(Maryland Assembly)首创设立专区资助和管理县内的受救济者。在宾夕法尼亚的殖民地居民创立专区管理贫困人口的救济和铺路等事宜。专区的数量在第二次世界大战前一直是比较少的,第二次世界大战后,专区已经快速发展为一类地方政府,并且成为为迁往郊区的公众提供服务的主要工具。加州的专区数量是比较多的,仅次于伊利诺伊州的数量,加州304个城市57个县,若把学区也计算在内的话,专区共有4 437个②。这些专区按其功能主要分为三类:农业专区、土地资源保护专区和水资源保护专区。大都市专区(Metropolitan District)经常跨越几个地方政府,提供卫生、供水、高速公路、地区公园、港口码头和机场等服务,主要是控制、协调大都市区内较大范围内的某些服务。以南加州大都市水专区为例(The Metropolitan Water District of Southern California),该专区由1929年大都市区水区法(Metropolitan Water District Act)授权产生,最初由南加州海滨平原地区的15个城市经市民投票组成,主要负责15个城市的供水问题。至1932年洛杉矶县除了该大都市水专区外,还有3个水专区(Water District)和11个供水专区(Waterworks District)③。

专区的目的是有效地弥补联邦政府、州政府、市政府公共服务上的不足,但是事实上却可能造成地方上的权力竞争或冲突,每个专区都有自己的目标,追求内部利益的最大化,在追求其各自目标时,它们可能经常性地与其他政府合作或者竞争。甚至在大都市区内,可能出现为使一个市政单位

---

① U.S.Bureau of the Census, *Census of Governments. 1992* (Washington D.C: U.S.Government Printing Office,1994),Vol.1.pp.ix-x.参见王旭:《美国城市发展模式——从城市化到大都市区化》,清华大学出版社2006年版,第399页。

② 参见Stanley Scott, John C.Bollens, "Special Districts in California Local Government", *The Western Political Quarterly*,1950,Vol.3(2)。

③ 参见Edwin A.Cottrell, "The Metropolitan Water District of Southern California", *The American Political Science Review*,1932,Vol.26(4)。

或专区的某一功能受益而对其他市政功能产生消极作用现象。供水专区可能关心它自己的供水而不关心土地使用决策对水需求的影响,同样的一个交通专区只关心交通,而很少关心与交通相关的土地使用和空气质量等问题。没有一个整体协调的实体,各个政府可能因追求各自议程而不关心其他功能或其他市政事务。例如,洛杉矶大都市区交通管理局(Los Angeles County Metropolitan Transportation Authority)曾被授权建一个一体化的公共交通系统,该局因此开发了一个昂贵、扩张性的铁路和公交系统。但是交通系统的成功依赖于很多超越管理局所能控制的因素,如土地使用整体性、协调性等。此外,还有一个它不能控制的问题是就业的定位。大众交通定位在市中心,那里原来只有 5%的就业,该计划的主旨是吸引更多人乘坐公共交通工具。但是就业人口广泛分散的状况是其无力改变的。此外,交通通行管理处拟另建一个高速公路,而洛杉矶大都市区交通管理局却无权干涉,该高速公路的修建进一步加速了人口的蔓延,削弱公共交通方案成功的潜在可能性。因而,政治的巴尔干化对整个大都市区经济发展来说,无疑有一定的消极作用。

第四,政治的巴尔干化加剧了中心城市与郊区权力的分裂。从 1960—1970 年洛杉矶郊区人口和就业的百分比统计来看,郊区实力的增长是非常明显的。1960 年洛杉矶郊区人口占整个大都市区人口的 53.2%;在整个大都市区中,郊区商品零售业所占比重为 58.7%,郊区制造业所占比重为 63.9%,郊区就业总量所占比重为 47.8%。到了 1970 年,该比例分别上升到 54.9%、54.3%、60%和 64%,表明郊区经济已超过了市中心水平①。西部郊区的建设,吸引了社会的上层到此居住,市中心和郊区的权力分裂也日益明朗,随着郊区经济实力的增长和自治性的提高,郊区居民要求在市议会中增加自己的代表,甚至参与市长的竞选活动。当洛杉矶的市长约蒂的任期即将结束时,一群以西部犹太裔自由主义者为领导的、以富有阶层为基础的联盟支持了黑人布拉德利与约蒂的竞选。最后布拉德利因获得了西洛杉

---

① 参见梁茂信:《都市化时代——20 世纪美国人口流动与城市社会问题》,东北师范大学出版社 2002 年版,第 216 页表 5-6。

矶大部分居民的支持而取得竞选的胜利，"布拉德利吸引了大量的中产阶级和上层白人社区的支持，从而赢得了竞选的胜利……"①。甚至以保罗·齐夫恩(Paul Ziffren)为首的西部民主党的富翁也为总统竞选捐助大笔资金。到 80 年代时，尽管自由派在市政厅中的角色逐渐褪色了，但是布拉德利的竞选成功标志着洛杉矶西部郊区政治权力崛起。据调查发现 1993 年46 个政府下属委员会中有 1/3 委员不是居住在洛杉矶市内，就业关系委员会的成员中有 3/5 居住在圣选戈或者德尔马尔(Del Mar)这样较远的地方，甚至也有一部分居住在洛杉矶县以外的文图拉、奥兰治和圣迭戈县内。其他政府部门的委员们较多地聚集在西部圣费尔南多谷或北部城市如南帕萨迪纳和圣加布里埃尔(San Gabriel)峡谷中，可以清楚地看到，没有委员居住在比较贫穷的内城社区，如洛杉矶南中心、东洛杉矶等。郊区地方政府自治性的增强、地方政府数量的剧增和郊区议会代表的增加，使郊区的政治势力崛起，郊区不再对中心城市俯首帖耳，任其摆布，而是与之分庭抗礼，经常抵制中心城市官员乃至州政府官员提出的不利于郊区的各种议案，并在市郊斗争中屡屡获胜。

郊区实力的快速发展，也带来了始料未及的后果，以圣费尔南多谷为例，当这里的人口超过 100 万成为加州除洛杉矶外的最大城市时，这个城市有了自己的经济中心，中小规模的公司形成了独立的经济力量，可以完全脱离与该地区其他城市的经济联系。这些公司组成了一些商业贸易组织，包括圣费尔南多谷商业联合会、圣费尔南多谷经济联盟、圣费尔南多谷零售业协会、圣费尔南多谷工商联合会等。并且这里有独立的日报《每日新闻》发行，虽然还不能与洛杉矶市内发行的报纸相提并论，但是汇聚了该地区自己的声音②。经济上的繁荣，使其在政治上也产生了与中心商业区的反作用力，在 70 年代，圣费尔南多谷出现了脱离洛杉矶的运动，并且在 90 年代该

① Harlan Hahn, David Klingman and Harry Pachon, "Cleavages, Coalitions and the Black Candidate: The Los Angeles Mayoralty Elections of 1969 and 1973", *The Western Political Quarterly*, 1976, Vol.29(4).

② 参见 Robert Gottlieb, Mark Vallianatos, Regina M.Freer and Peter Dreier, *The Next Los Angeles: the Struggle for a Livable City*, Berkeley: University of California Press, 2005, p.153。

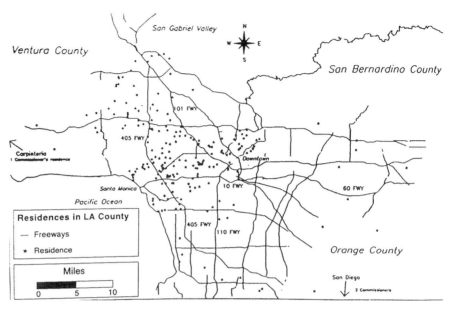

**图 5-1 洛杉矶市内城市委员会委员居住分布图**

资料来源:H.Eric Schockman,"Is Los Angeles Governable?", in *Rethinking Los Angeles*,Thousand Oaks: Sage Publications,1996.pp.72-73.

呼声越来越高,脱离运动成为该地区主要的社会运动。

最后,从郊区自治城市之间的发展来看,政治的巴尔干化加剧了地方水平上的各自为政、争权夺利,影响了某些政策、规划的执行效果。加州在1976 年开始推行净化空气法,并在州内各城市建立了空气质量管理专区(Air Quality Management District,简称 AQMD),要求各城市内每一个专区发展与其目标一致的服务计划。这些专区被授权可以处罚造成污染的工业。但是由于大约60%的空气污染来自非工业资源,如汽车尾气等,所以每一个空气质量管理专区也被要求设法减少这一污染。如此一来,空气质量管理专区的工作内容大大扩大,包括限制土地使用上的蔓延性发展和减少汽车使用的政策。空气质量管理专区自身没有权力规划土地使用,它们必须通过与各地方政府的联合工作来实现,但各地方政府却认为这是空气质量管理区的越权行为,因而拒绝联合行动,抵制专区对其土地使用决策权的侵蚀。

另一个例子是南部海岸空气质量管理区(South Coast Air Quality Management District,简称 SCAQMD),该专区包括整个洛杉矶地区。该专区设计了一个长期规划,要求限制土地的开发、使用,并减少汽车使用以改善空气质量,但限制土地开发的规划很容易与某些地方城市发展计划相矛盾。结果 1992 年只有 1/3 的地方政府部分执行了 SCAQMD 的要求。SCAQMD 无奈之下,也只有听之任之,从强调命令、控制手段回到了依靠市场调节手段,后者大大减少了对地方政府治理污染的直接压力,而市场调节的方法在减少汽车污染上作用很小。

以上两个例子说明,地方政府之间为了维护各自的利益和权力,都不愿其他部门干涉其管理。因而造成地方水平上的权力与管理的分裂,地方政府各自为政,争权夺利的情况时有发生。洛杉矶的政治是分散的,"该地区分为许多独立的领地,它们的首领们常年东拼西杀,使县政府和市政府之间的分歧不断,……当官员利用自己的策略,依仗政治规则在自己的领地行使权力时,变得越来越专横、独裁,甚至常有腐败事件发生①。

## 二、公共选择学派与"新区域主义"理论

大都市区内政治的零碎化是否只存在消极层面的影响呢? 事实上未必尽然。20 世纪 70 年代至 90 年代,美国兴起了公共选择学派对大都市区政府的治理提出了新的见解。该学派的代表人物有查尔斯·M.蒂尔鲍特(Charles· M.Tiebout)和文森特·奥斯特罗姆(Vincent Ostrom)等。其主要观点是把大都市区看成一个巨大的公共市场,作为个体的住户和企业,根据社区能否提供他们所需的价格和服务而选择居留地。在市场经济的条件下,这种选择的后果之一,必然是地方政府零碎化。罗伯特·比什(Robert L.Bish)和文森特·奥斯特罗姆认为:政府结构的联邦制必然要出现辖区的交叠,权力的划分必然要导致权威的分割。如果在大都市区内建立统一的大都市区政府,则会导致政府规模庞大和僵化,进而导致大都市区政府的工

---

① Michael J.Dear,*The Postmodern Urban Condition*,Oxford:Blackwell Publishers Ltd.,2000,p. 14.

作效率和经济效益低下,大政府也无法有效地反映公民的意志。由于每个社区居民的愿望、生活方式、存在的问题千差万别,因而高度集权的政府往往不能作出灵活的反映。公共选择学派做了大量细致的实证性研究来支持其理论。文森特·奥斯特罗姆等人合著的《美国地方政府》一书中,著者从经济学的角度出发,考察了政府对公共服务中的具体事务的绩效问题,提出美国地方政府是一个有序的体系,而不是明显杂乱无章的、历史积淀下来的"百纳被"。著者通过对警察、固体垃圾收集、教育和消防服务的供给中各组织间与组织内的安排情况进行整理,发现尽管在很多大都市区内存在大量的地方政府,但实际的服务供给重复现象却很少。服务的主导模式是,由其中的一个生产者服务于一个特定的居民社区。其至当多个机构服务于一个集体消费单位时,服务的轮流和协调也比明显的重复要普遍得多①。作者的观点认为,在很多城市公共服务模式中,小规模的集体消费单位能更准确地反映出地方对许多城市公共服务的偏好模式。但是,只有大的集体消费单位能有效地考虑到全方位的利益,这些利益牵涉到为很多个人提供公共产品和服务。在消费方面,公民也需要接触到不同规模的集体消费单位。在生产方面,在大多数公共服务产业中同样既需要小规模的生产者、又需要大规模的生产者。因此,关键问题不在于是规模小更好还是大更好,而在于怎样将不同规模的组织结合起来,哪种组织间的安排类型对哪种特定的服务集群来说绩效最好,就应采用哪种安排。

在此研究基础上奥斯特罗姆提出了多中心理论。多中心理论认为,众多独立的政府存在可以构成一个多中心的体系,在这一体系当中,各个中心发挥不同的作用。"可以把大城市地区具有多种政治管辖单位的传统治理模式看作是'多中心的政治体制'……'多中心'意味着许多决策中心,它们在形式上是相互独立的。……它们之间通过竞争性的关系考虑对方,开展多种契约性的和合作性的事务,或者利用中央的机制来解决冲突,在这种程度上,大城市地区多个政治管辖单位可以连续的方式运作,其互动行为的模

① 参见[美]文森特·奥斯特罗姆、罗伯特·比什、埃利诺·奥斯特罗姆:《美国地方政府》,北京大学出版社2004年版,第184页。

式是一致的,并且是可以预见的。如果是这样,那么它们就可以说成是作为一个'体系'运作的。"①可以说公共选择学派和多中心理论的探讨有合理性和其积极作用。

因而笔者认为,从政治效用来看,应对洛杉矶模式的积极影响和消极影响作一分为二的分析。统一的大都市区政府无疑在解决社会问题、社会经济资源的有效利用和分配上是有突出优势的。但是这种模式对满足不同群体的公共服务上就可能出现"大而无效"、"规模不经济"的结果。"经济学家并不认为对任何一个产业所生产的不同服务来说存在着一个单一最优的规模。相反,特定产业所提供服务的经济规模要求许多规模各不相同的机构。"②公共选择学派和多中心理论从公民的公共服务需求出发,切实地反映人们生活中的问题和维护市民的自治权力有其积极的一面;但是,自治城市过小、过多、过于分散,如,人口在1万以下的城市大量分布,无限蔓延只会导致地方"巴尔干化"消极作用愈演愈烈。因为这些小的地方政府在人口、地区或者税源方面往往不够充足,以至于不能够应用现代方案来解决当前和未来的问题。这样,无可避免地会产生浪费资源和组织管理上的重叠。"1966年,著名的经济发展委员会(CED)在一份报告中提出,'小型、碎化、复制、重叠的地方政府的大量存在,令人感到困惑,它们无力应对管理现代城市事务时所面临的障碍和困难。假如地方政府要想在大都市地区发挥效能,它们必须有足够的规模和权限,去进行规划、管理,并为区域问题的解决提供重要的财政支持。'"③因此,解决大都市区治理的问题的关键是一方面要控制自治城市的规模,另一方面要有效协调大都市区政府、州政府和地方政府之间的协作关系。而不是强调一种行政结构替代另一种,笔者认为这也是符合经济学的择优要求的。

从控制城市规模来看,根据学术界的普遍认识,小的居民点组合成的聚

---

① [美]迈克尔·麦金尼斯主编:《多中心体制与地方公共经济》,毛寿龙译,上海三联书店2000年版,第42页。

② [美]文森特·奥斯特罗姆:《美国公共行政的思想危机》,毛寿龙译,上海三联书店1999年版,第122页。

③ Nelson Wikstrom, *Metroplitian Government Consolidation*, Growth and Change, Jan. 1978.转引自罗思东:《美国大都市区政府理论的缘起》,《厦门大学学报》2004年第5期。

落比一个更大的城市更有效能,也节省能源,最理想的规模是 15 万到 25 万人之间,人口密度不宜高于每公顷 40 人或 25 个居住单元的郊区城市,这些城市一般都距离市中心区 30—50 公里。在这方面英国的经验值得借鉴。20 世纪初英国著名城市规划师霍华德等人曾有意识地把一些新城镇建设在伦敦的通勤距离之外的近郊区,但很快这些城市被纳入伦敦的势力范围。在人口骤增的 60 年代,城市规划师们试图防止此类现象重演,在伦敦东南部更远的地方建造城镇:如弥尔顿距伦敦 90 公里,凯恩斯·北安普顿距伦敦 120 公里,彼得伯勒距伦敦 130 公里。其设想是,把它们远远地置于伦敦的通勤距离之外,同时使它们足够大,容纳 20 万甚至 25 万人口,以便于它们能够提供相当于一个主要地方城市的就业与服务功能。这些城镇基本保持了它们的相对独立性,但同时与伦敦呈互补的关系,因而受到后来欧洲城市规划师的普遍首肯。

在协调各级政府之间的关系方面,美国和其他欧洲国家也进行了积极的探讨和实践。实践中大都市区的治理模式主要有以下两类:

第一类是合并地方政府即市县合并,把权力集中在一个新建的大都市区政府之中。如 1962 年田纳西州的纳什维尔市与戴维森县合并成功,建立了一个典型的单一制综合性的大都市区政府。该县只保留了 6 个郊区自治市,但不得进行兼并活动。大都市区政府由一个普选产生的市长和一个由 41 个委员组成的议会治理,其中 35 个委员按地区选举,其余在全县普选,任期四年。纳什维尔大都市政府是一个典型的单一制综合性的大都市政府,为传统改革者所倡导的一种理想的大都市区政府治理模式提供了实践的可能性。"一些政治评论家称纳什维尔大都市政府改革是 20 世纪市县合并最成功的例子。在纳什维尔大都市政府成立两年以后进行的民意测验表明,71% 的选民对大都市政府运作感到满意。"①市县合并成功的例证在美国还有 9 例,这些案例主要来自美国南部和西部的大都市区,东北部和中西部大都市区巴尔干化现象则更加严重(这也说明政治的巴尔干化并非洛杉矶模式所导致的必然结果)。成立统一的大都市区政府的优越性在于节

---

① 转引自孙群郎:《美国城市郊区化研究》,商务印书馆 2005 年版,第 300 页。

省成本、责任明确、避免重复、效率更高、消除城市间的冲突等。

　　另一类治理模式是二元制的大都市区政府体系。这种模式既看到了地方在处理地方性事务时的灵活性,也不忽视大都市政府在解决大都市区范围事务方面的优越性。所谓二元制就是在大都市区的政府体制中,建立一个大都市区政府,用以协调、规划大都市区内各地区之间经济发展中的协作。但在大都市区政府之下,还保留原有的地方政府。二元制治理模式无疑是一种改良主义的做法,此类型大都市区政府的权力比第一类要小得多。如:迈阿密达德县建立了大都市区政府,其范围包括迈阿密和达德县的 25 个城市。1957 年达德县新宪章规定中心城市迈阿密以及其他自治市不必与县政府合并,而是继续保留其独立的政治地位。大都市政府的创立是通过县政府权力的集中实现的,县政府承担了大都市区内的主要职能,比如修筑公路、管理交通、创办公交系统、主管警察和消防人员的登记、训练和通讯、建立公园和娱乐设施等全县范围内的公共服务。其余各项服务留给各个自治市、专区和学区负责。但是该大都市区政府存在严重缺陷,大都市区政府中没有设立政府首脑,而是由县委员会任命的县经理来管理大都市区事务,该经理对县委员会负责。县委员会由各地方政府的代表兼职组成,他们往往各抒己见,捍卫地方的权力和利益,因而在许多问题上都矛盾重重,使县经理无法行使职权。当然二元制的治理模式也有成功的例子,例如加拿大的多伦多大都市①(The Municipality of Metropolitan Toronto 或 Metro Toronto),由 6 个独立的市组成:多伦多市(Toronto)、北约克市(North York)、斯卡市(Skarborough)、埃托比科克市(Etobicoke)、约克市(York)和东约克市,区域人口 230 万。多伦多大都市政府是典型的二元制政府组织模式,由其中较高一级单位负责处理城市间事务,较低一级城市负责提供更为本地化的服务。多伦多大都市由多伦多委员会统一管理,委员会成员均由选民

---

①　多伦多有 4 种不同的叫法:多伦多市(The City of Toronto)、多伦多大都市(The Municipality of Metropolitan Toronto)、多伦多大都市统计区(Toronto Census Metropolitan Area)和大多伦多(the Greater Toronto Area)。不同名称具有不同含义,多伦多大都市统计区的概念,主要为联邦政府的区域就业市场提供资料和信息。详见黄珊:《国外大都市区治理模式》,东南大学出版社 2003 年版,第 130 页。

直接选举产生,包括28名议员和6名市长。委员会下属若干不同的专业分部,分管不同的职能和服务。目前,大都市政府两级的职能划分已经达成共识:大都市政府管理超出地方政府辖区的区域公共服务事务;而地方政府职能范围只限于消防、治安、教育、城市卫生、道路交通、福利与文化娱乐等。两级政府之间职责明确,各级政府无上下所属关系,避免了相互干扰,行政效率比较高①。基钦(Kitchen)提出二元制治理模式有三个突出优势:第一,如果由低级城市来提供一些服务会产生外部效应,区域作为较大地理范围能够更好地处理和控制外部效应(尤其是消极的外部性②)。例如,如果由某一低级城市承担固体垃圾处理的职责,并且在与临近城市的边境开设固体垃圾处理场,那将给邻市的居民造成消极影响。第二,在某些服务的提供上能够保持一贯的标准,避免了因各市之间提供不同水平的服务而导致的人口向高水平服务城市的聚集。第三,在外部性并不普遍、不需要统一标准的地区,低级城市所提供服务的数量和质量能够反映出地方偏好,而且,大量独立城市的存在产生了一种竞争性气氛,促使服务的不断改进和完善③。但是二元体制面临的最大挑战就是上下级政府的关系,如果处理不好,将会导致冲突和对抗的增加。

表5-2　国外大都市区两种管理体制比较

|  | 单中心体制 | 多中心体制 |
|---|---|---|
| 特征 | 单一决策中心的层级体制 | 多个决策中心的多层政府体制 |
| 优点 | 规模适宜;集约经营;<br>统筹规划;施政顺畅 | 接近公众;反馈及时;<br>分权制衡;施政民主 |
| 弊端 | 脱离公众;权力集中;<br>官僚推诿;垄断低效 | 矛盾重重;分散低效;<br>各自为政;缺乏合作 |

资料来源:黄珊:《国外大都市区治理模式》,东南大学出版社2003年版,第207页。

---

① 参见黄珊:《国外大都市区治理模式》,东南大学出版社2003年版,第130—132页。
② 外部性是经济学名词,可区分为正外部性和负外部性两类,它取决于个人是否无偿地享有了额外收益,或是否承担了并非由他们引起的额外成本。详见[美]斯蒂格利茨:《经济学》(第二版),梁小民等译,中国人民大学出版社2002年版,第464—466页。
③ 参见[加]理查德·廷德尔、苏珊·诺布斯·廷德尔:《加拿大地方政府》(第六版),于秀明等译,北京大学出版社2005年版,第144—145页。

可以这样说,大都市区政府的零碎化、分散化不是洛杉矶模式所特有的现象,也不是分散、多中心的大都市区结构所产生的必然结果,而是在全美大都市区普遍存在的。正如上文所说,这与美国人对于民主和自由价值的理解和追求,和美国在建国后不久采取了三权分立的联邦政治体制都有密切关系。三权分立的体制内涵就是通过一个复杂的体系来分配和分享权威,同时所有权力的行使都要受到限制。正是思想传统和制度约束的双重作用,使美国地方政府日益繁衍壮大,成为美国政治生活中的重要组成部分。但是,人们对大都市区的治理并非束手无策。

20世纪90年代以后,新区域主义理论崛起。新区域主义理论反对大都市区持续性的扩张,重点关注实现更多的大都市区政策制定与协调,关注减少中心城市和郊区之间的不平等,通过区域化的措施来促进大都市区的公平发展、包容发展和可持续发展是新目标,更重要的是其回避政府的结构重组,而重在寻求有效的协调政策及其协作的结果。因而对洛杉矶模式政治效用的分析也应有一个客观、综合的评价。对于我们国家来说,借鉴洛杉矶模式对区域经济和全国经济发展的推动作用,同时控制其对政治结构体系的消极影响,去粗取精,才是我们的研究之本。

## 第三节　社会层面的分析

从洛杉矶模式的社会绩效来看,其消极层面的影响在实践中反映得更加突出。此处的所谓社会绩效主要是指洛杉矶模式对城市交通、生态环境、土地资源、公共设施建设等方面的成效考察,纵观洛杉矶大都市区的现状,存在的问题是比较突出的。

### 一、人口膨胀

洛杉矶大都市区虽然被人们认为是典型的低密度蔓延的区域,但在20世纪50年代以后,洛杉矶人口密度开始逐年上升,20世纪80年代,大都市区人口增长率为26.5%,90年代,增长率为12.7%。在其人口密集的腹地圣费尔南多谷,从空中几乎看不到空闲土地。2010年美国人口普查局报告显示,洛杉矶大都市区有人口 12 150 996 人,人口密度为 6 999.3/平方英里,是全美人口密度最高的大都市区[1];其中,洛杉矶市有人口 3 792 621 人,人口密度为 8 092.3/平方英里[2]。据估计,到 2020 年,该地区将再增加 600 万人口。某些学者形容说,这等于增加两到三个芝加哥。外来移民的不断涌入给洛杉矶市和洛杉矶大都市区的住房、城市建设、交通状况都带来了前所未有的压力。

表5-3　1980—2010 年洛杉矶市和洛杉矶县人口统计

| 年份 | 洛杉矶市 | 洛杉矶县 |
| --- | --- | --- |
| 1980 | 2 968 579 | 7 477 238 |
| 1990 | 3 485 398 | 8 863 164 |
| 2000 | 3 694 742 | 9 519 338 |
| 2010 | 3 792 621 | 9 818 605 |

资料来源:摘自 California State Date Center, "Historical Census Populations of Counties and Incorporated Cities in California, 1850—2010", 2011 年 3 月, 见 http://www.dof.ca.gov/research/demographic/state_census_data_center/historical_census_1850-2010/。

## 二、交通拥挤

在分散蔓延的大都市区内,人们需要消耗更多的时间在路上。根据调查发现,全美最分散的 10 个大都市区平均每 100 个家庭拥有 180 辆车。而蔓延最缓慢的地区如纽约市、泽西市平均每 100 个家庭拥有汽车 162 辆。这说明在分散蔓延的大都市区内,人们需要支付额外的交通成本[3]。汽车的增加使交通拥挤的状况普遍存在,不仅在中心城市内,在郊区与中心城市之间、郊区与郊区之间的车流量也大大增加,人们的通勤时间随之延长。1960—1980 年,全美中心城市范围内的通勤比例,从 46% 下降至 30%,传统

① United States Census, *2010 Census Urban Area Facts*, 见 http://www.census.gov/geo/reference/ua/uafacts.html。
② United States Census, *1 Million Milestone*, 2014 年 6 月 1 日, 见 https://www.census.gov/content/dam/Census/newsroom/releases/2015/cb15-89_graphic.jpg。
③ Reid Ewing, Rolf Pendall, Don Chen, *Measuring Sprawl and Its Impact*, 2002 年, 见 http://www.smartgrowthamerica.org/sprawlindex/MeasuringSprawl.PDF。

的郊区到中心城市的车流增长近一倍,在总通勤量中比例由 16% 上升到 19%,郊区之间的通勤总人数由 1 100 万人猛增到 2 500 万人,在总通勤量中的比例由 28% 上升至 38%①。根据德克萨斯交通研究所出版的城市机动车年度报告显示,2007 年洛杉矶地区每人每年平均耽搁时间为 72 小时②。

表 5-4　美国部分城市每年的交通费用

| 城市地区 | 人均耽搁时间<br>（小时） | 人均额外汽油消费<br>（加仑） | 人均拥塞损失[a]<br>（美元） |
|---|---|---|---|
| 洛杉矶 | 56 | 84 | 1 000 |
| 亚特兰大 | 53 | 84 | 915 |
| 休斯敦 | 50 | 76 | 850 |
| 丹佛 | 45 | 67 | 760 |
| 波士顿 | 42 | 63 | 715 |
| 波特兰 | 34 | 53 | 610 |
| 纽约 | 34 | 52 | 595 |

a 包括时间和汽油的花费

资料来源:摘自［美］莱斯特·R·布朗:《生态经济——有利于地球的经济构想》,林自新等译,东方出版社 2003 年版,第 219—220 页表 9-2。

汽车使用需求的增加,必然导致道路永远不够宽。洛杉矶一向以拥有完善的高速公路而著称,但是洛杉矶却已经成为全国交通最拥挤的城市之一。根据调查发现,随着人口的增长,洛杉矶汽车的使用量在未来 20 年中还会增加 30%—50%,卡车的数量增加得会更快,然而洛杉矶的高速公路系统已经趋于饱和。加州大都市区规划组织预计在 2030 年前,继续为洛杉矶、旧金山和圣迭戈三个地区投入高达 4 000 亿美元的资金,用以维护高速公路系统和其他交通系统。但是,这些资金中,只有一小部分用于扩建高速公路计划,因此,未来 30 年,洛杉矶的交通拥挤的问题还是令人担忧的③。

① 转引自罗思东:《美国大都市地区的政府与治理》,博士学位论文,厦门大学历史系,2005 年,第 63 页。

② 参见冯相昭、邹骥、郭光明:《城市交通拥堵的外部成本估算》,《环境与可持续发展》2009 年第 3 期。

③ Robert W.Poole,Jr.,Peter Samuel,and Brian F.Chase,*Easing California's Transportation Crisis With Tolls and Public-Private Partnerships*,2005 年 1 月 1 日,见 http://reason.org/news/show/easing-californias-transportat。

另有一些学者认为,修建高速公路并不是解决交通拥挤的办法,提出寻求"就业与住宅之间更好的平衡"才是城市规划的主要目标。如果说 20 世纪的城市规划人为地制造了就业与居住的分离;导致不必要的通勤时间和距离;增加了交通拥挤状况和空气污染的话,那么城市规划的新目标就应该是使就业地点接近居住地,有调查表明平均每天通勤 13 英里去工作对于美国人来说是比较合适的距离。在一个规模较大的城市化区域,以居住区为中心辐射 13 英里的范围内,平均可容纳大约 75 万个就业机会;即使在城市化程度较低的地区,也可以容纳 10 万以上的就业。通勤距离 13 英里的地域范围大约是 530 平方英里,在全美范围来看,这个范围一般大于一个城市化区域,全美只有 23 个城市化地区的地域范围大于这个标准。在洛杉矶,一个比较典型的分散蔓延的大都市区内,大约 150 万个就业机会集中在洛杉矶市辐射开去的 13 英里范围内。因此这个范围可以作为工作和居住之间的平衡距离①。也就是说,鼓励大都市区的多中心化发展模式。因为确立就业与居住地之间的平衡距离,有利于避免远距离通勤产生的交通拥挤和通勤时间过长的弊端,如果居民按照此原则选择工作和居住地点,可以大大减缓交通拥挤状况,同时也可减少能源消耗和空气污染状况。

### 三、土地资源的浪费

居住密度、土地使用的多元化和土地使用的规划是决定土地开发模式的三个主要因素,即"3D"(Density、Diversity、Design)。大都市区内的郊区城市化是 20 世纪 70 年代以来美国大都市区发展的主要趋势,外来移民的不断涌入,增加了对土地使用的需求;郊区的城市化使城市面积逐渐增加,在这些新城市的周围发展出了新的郊区,成为城市和郊区之间的过渡地带,因此可耕地面积随之减少,这种情况在分散、蔓延发展的大都市区内更加清晰。据统计,美国 3 077 个乡村中 1 062 个受到了城市不同程度的影响。

---

① Demographia,"*Smart Growth and Urban Containment:Misguided Urban Policy*",见 http://www.demographia.com/db-smgmisguide.pdf。

图 5-2　哈里普莱格森法官立交:连接世纪高速公路(Ⅰ—105)
和海港高速公路(Ⅰ—110)

这些乡村中大多数仍是美国农作物的主要产地①。例如:加州农田在 60 年代损失了 5.7%;70 年代损失 7.7%;80 年代损失 8.9%;90 年代损失 3.7%②。许多郊区在发展工商业时,没有着眼于未来,而是为保护居住区的环境,将工业区和居住区远远地隔离开来。在新建开发区时,没有考虑土地综合使用的合理布局,而是一味追求单一目标的功能使用,这种盲目开发造成了国土资源的严重破坏和浪费。"据美国农田信托局调查:1982 年到 1992 年间,由于城郊开发,美国平均每年丧失 40 万英亩的最好农田,相当于每天每小时要失去 45.7 英亩的土地。"③此外,交通需求对土地开发模式也有着直接主导作用,为了缓解交通的拥挤状况,修路成为必然选择,但是随着一条条高速公路向四面八方延伸开去,生态环境遭到了巨大的破坏,农

---

① "Smartrowth:Implications for Agriculture in Urban Fringe Areas", *Agricultural Outlook*, 2001 (4)。

② 摘自罗思东:《美国大都市地区的政府与治理》,博士学位论文,厦门大学历史系,2005 年,第 67 页表格。

③ 杨改娟:《美国大都市区蔓延对土地的影响初探》,《华人时刊》2014 第 6 期(下)。

业用地变成高速公路和城市。

### 四、高成本的公共服务设施

城市的蔓延也为城市基础设施的建设增加了负担,如果城市的发展持续保持低密度蔓延的话,美国将为城市的蔓延提供价值高昂的基础设施服务,如供水和排水系统的花费、铺设道路的费用和扩大公共服务(学校、俱乐部、医院等)的费用。"一英亩大小的住宅群地皮税很高,用以支付包含供水、污水排放等公用事业和道路维修的全部费用。由于郊区扩展,要求新建学校。同时,城市原有的学校关闭。因为青年夫妇集中在无计划延伸而远离市区的郊区,需要大量投资建新学校,甚至在人口下降的地区,这也是很常见的。其他的服务,如急救和消防,在凌乱分布的社区花费更高。"①

## 第四节　生态层面的分析

1996 年美国环保署调查发现,美国大约有 1 250 万人口居住在不宜居住的空气环境之中,美国环保署( Environmental Protection Agency,简称 EPA)认为有 6.4 万美国人实际上是由于空气质量问题导致过早死去。某些疾病如哮喘、肺癌、呼吸系统疾病和心脏疾病都会因空气污染而加重病情。此外,空气中的烟尘和酸雨对农作物的危害也十分明显。在造成空气质量逐年下降的诸多因素中,机动车污染是最大根源,大气中 2/3 的一氧化碳、1/3 的一氧化氮(主要来自废烟)、1/4 的碳氢化合物(主要来自废烟)都是机动车排放的尾气造成的。还有一些汽车排放的污染物会导致癌症,如煤烟、苯、砷、甲醛等有毒物质的混合物。估计每年有大约 30 亿磅的致癌物质是由机动车尾气释放的②。1999 年来自交通方面的空气污染情况如下:

---

① [美]莱斯特·R.布朗:《生态经济:有利于地球的经济构想》,林自新等译,东方出版社 2003 年版,第 217 页。

② Surface Transportation Policy Project, *Transportation is a Significant Source of Air Pollution*, 1996 年 4 月 24 日,见 http://transact.org/wp-content/uploads/2014/04/Transportation_and_the_Environment.pdf。

洛杉矶主要大都市区统计区每年制造污染的气体或颗粒等（主要是指一氧化碳、二氧化氮、二氧化硫、颗粒物质和铅含量超过标准的气体）1 919 100吨，位居加州地区榜首。而洛杉矶更是经历了长达六十余年的抗"雾霾之战"。

## 一、洛杉矶治霾经历

1943年7月的一天，原本阳光明媚的洛杉矶城突然被巨大的灰霾怪兽笼罩，人们不断擦眼睛，交警消失在神秘的雾霾中，当时的民众一度以为是外敌发起的"毒气袭击"。他们此时还不知道，这些"毒气"，其实都是当地居民过度依赖汽车的城市生活方式造成的。"洛杉矶在20世纪40年代就拥有250万辆汽车，每天大约消耗1 100吨汽油。"①半个多世纪后，人们才知道，这些看起来像雾的怪物，其实是一些细微的颗粒物，"英文名"叫PM2.5。1947年，在当地石油公司和商务部门的强烈反对声中，洛杉矶政府成立了空气污染控制局，给所有的工业都设置了空气污染准入制度，这是美国第一个和大气污染防治相关的区域管理项目。但是"1955年9月洛杉矶发生了最严重的光化学烟雾污染事件，两天内因呼吸系统衰竭死亡的65岁以上的老人达400多人"②。这时政府才开始意识到雾霾的严重性。

20世纪50年代时，加州理工大学一位化学家阿里·哈根·斯米特首次提出，灰霾的形成与汽车尾气以及光化学反应下的气粒转化有着直接关系。他写了一段精彩的解释："在城市一边，分布着石油工厂，几个精炼厂每天处理成千上万吨石油。然而在洛杉矶，公路上行驶着的近50万辆汽车对大气污染产生了恶劣的影响。它们每天大约累计消耗12 000吨汽油。即便燃烧率高达99%（实际情况肯定要低于该数值），仍有120吨未燃烧的汽油被释放到大气中"③。他的结论成为大气污染史上具有里程碑意义的研究。另外，越来越多的研究发现，炼油厂、供油站等其他石油燃烧排放物，

---

① 参见郑权、田晨：《美国洛杉矶雾霾之战的经验和启示》，《中国财政》2013年第11期。
② 郑权、田晨：《美国洛杉矶雾霾之战的经验和启示》，《中国财政》2013年第11期。
③ ［美］奇普·雅各布斯、威廉·凯莉：《洛杉矶雾霾启示录》，曹军骥等译，上海科学技术出版社2014年版，第51页。

甚至个人行为不当,也是造成雾霾的重要因素。加上洛杉矶三面环山的地形,光化学烟雾扩散不开,停滞在城市上空,最终形成污染。绝望的洛杉矶终于开始了对抗雾霾天的战役。市民在后院焚烧垃圾的习惯被禁止,汽车生产厂家也被要求开发零排放的电动车,市政府专门成立了"烟雾委员会"研究灰霾问题。科学家也开始纷纷参与到追捕灰霾元凶的行动中来。

加州州长奈特指派一名专家巴克曼成立一个委员会负责空气治理。在经过一系列调查后,巴克曼的委员会提出了六条建议,其中包括放缓重污染行业的增长,建立高效公交系统,逐步淘汰使用柴油车等。在此后的几年,洛杉矶政府开始着手解决污染问题,经过努力,五六十年代南加州已通过控制工业燃烧、电厂、垃圾填埋场等措施,减少了大量污染排放物。虽然取得了一些进展,但成果有限,这一情况直到1970年《清洁空气法》(Clean Air Act)修正案的出台才改变。

实际上《清洁空气法》修正案的出台并非一帆风顺。到了20世纪60年代末,随着美国民权和反战运动的高涨,越来越多的普通人也开始关注环境问题。1970年4月22日这一天,2 000万民众在全美各地举行了声势浩大的游行,呼吁保护环境。这一草根行动最终直达国会山,立法机构开始意识到环境保护的迫切性。后来这一天被美国政府定为"地球日"。民众的努力促成了1970年《清洁空气法》修正案。这部新的法律在后来的环境保护中发挥了关键作用。新《清洁空气法》修正案将大气污染物分为基准空气污染物和有害空气污染物两类,并第一次界定了空气污染物的组成。在法律草拟过程中,洛杉矶在整治环境污染方面的众多经验被拿来参考。同一年国会还授权政府组建了环保局(Environmental Protection Agency)来负责监督法案的实施。

1960年,第一个由州相关部门认证的汽车烟雾控制装置上市,已有车辆的车主需要花费40—50美元进行设备升级,新车车主也要在原价基础上稍微多付一些。这笔开支金额不大,加州政府的官员们乐观地预见,未来五年内,烟雾问题就可以得到基本解决。然而事与愿违,由于加州政府宣传不当,很多司机对改进设备充满疑虑。汽车制造贸易委员会也无视净化设备、抵制任何提高零售标价的事情。几方博弈的结果使得加州汽车尾气的减排行动直到 1970 年才有了实质性进展。当年加州空气资源局设立了捆绑法规,有效地强制汽车制造商给所有在加州出售的汽车安装催化转化器。最初,催化转换器只能消除汽车尾气中的碳氢化合物和一氧化碳,之后汽车制造商对催化转换器进行了升级改造,使其也能消除汽车尾气中的大部分氮氧化物。"20 世纪 70 年代早期,通过全国性的领导,洛杉矶和加州在控制机动车空气污染问题上取得了巨大的成就。正是洛杉矶人的努力,汽车尾气才被确定是主要的空气污染源,并逐渐提升为全国范围的政府管理行为。"①

与此同时政府敦促石油公司必须在成品油中减少烯烃的含量,这种物质被认为是造成光化学污染的主要物质;20 世纪 70 至 80 年代,加州的环保机构还提倡和鼓励用甲醇和天然气代替汽油,从而减少一半的汽车烟雾排放量。尽管甲醇因为价格原因没有成为汽油的替代品,但这些措施第一次让石油公司感受到了威胁,促使他们去开发更加清洁的汽油②。

经过六十多年的努力,洛杉矶的雾霾治理取得了一定成效。"根据旧的联邦臭氧 24 小时浓度标准,洛杉矶每年的臭氧超标天数已经从 1983 年的 152 天、1993 年的 124 天下降到 2003 年左右的每年 68 天"③。但是研究表明,近年来加州每年仍有 9 600 人死于污染,而且他们中的绝大多数集中在洛杉矶地区。死亡的元凶不是臭氧,而是一些超细颗粒。它们含有具有分子毒性、致癌性的化学物质,例如苯。科学家预计,在长滩,每 200 名居民中就有一人因呼吸受污染的空气在不知不觉中患上癌症。这些颗粒物不被肉眼所见,一般由排气管和烟囱排出,为液态或固态。它们被称为气溶胶,类似喷雾罐的喷雾。它们对空气产生的影响可能更糟糕④。至 2012 年,根

① "The Antitrust case of the Century", *Southern California Quarterly*, Fall 1999.转引自[美]奇普・雅各布斯、威廉・凯莉:《洛杉矶雾霾启示录》,曹军骥等译,上海科学技术出版社 2014 年版,第 129 页。

② 参见周恒星:《洛杉矶雾霾之战》,2013 年 3 月 9 日,见 http://www.iceo.com.cn/shangye/37/2013/0309/264766.shtml。

③ 参见[美]奇普・雅各布斯、威廉・凯莉:《洛杉矶雾霾启示录》,曹军骥等译,上海科学技术出版社 2014 年版,第 235 页。

④ [美]奇普・雅各布斯、威廉・凯莉:《洛杉矶雾霾启示录》,曹军骥等译,上海科学技术出版社 2014 年版,第 236 页。

据加州空气资源委员会的计算,洛杉矶市每年的空气污染一级预警,已经从20世纪70年代的200多天降至如今的10天以内。

## 二、加州、联邦政府治霾法案的出台

洛杉矶所在的加州是美国各州空气污染相对严重的地方(见表5-5),为了实现跨地区应对空气污染,1977年成立了南海岸空气质量管理局(SCAQMD),统一负责南加州地区的空气污染治理。1993年,经美国环保署批准,南海岸空气质量管理局开始实施全美第一个、也是世界上首个区域空气污染排放交易计划(RECLAIM),允许企业买卖排放配额,利用市场机制促进减排。加州的环境质量标准和污染治理措施都走在全美前列。2002年,加州就制定了严于国家标准的PM2.5标准,年均值标准为12微克/立方米。根据2004年统计,全美空气污染最严重的地区是洛杉矶,空气中烟、尘的污染都是最严重的[①]。报告中指出,粉尘污染是汽油、柴油汽车排出的大量尾气和燃烧木炭释放的烟雾等因素产生的。全美有1/4的地区居住在粉尘污染较为严重的不健康环境下。大约一半居住在威胁健康的空气污染的条件下。美国一民间组织"美国肺科协会"(American Lung Association),每年都根据美国环保署和各州环保机构发布的数据,在全美277个都市地区中评选出空气最清洁和污染最严重的城市。它评选的标准是三项指标,即臭氧超标天数、飘尘超标天数及全年飘尘平均值,2012年大洛杉矶地区分别排在最差的第一、第四和第三名。以臭氧为代表的化学污染物在洛杉矶最为严重。"根据环保署的统计,从2008年到2010年3年内,洛杉矶地区臭氧污染超过警戒线的总天数为232天;但是环保署的合格指标为每年不得超过3天,所以差距仍然十分巨大。PM2.5在2008到2010年间的年度平均值已经降到了14.4微克的警戒线以下,飘尘超标的天数却不合格。PM2.5超过警戒线的总天数为59天;但是环保署规定的合格指标为每年不得超过3天。未来较长的一段时间内,洛杉矶仍会面临臭氧和PM2.5污

---

① CNN, *U.S.Lung Association Ranks Most Polluted Cities*, 2004年4月29日,见 http://edition.cnn.com/2004/US/04/28/air.pollution/。

染的问题。该协会提供的数据显示,由于长期的空气污染,洛杉矶地区大约有 100 万成年人和 30 万儿童患哮喘病,造成的经济损失达 26 亿美元。"① 除洛杉矶外,十个污染最严重的大都市地区中还有四个位于加州。

表 5-5　加州部分地区 1993—2002 年空气质量不合格的天数统计

| 大都市区 | 空气质量不达标的天数 | | |
|---|---|---|---|
| | 1993.8—1997.8 | 1998.8—2002.8 | 百分比变化 |
| 弗雷斯诺 MSA | 64.0 | 81.8 | 27.8% |
| 贝克斯菲尔德 MSA | 95.2 | 85.4 | -10.3% |
| 里弗赛德—圣贝纳迪诺 PMAS | 130.8 | 95.4 | -27.1% |
| 圣迭戈 MSA | 39.4 | 18.6 | -52.8% |
| 洛杉矶—长滩 PMSA | 89.0 | 36.4 | -59.1% |
| 文图拉 PMSA | 55.6 | 21.4 | -61.5% |

资料来源:"Clear The Air-Public Health Threats from Cars and Heavy Duty Vehicles-Why We Need to Protect Federal Clean Air Laws",2003 年 8 月 19 日,见 http://transact.org/wp-content/uploads/2014/04/Clearing_The_Air.pdf。

　　洛杉矶和南加州的反污染努力也影响到了联邦政府。1955 年,美国制定了第一部联邦大气污染控制法规《空气污染控制法》,此后的 1960 年、1963 年、1965 年和 1967 年又分别出台了《空气污染控制法》、《清洁空气法》、《机动车空气污染控制法》和《空气质量法》。然而,上述各项立法都未能有效控制美国的空气污染,主要原因是缺少有效的管理体制,联邦和州政府在标准和法律的执行等问题上存在较大矛盾。

　　民众的力量成为推动联邦政府的决定因素。1970 年地球日当天,2 千万美国民众走上街头,抗议政府在保护环境方面不得力。压力之下,时任总统尼克松不得不出台了 1970 年《清洁空气法》修正案。该法大大加强了联邦政府的权力,在后来的环境保护中发挥了关键作用。同时,还成立了一个特殊的部门:美国环保署。《雾霾之都:洛杉矶毁肺污染史》的作者威廉·

①　白韫雯、杨富强:《美国洛杉矶市治理空气污染的经验和教训》,2013 年 7 月 4 日,见 http://cn.chinagate.cn/environment/2013-07/04/content_29323223_2.htm。

凯勒说,如果没有 20 世纪后半期一些民间组织,如妇女选民联盟、低收入人群以及农民的抗议,就不会有上层精英阶层在环保问题上的妥协。因为许多环保措施,都损害了石油、汽车等大工业集团的利益。1971 年,美国政府还颁布了《国家环境空气质量标准》,要求对 6 种空气污染物进行管制,当时人们对污染物的概念是"总悬浮颗粒物(TSP)",即所有飘浮在空气中的颗粒。随着科学的发展,人们发现,一些粒径更小的颗粒物,尤其是粒径在 10 微米以下的颗粒物,对人体健康的影响更大。1987 年,美国环保署废除了总悬浮颗粒物的标准,制定了 PM10 的标准。并开始展开了更小的颗粒物即 PM2.5 的科学研究。1997 年,美国环保署首次增加了 PM2.5 的标准,要求各州年均值不超过 15 微克/立方米,日均值不超过 65 微克/立方米。2006 年,美国环保局针对 PM2.5 标准进行了最新一次修订,制定了更加严格的 24 小时周期内 PM2.5 最高浓度、年平均浓度标准等。

通过以上分析,我们发现洛杉矶模式在生态层面的消极作用较为明显。洛杉矶生态环境的恶化与汽车使用量大、人口拥挤、城市化地区的不断蔓延密切相关。美国学者也在 20 世纪 90 年代开始关注和努力解决这一问题。因而,倡议发起了"精明增长"(Smart Growth)运动。精明增长不仅包含了大都市区治理,还包括有效管理基础设施投资、税收分享、区域和地方改革等诸多领域的政策措施[1]。意在肯定大都市区分散化发展趋势的同时,避免其社会、生态层面的消极影响。

---

① 有关精明增长运动的详情可参阅罗思东:《美国大都市地区的政府与管理——地方政府间关系与区域主义改革》,博士学位论文,厦门大学历史系,2005 年,第 155—160 页。

# 第六章　从芝加哥到洛杉矶——世界大城市发展新模式

## 第一节　城市空间结构的多中心化

　　19世纪许多城市的明显特征是人口与经济活动的集中和密集。随着时间的推移,越来越多的城市失去了其优美、开放的模式,建筑物越来越高,街道日益拥挤,自然世界被一个人造世界所代替。19世纪末和20世纪初美国的人口密度是前所未有的。例如,在曼哈顿岛22平方英里土地上有220万居民,平均密度为每平方英里10万人。在人口密度最大的下东区,有些街区的人口密度甚至几倍于这个数字。1899年,阿德纳·韦伯克(Adna Weberk)开始其关于19世纪城市发展的名作《人口在城市的集中——当代最显著的社会现象》的写作,100年后,城市形态的演进仍旧是有趣且重要的社会现象。美国经济经历了深刻转型的过程,而其城市空间组织也已经彻底改变。在1900年,美国的城市居住着高密度的人群,人们的主要交通工具是他们的脚;50年后,城市的大多数居民已经住在郊区的社区之中,出门以车代步。1940年,美国前十大城市中只有洛杉矶市的每平方英里人口低于1万人,至1990年,每平方英里人口低于7 500人的城市在前十大城市中占7个,曼哈顿的人口减少到150万人以下,减少了近70万人。过去的城市以高密度而著称,因为那时拥有私人汽车的人少之又少,但1990年时,城市居民中乘坐公共交通工具去上班的只有6.4%。1940年,绝大多数的就业都集中在城市中心,至1996年,大都市区内在市中心及向外 3 英里的范围内,就业的比例只有 16%①。美国城市的这种转变经历了两个高潮,第一波浪潮是城市居民在 19 世纪末随着往返铁路和电车的增多而迁向郊区,人口分散化进程开始。汽车的大批量生产,带动了第二波人口外迁。1960 年 63% 的就业集中在中心城市,51% 的人口分散在郊区居住。人们居住环境低密度,但工作环境却是高密度。至 2000 年,无论是工作还是居住密度,中心城市已没有明显优势。

## 一、美国城市空间从单中心走向多中心结构

洛杉矶是当之无愧的分散式城市的例证。从洛杉矶市中心延伸出去 11 英里范围内都是其主要的就业区域,而纽约相比之下只延伸出去 3 英里的范围。洛杉矶较早到来的汽车时代,使其城市基础设施的建设,也被强化了低密度的分散模式,使洛杉矶大都市区的风格不同于东北部和中西部的老城市。在 20 世纪 20 年代东北部和中西部城市人口也开始向郊区分散,直至 60 年代后这些大都市区的城市结构也出现了洛杉矶化的倾向。曾经是单核式集中发展的芝加哥,近二三十年来也出现向远郊蔓延的现象。

到 2000 年,芝加哥市区人口降到 290 万,仅占大都市区人口的 36%。一度是大都市区边缘的奥海尔国际机场等地,现在变成了区域性人口、就业的中心。1970—2000 年,芝加哥的大都市区的次中心由 9 个上升到 32 个(此处次中心的概念与第三章使用的界定一致)②。图 6-1 为纽约、芝加哥、洛杉矶三个主要大都市统计区就业分区情况。

该图反映出三个城市都呈现就业郊区化的趋势。同时,我们发现了一个有趣的现象,一向以工业城市原型著称的芝加哥大都市区,近年来,在就业模式上更多地倾向于与洛杉矶模式相似,即中心商业区的就业密度大大

---

① Edward L. Glaeser, Mattew E. Kahn, *Decentralized Employment and the Transformation of the A-merican City*, 2001 年 2 月,见 http://www.nber.org/papers/w8117.pdf。

② Daniel P. McMillen, *Employment Subcenters in Chicago: Past, Present, and Future*, 2003 年 6 月 22 日,见 http://www.freepatentsonline.com/article/Economic-Perspectives/103672832.html。

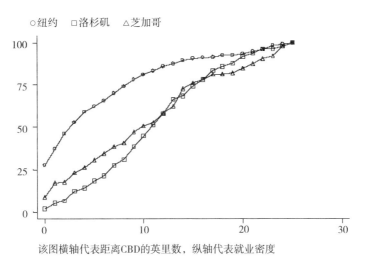

该图横轴代表距离CBD的英里数，纵轴代表就业密度

**图6-1　2000 年纽约、芝加哥、洛杉矶就业分布情况**

资料来源：Edward L.Glaeser，Mattew E.Kahn，*Decentralized Employment and the Transformation of the A-merican City*，2001 年 2 月，见 http://www.nber.org/papers/w8117.pdf 。

降低，而郊区就业密度显著上升。另外我们还应该注意的现象是在洛杉矶大都市区内，住房价格并没有完全因距离中心城市越来越远而逐级递减，这与芝加哥学派"同心圆理论"所描述的情况完全不同。在美国，住房价格主要是由建筑住房的物理花费来决定，在大都市区内的富裕郊区，住房价格达到了惊人的高水平。出现这种情况并不奇怪，因为居住在郊区的大多为中产或社会上层，他们为了保证其住房的价值，经常使用分区的方法限制房子的销售和供应，排斥少数民族或贫困人群进入其所属社区。因此造成郊区的房价居高不下。根据以上发现，我们可以说原有芝加哥学派的关于城市"同心圆模式"的理论已经不能很好地解释今日城市形态演变的需要。

除了以上三个城市之外，20 世纪 70 年代以后，美国其他大城市人口密度也在下降。拉斯维加斯、菲尼克斯和休斯敦等城市让人们看到了分散蔓延的后现代大都市形态正在发展之中。这种此消彼长的结果是，美国大城市的人口密度日益接近，大城市空间结构发展趋同。（详见表6-1）

表6-1　1900—1990年美国大都市区人口　　（单位:百万）

| 年份 | 美国总人口 | 标准大都市区人口 | 中心城市 | 大都市区中心城市外围 | 大都市人口占总人口百分比（%） | 中心城市占大都市人口百分比（%） |
|------|-----------|----------------|---------|-------------------|------------------------|------------------------|
| 1900 | 76.0 | 24.1 | 16.0 | 8.1 | 31.7 | 66.4 |
| 1910 | 92.0 | 34.5 | 22.9 | 11.6 | 37.5 | 66.4 |
| 1920 | 105.7 | 46.1 | 30.5 | 15.6 | 43.6 | 66.2 |
| 1930 | 122.8 | 61.0 | 39.0 | 22.0 | 49.7 | 63.9 |
| 1940 | 131.7 | 67.1 | 41.5 | 25.6 | 50.9 | 61.8 |
| 1950 | 151.3 | 84.9 | 49.7 | 35.2 | 56.1 | 58.5 |
| 1960 | 179.3 | 112.9 | 58.0 | 54.9 | 63.0 | 51.4 |
| 1970 | 203.2 | 139.4 | 63.8 | 75.6 | 68.6 | 45.8 |
| 1980 | 226.5 | 169.4 | 67.9 | 101.5 | 74.8 | 40.1 |
| 1990 | 248.7 | 192.7 | 77.8 | 114.9 | 77.4 | 40.3 |

资料来源:[美]约翰·M.利维:《现代城市规划》(第五版),张景秋等译,中国人民大学出版社2003年版,第19页表格。注:其中1900—1940年的数据是依据1950年标准大都市统计区范围估计,阿拉斯加和夏威夷是从1950年开始计算。

因此,美国学术界对洛杉矶的看法出现了180度大转弯,洛杉矶从一个城市蔓延的反面例证变成学术界推崇的新宠,甚至出现以洛杉矶为未来城市发展模式的"洛杉矶学派",取代了1925年以来支配城市研究的"芝加哥学派"。以洛杉矶为研究对象的洛杉矶学派,把洛杉矶大都市的多中心结构、国际地位、转换中的就业模式等都当作未来城市发展的样板加以研究,如今,该学派的研究可以说是硕果累累(参见本著综述部分)。需要指出的是,人口和就业的分散模式主要是从单一大都市区的微观区域考察的结果,从全美国的宏观区域来看,人口并没有分散,而是完成了一轮新的集中,集中到大型大都市区,尤其是西部和南部新兴地区的大都市区。"城市这种'大集中,小分散'的地域发展格局在信息社会也许还会长久地持续下去,从而可能导致'乡村城市化'和'城市郊区化'两个过程的合二为一,使人类聚落向具有良好气候条件和生活环境的地域结构演化。"①

① 顾朝林等:《经济全球化与中国城市发展——跨世界中国城市发展战略研究》,商务印书馆1999年版,第19页。

## 二、洛杉矶模式对世界城市发展的意义

大城市空间结构发展的趋同现象不仅限于美国,在世界各地发达国家均已普遍出现,是一带有规律性的现象,或是说,是城市化达到一定程度的必然现象。伦敦从 20 世纪 70 年代开始,人口大规模向郊区迁移(如表 6-2 所示)。

表 6-2　1971—1981 年英格兰和威尔士城乡人口的转移

| | 居住人口 | | |
| --- | --- | --- | --- |
| | 1971 年（百万） | 1971—1981 年的变化（千人） | 变化的百分比（%） |
| 大伦敦 | 7.46 | −756 | −10.1 |
| 内伦敦 | 3.04 | −535 | −17.7 |
| 外伦敦 | 4.42 | −221 | −5.0 |
| 大都市 | 11.79 | −546 | −4.6 |
| 主要城市 | 3.88 | −386 | −10.0 |
| 外部郊区 | 7.91 | −160 | −2.0 |
| 非都市化地区 | 29.52 | +1564 | +5.3 |
| 大城市 | 2.91 | −149 | −5.1 |
| 小城市 | 2.24 | −55 | −3.2 |
| 其他地区 | 24.86 | +1768 | +7.1 |
| 英格兰和威尔士 | 48.75 | +262 | +0.5 |

资料来源:转引自[联邦德国]汉斯·于尔根·尤尔斯等:《大城市的未来——柏林、伦敦、巴黎、纽约——经济方面》,张秋舫等译,对外贸易教育出版社 1991 年版,第 157 页。

在第二次世界大战刚刚结束后不久,法国地理学家琼·弗朗西丝·格雷弗写了一本非常有影响力的书《巴黎,法国的荒漠》。他的主要论点就是巴黎地区不成比例的增长使得国家的其余地区陷入贫苦,并且指出对此应采取哪些措施。为了解决巴黎优势导致的全国比例失衡问题,法国政府认定了 8 个增长极,每一个增长极包括一个或两至三个相互靠近的城市。该

计划的名称为"大都市均衡计划",它表明了这样一种思想:这些地区将要均衡巴黎地区的经济和人口密集现象。

在亚洲,日本在20世纪50年代就提出过《首都圈构想草案》,该草案的构想是把横滨、川崎作为首都圈市中心的一部分。两市的市中心5—10公里的圈内被划为植树带,限制开发,只在郊区建设新区。虽然草案的实施阻力重重,但是在整个五六十年代里,东京郊区接二连三地成立了许多市。这些"新城"一般都建设在距市中心一定距离(一般为10—25公里)的郊外,以达到分散城市中心人口的目的。50年代,日本副都心的开发计划也相继展开。所谓的副都心是指相对原来的市中心而言的新的"市中心",这样的地方一般发展晚于原来的市中心,而成为新的城市中心地区。东京的副都心开发始于50年代对新宿的开发,到现在为止,已成功开发的副都心有新宿、池袋和涩谷。这些副都心的开发使东京成为一个多中心的巨大城市。此后大阪、横滨和名古屋等大城市也都在进行类似的副都心开发①。

这种现象的出现不是偶然的,其意义也绝不仅限于人口分布格局的变化,更重要的是它反映了城市空间结构的深层次转型,这就是:分散化、多中心格局和大规模郊区化。所谓分散化,是指人口和经济活动在整个大都市区范围相对分散的发展过程,有别于工业化时代的集中化发展;所谓多中心格局,是指除原有的中心城市外,又出现数个或数十个次中心性城市,部分是在交通网络节点上发展起来的新兴边缘城市,部分是由原有的城镇逐渐扩展而成。当然,欧洲城市历史悠久,更多地属后一种情况,但是这些城市的性质和功能发生了变化;所谓大规模郊区化,则是指人口和就业大量地、规律性地向郊区迁移的现象。据统计2000年美国大都市区人口共计233 069 827人,约占美国总人口的82.8%,小都市区人口为29 220 400人,约占总人口的10.4%②。当然,这样一来,城市化的地域面积必然有所扩展。1970—1990年间,洛杉矶大都市区的人口增长了45%,但是地域面

---

① 参见沈建国:《扩散条件下的城市增长管理》,2004年5月20—22日,见 http://unpan1.un.org/intradoc/groups/public/documents/apcity/unpan016933.pdf。
② Paul Mackun and Steven Wilson, *Population Distribution and Change*:2000to 2010,2011年3月,见 http://www.census.gov/prod/cen2010/briefs/c2010br-01.pdf。

积增长了两倍;同期,费城地域面积增加了 32%,但是人口实际上却缩减了 3%。克利夫兰大都市区在其地域面积扩张了 1/3 的同时人口也减少了①。不仅美国如此,据统计,从 1960 年到 1990 年,阿姆斯特丹、布鲁塞尔、哥本哈根、法兰克福、汉堡、巴黎、维也纳、苏黎世等城市的地域面积扩展的同时,人口都有不同程度的下降。

　　与以往城区扩大的城市发展规律性现象不同,郊区出现的节点性城市已经为西方学术界所普遍接受。对于这种新的地域实体,西方学术界有多种称谓,如"边缘城市"、"无中心城市"(centerless city)、"都市村"、"多节点大都市区"、"城市国家"(citistate)、"零碎的大都市区"等,也有的学者索性以"后郊区化"时代城市而一概论之。这些城市与传统商业区一样,是劳动力的一个基本吸纳者,具有上百万平方英尺的地面空间提供办公、零售和服务活动所需。正如美国城市历史学家罗伯特·菲什曼所说的那样,这些郊区有自己的住房规划、零售业中心和就业中心,已经成为了独立的城市而不能再被称作是郊区,它们代表了新的城市形式。下文将主要介绍三个多中心大都市区。

## 第二节　伦敦、巴黎、东京的多中心模式比较

### 一、伦敦:"田园新城"模式

　　英国首都伦敦(London)位于英格兰东南部的平原上,跨泰晤士河,距离泰晤士河入海口 88 公里。伦敦是欧洲最大的都市区,也是全球三大金融中心之一,容纳了全英 12% 的人口。泰晤士河穿过伦敦,将城市划分为南北两部分。伦敦的行政区划分为伦敦城和 32 个行政区(London boroughs),32 个行政区中靠近中心的 12 个区被称为内伦敦,外围的 20 个区合称为外伦敦。伦敦城(City of London)很大程度上受限于 2.9 平方公里的中世纪时

---

①　参见 Richard Moe and Carter Wilkie, *Changing Places Rebuilding Community in the Age of Sprawl*, New York: Henry Holt and Company,1997,p.69。

期的边界,至 2011 年人口只有 7 400 人,因此它是英国最小的城市。由于伦敦城、内伦敦、外伦敦构成大伦敦(Greater London),地区面积 1 579 平方公里,2011 年大伦敦总人口已经超过 820 万人①。从伦敦就业岗位的空间分布来看,可以发现,内伦敦地区就业岗位明显高于外伦敦地区,伦敦中心区的就业岗位密度高达 4 万人/平方公里以上。特别是伦敦市中心的西蒂地区,就业岗位的密度竟然超过 10 万人/平方公里②。此外,在伦敦的几个次中心,就业人口密度也相当高。从就业人口跨区域通勤情况来看,在伦敦外围地区就业的人数也呈增加趋势,如表 6-3 所示:

表6-3　2000—2008 年伦敦就业人口跨区域通勤概况

(单位:万人/天)

| 年份 | 进城通勤者 | 出城通勤者 |
|---|---|---|
| 2000 | 70 | 28 |
| 2001 | 71 | 28 |
| 2002 | 69 | 26 |
| 2003 | 67 | 29 |
| 2004 | 70 | 29 |
| 2005 | 73 | 30 |
| 2006 | 74 | 32 |
| 2007 | 77 | 33 |
| 2008 | 79 | 32 |

注:进城通勤者指在伦敦外围地区居住、到伦敦市就业的人;出城通勤者指在伦敦居住、到伦敦外围地区就业的人。资料来源:转引自上海财经大学区域经济研究中心编:《2012 中国区域经济发展报告——同城化趋势下长三角城市群区域协调发展》,上海财经大学出版社 2012 年版,第 191页表 5-5。

(一) 第二次世界大战前伦敦发展历史回顾

伦敦是一座历史悠久的城市,早在 3 000 多年前,伦敦地区就是当时英

---

① Office for National Statistics, *Census result shows increase in population of London as it tops 8 million*, 2012 年 7 月 16 日,见 http://www.ons.gov.uk/ons/rel/mro/news-release/census-result-shows-increase-in-population-of-london-as-it-tops-8-million/censuslondonnr0712.html。

② 转引自熊竞、马祖琪、冯苏苇:《伦敦居民就业通勤行为研究》,《城市问题》2013 年第 1 期。

国人居住的地方。16 世纪后,随着英国资本主义的兴起,伦敦的规模迅速扩大。公元 1500 年,伦敦的人口不过 5 万,1600 年人口增至 20 万,1700 年达到 70 万。18—19 世纪,伦敦成为当时世界上最大的金融和贸易中心。

1. 工业革命—1880 年之前

1700—1780 年,英国的纺织和制铁工业兴起,这些早期工业大都分散在广大的农村地区。此时工业革命刚刚开始,并没有对城市发展有明显的促进作用。随着纺织业中煤炭的使用以及铁路的发展,工业开始趋向集中,并与城市的发展呈现出明显的互动作用。进入 19 世纪 50 年代英国城市化水平逐渐加快。1760 年城市化程度为 10%,1800 年为 26%,到 19 世纪中叶则超过了 50%①。1851 年,伦敦人口为 236.3 万人,在随后的几十年中不断增加,至 1971 年后人口数呈下降趋势(见表 6-4),20 世纪末,伦敦人口开始回升,在 2001 年又重新超过 700 万达到了 718.8 万人②。在这次变化中,外伦敦人口变化较小,而内伦敦 13 个城区总人口则有较大变化,从 1961 年的 349.3 万人,下降到 1991 年的 253.1 万人。

表 6-4　伦敦人口变化

| 年份 | 内伦敦 | 外伦敦 | 大伦敦地区 |
|---|---|---|---|
| 1801 | 959 310 | 157 980 | 1 117 290 |
| 1851 | 2 363 341 | 321 707 | 2 685 048 |
| 1901 | 4 546 267 | 2 050 002 | 6 596 269 |
| 1951 | 3 347 956 | 5 000 041 | 8 347 997 |
| 1961 | 3 492 879 | 4 499 564 | 7 992 443 |
| 1971 | 3 031 935 | 4 420 411 | 7 452 346 |
| 1981 | 2 496 756 | 4 199 252 | 6 696 008 |
| 1991 | 2 530 500 | 4 359 400 | 6 889 900 |

资料来源:Tony Byrne,*Local Government in Britain*,London:Penguin Books,2000.p115.

---

① 参见国家建设部编写组:《国外城市化发展概况》,中国建筑工业出版社 2003 年版,第 38 页。

② 参见左学金等:《世界城市空间转型与产业转型比较研究》,社会科学文献出版社 2011 年版,第 86 页。

随着人口的增长,伦敦开始向外扩张。19 世纪早期,伦敦的扩展主要向东,并沿泰晤士河下游建立起了当时全球最大的港口运输系统,同时东区还成为制造业中心。这里形成小企业汇聚的多元工业区,包括工程、家具制造、化工、印刷业、食品、服装。在 19 世纪 60 年代以前,伦敦的居民大多被限制在距离市中心 1 小时的路程范围内从事经济活动,1863 年,第一条地铁开通,其他交通设施也延伸到了伦敦的城市边缘,城际铁路连接起伦敦周边地区。随着交通的发展,中产阶级不断向郊外迁移。伦敦的发展主要沿主干道路和铁路枢纽呈轴状延伸。围绕着铁路和码头汇集起的经济活动改变了城市原有的功能分区。城市的西区为中产阶级,向东逐渐转为工人阶层,但东部边缘区则是贫困人口的聚集区。

19 世纪中期以前,伦敦的城市发展一直处于自发状态,政府未有任何的管理法案出台。1855 年,国会通过了大都市管理法案(19 世纪上半期伦敦大都市区已初步形成)①,建立起大都市就业协会,结束了当地政府管理混乱的局面,代之以数百计的专业权威机构来管理不同的街区和道路。此后,秩序的管理使伦敦更具吸引力,带来了新一轮的人口增长高峰。

2.19 世纪 80 年代—第二次世界大战

19、20 世纪之交是英国经济发展和城市增长的一个特殊时期。从 1870 年到 1914 年间,所有英国的城市都很快建立起了经济而又有效能的公共交通系统。先是有轨马车和公共马车(1870 年至 1880 年间),然后是有轨电车(大约在 20 世纪初)1870 年,伦敦开通了第一条为上班族服务的通勤铁路,价格低廉。伦敦的第一条电力地铁在 1890 年启用,公共汽车也开始替代马拉客车。第一条郊区电气化铁路则建成于 1905—1909 年间。持续提高的交通能力为郊区化蔓延提供了必要的推动力,道路和轨道的分布开始呈现出它的放射状模式;价廉的交通也使城市政府得以在郊区建设低成本的住宅,缓解内城的居住拥挤状况。这期间现代伦敦铁路网的基本框架也

---

① 关于伦敦大都市区的具体形成时间学术界没有确切认定,本书参考高秉雄、姜流:《伦敦大都市区治理体制变迁及其启示》,《江汉论坛》2013 年第 7 期。

已完成。由于政府的公共资金无力承担起城市基础设施的建设,所以交通基础设施主要是依靠私人投资修建。铁路公司总是选择投资最省、法律约束最小的地方修筑铁路线,因此在工人住宅区相对集中。

交通技术变革对城市发展的影响是深刻的,1801 年伦敦有 100 万人口,是一个相当紧凑的城市。主要部分是在一个距离中心约 2 英里(3.2 公里)半径的范围内;到 1851 年,人口增加一倍,半径还没有增加到 3 英里(4.8 公里),因而内城是高密度的。然后城市向各个方向扩展,特别是向南和向东北。随着 1870 年城市铁路的开通,蒸汽火车为中产阶级的通勤者提供了交通条件,城市迅速沿铁路向外围扩展,每个车站周围也随之发展起一片新区,从而形成了从 19 世纪末到 20 世纪 40 年代的城市快速蔓延时期。进入 20 世纪,公共汽车提供了快速的公共交通服务,改变了城市地域内的通达方式。在 1900—1939 年,伦敦小汽车的拥有总量迅速增加,从初期的 2 000 辆升到 33 万辆,加剧了城市的交通拥挤①,也加快了城市的扩张步伐。由于公共交通的影响,城市空间形成了一种典型的、触须式的城市发展形式,到 1939 年形成了一个从中心起直径约 12—15 英里(19—24 公里)的大致为圆形的城市。这个时期伦敦建成区面积扩大了将近 3 倍。城市规模的膨胀使伦敦的发展已远远超出了传统意义上的伦敦城的概念,成为"都市区",20 世纪初,著名的现代城市规划学家帕特瑞克·格迪斯(Partrick Geddes)把伦敦视为类似变形虫的集合城市(见图 6-2)。

(二) 第二次世界大战后大伦敦多中心模式的形成

大伦敦走向多中心空间模式主要是由交通技术发展、城市经济结构的重构和新城建设三个因素决定的。首先,在两次世界大战期间,伦敦市内交通的快速发展带动了大规模的人口郊区化运动。20 世纪二三十年代数以千计的伦敦家庭在郊区安了家。其次,第二次世界大战期间政府开始引导制造工业迁出居民区,搬到伦敦的西部或者北部。20 世纪 60 年代以后受全球经济环境的影响,伦敦制造业呈现衰退局面,此后伦敦经历了深刻的产

---

① 参见国家建设部编写组:《国外城市化发展概况》,中国建筑工业出版社 2003 年版,第 40 页。

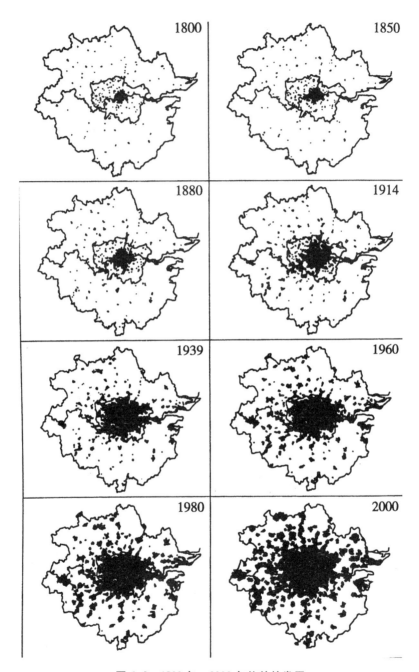

图6-2  1800年—2000年伦敦的发展

资料来源:[英]彼得·霍尔:《城市和区域规划》(原著第四版),邹德慈等译,中国建筑
工业出版社2008年版,第20页。

业结构的重组,由原来重要的制造业城市转变为全球金融、服务中心之一。最后,随着伦敦外围郊区的发展,1944年伦敦城市委员会开始实施大伦敦计划,将郊区规划也纳入伦敦整体发展的规划之中,战后的住房建设带动周边地区城市化进程大大加快,尤其是新城建设最终推动了伦敦走向多中心空间模式。

1.交通技术的发展引发道路规划

第二次世界大战后小汽车的发展与城市区域的扩展造成严重交通问题。1943—1944年,艾伯克隆比的规划为伦敦勾画了宏伟的交通解决方案。首先要求疏散人口和就业到新城或绿带外,同时要建设环路和放射性道路。1943年的伦敦郡规划建议为解决交通和道路拥挤需要在伦敦市内和外围大力发展交通设施。为此,规划提出了5个环路和10条放射路的道路系统。1946年英国着手制订全国高速公路网络发展计划。自第一次世界大战以来,产业发展对汽车交通的依赖性日益加大,因而道路改造计划成为对英国的社会经济地理进行调整改造的基础支撑之一。但其后不久的经济困难迫使政府对各项发展计划进行重新审查,有限的财源转而支持基础产业设施建设,道路建设计划被搁置。1951年以后,经济发展对道路建设的压力日益增大,议会中要求改善道路的呼声越来越高,50年代后期到60年代前期,交通管理部门通过一系列的交通调查和分析,提出了建设约1 000英里规模的高速公路网络的规划方案。随着第一条高速公路的开通[1],产生的效益得到各方面的广泛认可,因而上述高速公路网络计划提案正式得到保守党政府的认同。

英国政府没有像很多欧洲国家那样对公共交通进行有效地补贴,客观上也鼓励了私人小汽车的发展。1970年伦敦公交的政府补贴仅为总运营费用的25%,而欧洲其他城市的一般补贴率为50%,最高的荷兰鹿特丹市高达72%。从1966—1979年,英国高速公路上的小汽车出行距离增加了一

---

[1]　英国第一条高速公路于1958年12月5日由当年的首相麦克米伦(Harold McMillan)剪彩通车,是绕行英格兰北方工业城市普雷斯顿(Preston)的一段仅仅8英里(13公里)的公路,现在属于南起橄榄球发祥地拉格比(Rugby)、北至苏格兰边界的M6公路的一部分。

倍①。"1801 年,伦敦城有 12.9 万人居住在其中,而到 1961 年,居住人口只剩下了 5 000 人,而工作人口则高达 50 万人。在 1970 年整个大伦敦地区的人口外迁率为 10%,内城外迁率为 18%,最核心的四个自治市人口外迁率为 23%。"②

2.大伦敦经济结构的重构

第二次世界大战结束后,尤其是 1970—1990 年间,产业结构的调整与发展也促使伦敦城市功能发生变化。伦敦曾是英国最大的制造业中心之一,其制造业发展到 20 世纪 70 年代时达到巅峰,当时伦敦每四个雇员中就有一个人受雇于制造业。全英国制造业的 1/7 产值在伦敦。1970 年伦敦有 100 万制造业工人,此后,制造业迅速衰退,而到 2008 年只有 24 万人(约占人口的 5.5%)③。

传统工业的衰退代之以伦敦和英国东南部地区高新技术企业发展迅速。伦敦的远郊区,现代化的交通使各区联系便捷,很多地区(例如南部的 Croydon,或东部的 Romford)提供了大量的新的就业机会。从希斯罗机场到赛文—艾斯特里沿 M4 高速公路的"西部走廊"成为经济发展的新轴线。在经济衰退的压力下,一些公司发现这些地区临近东南部的市场和公共设施,也具有良好的区位优势。所以包括电子、制药、化学等高技术产业纷纷在伦敦以外的地区寻找适宜的发展空间。这些地区与伦敦相比,环境质量更优越、交通可达性也不错。彼得·霍尔(2001 年)和 Taylor(2002 年)提出:伦敦市与更大范围的英格兰东南部地区存在着复杂的相互依存关系,包括技术、住房、通勤和供应链之间的联系。一个迅速发展的城市地区或者城市辐射区正在伦敦周边形成。伦敦市是 150 公里范围内 30—40 个中心的核心,

---

① 参见国家建设部编写组:《国外城市化发展概况》,中国建筑工业出版社 2003 年版,第 50 页。

② 国家建设部编写组:《国外城市化发展概况》,中国建筑工业出版社 2003 年版,第 49、51 页。

③ 参见许凯、Klaus Semsroth:《城市规划在产业空间移位过程中的角色和作用——以伦敦、汉堡、鲁尔区和维也纳为例》,《城市规划学刊》2014 年第 1 期。

即伦敦是一个网络化的多中心城市体系的中心。包括伦敦在内的9个东南部主要服务中心之间存在着潜在的城际功能联系。这是由于伦敦在交通和专业分工方面的中心集聚作用,支持了外围多中心服务网络的形成,因此这些中心与伦敦之间的区域内部联系显得非常重要①。

通过城市经济结构的转型和高新技术的发展,一个新的伦敦已经崛起。它不再向一个"全面"型的城市发展,而转为一个"服务城市"。2001年,伦敦大约有400余万个工作岗位,其中各服务行业的就业量分别为:商业和金融服务业130万个;零售、分销和饮食业90万;公共(政府)服务业80万;包括创意和文化产业的其他服务30万。而制造业、交通通信等行业则持续走低。生产性服务业高度发达,伦敦成为跨国公司总部汇集地。世界上金融机构最为密集的地方就是位于内伦敦中心的伦敦金融城,这里有世界最大的外汇市场和国际保险市场,有最古老的证券交易所、黄金市场。伦敦金融城的中心是英格兰银行,在其周边围绕着100多个本国银行和520多家外国银行②。

3.新城建设

第二次世界大战结束,战争中毁坏的住房和大量退役军人返家,使伦敦住房急剧短缺,因此战后住房建设成为英国新城建设最有力的推动。为了从都市中疏散人口和就业,1943年的大伦敦规划对新城进行了规划。1944年阿伯克隆比(Parick Abercrombie)教授制订了大伦敦区域的重建规划——以分散处置的方式减低城市的拥挤并鼓励在城市外围发展工业。他提出在1939年的城市边界上建设一条8公里宽的环形绿带,以阻止伦敦的进一步蔓延,并保持绿化带内伦敦相对较低的人口密度。由于绿化带以外的地区已经超出了当时的通勤范围,必须用新型的相对独立的城镇来吸纳人口,从而促使新城的产生。他计划在距伦敦32.1—40.2公里的地方兴建8个新的卫星城,每个人口规模在5万人左右(见图6-3)。1946年新城开

---

① 参见[英]考蒂·佩因:《全球化巨型城市区域中功能性多中心的政策挑战:以英格兰东南部为例》,董轶群译,《国际城市规划》2008年第1期 。

② 参见左学金等:《世界城市空间转型与产业转型比较研究》,社会科学文献出版社2011年版,第74—75页。

发联合公司成立,以推进新城建设。新城委员会也于 1946 年 7 月开始
工作。

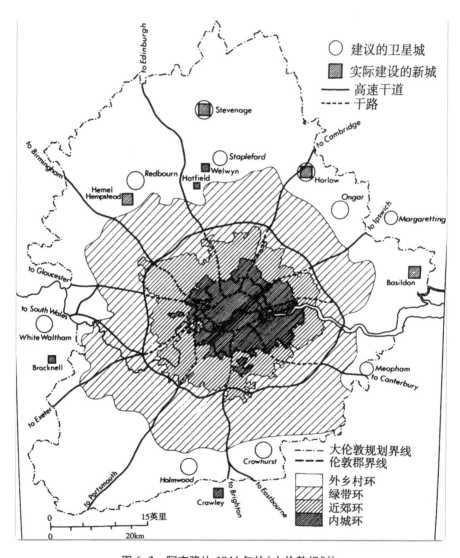

**图 6-3　阿克隆比 1944 年的《大伦敦规划》**

资料来源:刘启波、周若祁:《世界现代建筑实践中的绿色要素举要(三)》,见 http://www.sxjz.
org/Article.asp? id=998。

政府对新城的建设予以高度重视,除将新城建设制定为优先发展的战
略项目以外,英国还在 1946 年通过了《新城法》(New Town Act),该法案是

战后新议会通过的最早的城市建设法律之一,详尽地阐述了第二次世界大战之后的政府开发新城的政策要点,具体规定了新城选址、建立新城开发公司及新城管理授权等问题。1952 年进一步通过了《新城开发法》(New Town Development Act)。在这两个法案推动下,将中心城市人口有计划地迁往新城。1946 年到 1950 年之间完工的新屋,有 4/5 是由地方政府主导在新城建造的,解决了战后英国住房建设的一大半问题。1946 年,英国中央政府连续发布了 3 份关于新城开发的研究报告,明确了各新城人口规模一般控制在 3—5 万人,并强调了新城开发的三个特点:第一,战后新城建设的作用是缓解大城市地区的住宅短缺压力;第二,战后的新城不是一种郊区住宅区(the dormitory suburb),而是一种综合配套,以及能"自我平衡"(self-contained)的发展;第三,新城的开发由政府组建的开发公司来进行。这里的平衡有三层含义:第一,总人口中要有相当数量的本地就业人员;第二,新城的工业岗位不能是单一性的,以防止经济上的过分依赖性或单一企业造成垄断;第三,新城人口的阶级及阶层应该是混合型的,要能吸收不同层次的人来居住和工作。新城贯彻的原则除了平衡之外还有"独立自足",指新城应有商业、学校、影院、公交、教堂等生活设施,要能给居民提供工作岗位。新城能否"独立自足"和能否达到"平衡"是密切相关、相辅相成的两个方面。就业人口和居住人口的"平衡"是"独立自足"的不可或缺的充分和必要条件。因此,在新城建设开发中,充分吸引企业比提供住房更为重要[1]。

1946—1950 年第一代新城有 14 个(详见表 6-5),其中伦敦周围有 8 个,主要目标都是从拥挤的伦敦地区疏散人口。

表 6-5　伦敦周围的第一代新城的基本数据

| 新城 | 原有人口/千人 | 规划人口/千人 | 修正人口/千人 | 距离/公里 |
|---|---|---|---|---|
| 斯蒂文乃奇(Stevenage) | 7 | 60 | 105 | 51.49 |
| 克劳莱(Crawley) | 9 | 50 | 80 | 49.88 |

---

[1]　参见陈劲松主编:《新城模式——国际大都市发展实证案例》,机械工业出版社 2006 年版,第 22—24 页。

| 新城 | 原有人口/千人 | 规划人口/千人 | 修正人口/千人 | 距离/公里 |
|---|---|---|---|---|
| 赫默尔亨普斯特德 Hemel Hempstead ) | 21 | 80 | 80 | 40.23 |
| 哈洛（Harlow） | 4 | 60 | 90 | 33.79 |
| 哈特菲尔德（Hatfield） | 8 | 29 | 29 | 37 |
| 巴希尔登（Basildon） | 25 | 50 | 133 | 46.66 |
| 布拉克内尔（Bracknell） | 5 | 25 | 61 | 48.27 |
| 纽敦埃克里夫（Newton Aycliffe） | —— | 10 | 45 | —— |
| 彼德里（Peterlee） | —— | 30 | 30 | —— |
| 昆布兰（Cwmbran） | 12 | 75 | 75 | —— |
| 科比（Corby） | 16 | 40 | 80 | —— |

资料来源:摘自陈劲松主编:《新城模式——国际大都市发展实证案例》,机械工业出版社 2006 年版,第 26 页表 2-2。

随着英国战后经济的恢复,人口不断增长,人们对生活的要求也逐渐提高。相应地,第一代新城的一些缺点也逐渐显露,主要是:第一,建筑密度太低,建筑物分散,不但增加了市政投资,而且缺乏城市的生活气氛;第二,规划人口规模偏小,医院、学校、影院等公共设施的配置不足,或运营困难;第三,一些新城的中心区缺乏生气和活力①。为了进一步疏散伦敦过分拥挤的人口,1955—1966 年建设的第二代新城,主要着眼点是改善公共交通,并针对第一代新城日益暴露出的弊端,在规划上注意集中紧凑,加大开发密度;在布局中,尽量使居住区与新城的中心区联系便捷。坎伯诺尔德(Cumbernauld)、泰尔福特(Telford)、雷迪奇(Redditch)、斯凯尔莫斯代尔(Skelmersdale)、朗科恩(Runcorn)、华盛顿(Washington)是第二代新城的代表。1967 年开始建造第三代新城,比第一代新城的规模更大,而且独立性更强。其中密尔顿·凯恩斯(Milton Keynes)、彼得伯勒(Peterborough)和北安普顿(Northampton)是其中的代表。

---

① 参见陈劲松主编:《新城模式——国际大都市发展实证案例》,机械工业出版社 2006 年版,第 27 页。

表6-6　伦敦周围第三代新城的基本数据

| 新城 | 原有人口/千人 | 规划人口/千人 | 修正人口/千人 | 距离/公里 |
|---|---|---|---|---|
| 密尔顿·凯恩斯（Milton Keynes） | 40 | 250 | 250 | 78.84 |
| 彼得伯勒（Peterborough） | 84 | 190 | 190 | 130.33 |
| 北安普顿（Northampton） | 131 | 300 | 300 | 106.19 |
| 沃灵顿（Warrington） | 122 | 200 | 200 | 28.96 |
| 中兰开夏（Central Lancashire） | 240 | 430 | 430 | 48.27 |

资料来源：陈劲松主编：《新城模式——国际大都市发展实证案例》，机械工业出版社2006年版，第29页。

此时期的新城开发规模较之前有所扩大，而且独立性更强，新城可以提供完善的生活服务和文化娱乐设施，适合大规模的住宅区建设，同样也适于工商业发展。"大型新城"可以在一定程度上促进中心城市的经济发展。位于伦敦附近的密尔顿·凯恩斯新城是20世纪英国建设的规模最大、最成功的新城之一，它于1967年进行规划编制，1971年开始进行建设。是在3个小镇的基础上发展起来的。原有人口4万，总建成区面积88.8平方公里①，2005年人口21.7万。密尔顿·凯恩斯新城距英国的两个最大城市伦敦和伯明翰的距离分别为1小时和1小时50分钟汽车路程，还临近世界著名的大学城牛津和剑桥。牛津有汽车制造厂，剑桥有许多高科技产业及软件开发公司。在这两个地方已经产生了许多与大学有联系的高科技公司。然而，如果想进一步开发可用的空间，这两个地方都受限制。而密尔顿·凯恩斯地区拥有可观的土地并且合并了开放大学、克兰菲尔德（Cranfield）和白金汉（Buckingham）大学；另外，地区商务服务机构也非常发达。一个单独设计的区域把牛津和剑桥连接了起来，而这一区域又由重建的铁路和公路系统连接起来，增加了区域整体的竞争力。因此，密尔顿·凯恩斯可以很好地为其居民提供充分的就业机会，防止成为单纯的住宅区。20世纪80

---

① 参见王唯山：《密尔顿·凯恩斯新城规划建设的经验和启示》，《国外城市规划》2001年第2期。

年代经济调整时期,新城兴建了火车站,建起欧洲第一个美国式的购物中心,使只有 20 万人口的密尔顿·凯恩斯每周吸引 60 万人次来购物,从而达到促进经济发展的目标①。21 世纪初这里已经是一个劳动力的净输入区,净通勤人数约 1.084 万,超出劳动力供给的过剩工作占工作总量的 8%。1967 年以来,城内产生了 8 万余份新工作。总体失业率为 2%,低于国家和地区标准。2001 年,密尔顿·凯恩斯有 11.3 万就业人口,占总人口比重的54%,大约 2 万人在新城之外工作,2.4 万人从附近区域来到新城工作②。密尔顿·凯恩斯与伦敦、伯明翰的功能互补关系,从而也使得自身得到发展。

进入 21 世纪以来伦敦逐渐面临着越来越多的宏观层面的城市问题。主要有:伦敦国际中心城市地位受到欧洲诸多城市的威胁;不断增长的人口与就业压力;住房特别是保障性住房短缺,房价上升;区域发展不平衡与贫富分化;不断增长的城市交通与城市环境的压力等。在这一背景下,新成立的大伦敦政府市长肯·利文斯顿(Ken Livingstone)重启了大伦敦空间发展战略(后文简称"伦敦规划")的编制工作③。2004 年,伦敦制定了《大伦敦空间战略规划》,政府又把目光重新投向城市中心的发展。其中心思想有:从限制增长到鼓励增长,"通过经济和人口的增长来取得对环境和生活质量的可持续的改善"。从新城疏散到竖向增长,强调人口和经济的增长容纳在现有城市建成区范围内,增加土地开发强度,发展紧凑型城市。从区域平衡到非均衡发展,"强化中心、照顾东部、侧重交通走廊"的空间战略,尤其对破败的伦敦东部下利亚谷区的改造,为其复兴提供了契机④。

尽管伦敦规划不断修订,其目标的表述也产生了较大的差异,但伦敦规

---

① 参见王唯山:《密尔顿·凯恩斯新城规划建设的经验和启示》,《国外城市规划》2001 年第 2 期。

② 参见陈劲松主编:《新城模式——国际大都市发展实证案例》,机械工业出版社 2006 年版,第 54 页。

③ 1986 年撒切尔政府取消了大伦敦市政府,此后近 20 年里大伦敦没有编制过全市范围的发展战略规划。

④ 参见左学金等:《世界城市空间转型与产业转型比较研究》,社会科学文献出版社 2011 年版,第 82—83 页。

划的核心思想是基本稳定的,即保持增长(Growth)、平等共享(Equity)和可持续发展(Sustainable Development)。这三个主题之间存在相互交织和相互平衡的关系,即为了应对伦敦所面临的国际国内形势,必须保持增长,但是这样的增长必须是在可持续框架内的增长,必须是多元的空间、多元的人和多元的部门的共同增长①。

## 二、东京:中心区与郊区多点扩散模式

东京都(Tokyo Metropolitan),位于日本列岛东南侧,濒临东京湾,下辖23区、26市、1郡、4支厅(岛屿部)、5町与8村,总面积2 188.67平方公里,2012年,人口近1 321.6万余人②。从江户时代起400余年来,东京一直是日本的首都和最大的都市。无论从经济规模还是城市功能来说,东京在日本经济社会中起着举足轻重的作用。此外,还有东京都市圈的叫法。目前东京都市圈有两种界定,狭义的"东京都市圈"(Tokyo Megalopolis)的概念,是指以东京都为核心、以京滨、京叶临海工业带为依托,由东京及其周围半径距离80公里范围左右的20多个规模大小不等的城市组成的环状大都市带。东京都市圈通常包括东京都以及邻近的埼玉、千叶、神奈川3个县;2011年GDP是1.9万亿美元,是世界最大的都市经济体,全球500强企业中有51家的公司总部坐落在东京,几乎是巴黎的两倍,城市化水平达到百分之八十以上(见图6-4)。广义的东京都市圈则包括一都七县,即在一都三县的基础上加上群马、茨城、山梨和栃木县,2014年联合国统计人口约为3 800万人,是世界人口最多的大都市地区③。

(一) 日本城市化概况

日本城市化始于19世纪中叶的明治维新时期,是随着资本主义制度的

---

① 参见田莉、桑劲、邓文静:《转型视角下的伦敦城市发展与城市规划》,《国际城市规划》2013年第6期。

② Bureau of General Affairs, Tokyo Metropolitan Government, *Tokyo Statistical Yearbook* 2012, *Population*: 2-3 *Population by District* (1920—2012),2015年4月22日,见 http://www.toukei.metro.tokyo.jp/tnenkan/tn-eindex.htm。

③ United Nations Department of Economic and Social Affairs, *2014 revision of the World Urbanization Prospects*, 2014 年 7 月 10 日,见 http://www.un.org/en/development/desa/publications/2014-revision-world-urbanization-prospects.html。

**图 6-4　东京都区市町村的行政区划**

资料来源:王郁:《城市管理创新:世界城市东京的发展战略》,同济大学出版社 2004 年版。

确立、工业化的展开而发展起来的,第二次世界大战前一直为低速增长(见表 6-9)。第二次世界大战后日本的城市化进程大致可以划分为以下两个阶段:(1)1946—1970 年是日本城市化水平迅速发展时期。由 1945 年的27.8%急速上升到 1970 年的 72%,城市数量从 206 个增加到 588 个。日本全面进入城市时代。(2)1970 年至今是城市化发展的平稳时期。1970 年后城市化速度逐渐减慢,到 2000 年,日本城市化水平为 78.7%,30 年中城市化水平仅仅提高 7 个百分点,该时期城市化水平的提高不再是城市化发展的重点,代之以城市产业结构的调整、城市功能的变化①。在这个时期城市间的人口流动成为主流,代替了由农村和城市的人口转移。相对于以前人口多数集中在 5—10 万、10—20 万人口的小城市,该时期,30—50 万、50—100 万人城市的人口占总人口的比例有增加的趋势,3 万以下的城市大幅度减少。大都市圈内,中心区人口减少的倾向成为新的城市问题。在东京都市圈,市区人口于 1965 年达到峰值 889 万人,此后呈减少趋势,1970年为 884 万人、1980 年 835 万人、1990 年减少为 816 万人②。与此相对应的则是东京都市圈中的琦玉、千叶和神奈川三县人口增长率自 20 世纪 50 年

---

① 参见国家建设部编写组:《国外城市化发展概况》,中国建筑工业出版社 2003 年版,第25 页。

② 参见国家建设部编写组:《国外城市化发展概况》,中国建筑工业出版社 2003 年版,第26 页。

代便一直高于全国人口增长率,1970—2000 年甚至一直高于东京的人口增
长率,显示了东京都市圈的人口郊区化的趋势,这种趋势直到 2000 年以后
才再度得到扭转。而且作为东京都市圈的外围四县,其人口增长率在 1980
年至 2000 年之间也高于全国人口增长率,更显示了东京都市圈在此时期的
人口郊区化趋势。但是外围四县的人口增长率并没有持续高于全国水平,
1975 年之前与 2000 年之后,其人口增长率均低于全国水平[①]。

表 6-7 日本城市化进程

| 年份 | 城市化水平<br>（%） | 年均增长率<br>（%） | 城市数量<br>（个） | 年均增加数<br>（个） |
|---|---|---|---|---|
| 1890 | 9.8 | | 39 | |
| 1920 | 18 | 0.27 | 83 | 1.47 |
| 1925 | 21.6 | 0.72 | 101 | 3.6 |
| 1930 | 24 | 0.48 | 109 | 1.6 |
| 1935 | 32.7 | 1.74 | 127 | 3.6 |
| 1940 | 37.7 | 1 | 168 | 8.2 |
| 1945 | 27.8 | -1.98 | 206 | 7.6 |
| 1950 | 37.3 | 1.9 | 254 | 9.6 |
| 1955 | 56.1 | 3.76 | 496 | 48.4 |
| 1960 | 63.3 | 1.44 | 561 | 13 |
| 1965 | 67.9 | 0.92 | 567 | 1.2 |
| 1970 | 72.1 | 0.84 | 588 | 4.2 |
| 1975 | 75.9 | 0.76 | 644 | 11.2 |
| 1980 | 76.2 | 0.06 | 647 | 0.6 |
| 1985 | 76.7 | 0.1 | | |
| 1990 | 77.4 | 0.14 | | |
| 2000 | 78.7 | 0.26 | 671 | 1.2 |

资料来源:转引自国家建设部编写组:《国外城市化发展概况》,中国建筑工业出版社 2003 年版,第
22 页表 1-3-1。

---

[①] 参见王涛:《日本东京都市圈的空间结构变动、规划变迁及其启示》,《城市》2013 年第
11 期。

早在 1920 年,东京已是一个拥有 330 万人口的大城市了。19 世纪末,以东京为辐射中心的日本全国铁路系统已经建成,到 1919 年,城区中心著名的山手环线全线贯通,通勤交通方式的改变使得以山手环线各站点为核心的东京周围地区(如新宿、涩谷、池袋等)迅速发展起来。同期许多郊区的私人铁路线路也把重点站延伸到山手线的各站点,这极大地推动了东京周围农村地区卫星城镇的发展。

20 世纪 30 年代,在离东京中心 30 公里半径范围内有相当数量的郊区城镇和大学校园小镇建设起来。1940 年,日本内阁东京地区城市规划委员会提出了关于地域都市结构规划的模型,该模型采用了当时欧洲流行的城市规划模型,即一个中心城区环绕着一圈绿带,绿带外围绕着卫星城镇,城市内各个地区由辐射状或环状的铁路系统来连接,但是这个规划由于第二次世界大战而停止了。第二次世界大战后的重建使东京这一特大城市在规划和发展中,逐渐由单中心大都市区转变为多中心大都市区。该进程大致可以分为三个阶段:1.限制发展阶段(1945—1967):东京都规划的调整,多核心战略的确立;2."一极集中"阶段(1968—1975):多核心模式的有限发展;3."多心多核"发展阶段(1976—    ):多中心模式的形成。

(二) 东京都市圈走向"多心多核"大都市区的重要因素

1.政府规划。

在战后复兴时期,东京城市发展表现为逐步增长的趋势,与此同时东京作为核心城市,初步形成了与周边地区一体化发展的结构形态。东京都规划局在宣布投降后的不到两周时间内,就宣布了《帝都再建方策》。《帝都再建方策》所反映的核心思想就是确定了东京未来发展的模式,即疏散东京作为首都的部分城市功能到周边卫星城,这种思想可以称作是由单中心大都市转变为多中心城市的萌芽。1946 年的《东京都政概要》中确立了主要的规划原则:将必须设置在首都的一些主要设施,疏散到 40 公里圈内的卫星城市中;为控制东京与卫星城市的人口增长,将主要城市之间的中间地带规划为农业地区;建设连接东京与其他各城市的交通网络;城市人口的规划目标以 350 万人为基础,与人口的自然增长合计为 500 万人。同年,《东京都的战灾复兴城市规划》出台,遵循了《帝都再建方策》所确定的方针,在这次规划中,对于东京都未来的城市发展定位为"现代的政治、文化、经济中心城市,在此基础上应发展为未来的工业城市"的目标。为实现这一目标,规划中提出,在市中心向外40公里到50公里的范围内,建设横须贺、平塚、厚木、町田、八王子、立川、川越、大宫、春日部、野田、柏、千叶等数十个人口规模在10万左右的卫星城市;同时在水户、宇都宫、前桥、高崎、甲府、沼津、小田原等地,积极发展人口规模在20万左右的外围城市,外围城市的周围也同样规划有卫星城市。这样,在东京都周边地区,各种规模的城市共可吸纳400万人。

(1)1958年日本政府制订了《第一次首都圈建设规划》,该规划主要仿照1944年伦敦出台的"大伦敦规划",将新宿、涩谷和池袋作为缓解CBD地区城镇化压力的城市副中心,并以绿带限制城市的无限扩张。主要是以都心10—15公里区域作为城市建成区,城市建成区外围8—10公里规划为绿带,以绿带作为城市扩张的界限,防止城市无限制向外蔓延。在绿带外再建设新的工业城市,形成圈层发展的结构。其中,新宿副中心的开发内容定位在办公、商业、旅游宾馆、都政府办公楼等非住宅类设施;在规划区的100公顷范围内,商务办公建筑的总建筑面积将达100万平方米,未来的日间就业人口将达到10万人①。此时东京都的分散化、多中心发展模式已经开启。到1960年,东京都建成区面积达到341平方公里,1965年达到493平方公里②。

(2)日本政府1968年在《第二次首都圈建设规划》中肯定了东京作为全国经济增长中枢的功能,提出了将"一都七县"作为东京都市圈的范围,将东京的部分功能分散到周边地域以减轻东京的压力。在城市规划上不再强调以绿带限制东京城市的扩张,而是代之以近郊整备地带的概念。即在近郊预留足够多的空地以备有序开发,同时在空地中保留足够多的绿地。为了疏散东京的功能此时期建设了大量的铁路与公路以连接区域内各主要城市。由于东京的强大吸引力,分散东京功能的目的并没有能够立即实现。

---

① 参见王郁:《城市管理创新:世界城市东京的发展战略》,同济大学出版社2004年版,第44页。

② 参见王涛:《东京都市圈的演化发展及其机制》,《日本研究》2014年第1期。

大量产业与人口仍然向东京集聚,使东京都市圈日益呈现出"一极集中"的发展格局。至 1970 年东京市建成区面积已达 877 平方公里,而且沿交通线蔓延的建成区使东京面临无限扩张的问题①。

(3)大都市的过快发展造成了日本地域发展不平衡状况日益突出,为了解决这个问题,1976 年出台《第三次首都圈建设规划》。该规划构想以"分散型网络结构"即建设多级结构的城市复合体共同承担东京的各项职能,代替"一极集中"的东京。在都市圈内存在多个核心城市,形成多级结构的广域城市复合体。这些城市各有分工但是又保持相对独立。在 1982 年发表的《东京都长期规划——以 21 世纪为目标》中再次提出该理念,所谓多中心型城市结构的含义是,控制商务功能向中心区的继续集中,使其向副中心和多摩等城市疏散,促进形成就业和居住平衡接近的城市。从这个定义中可以看出,多中心型城市结构所强调的,不仅是城市功能的疏散和次一级城市的建设,而且要居住功能和其他城市功能保持平衡。第五次规划在延续第三次规划的基础上,更加强调次中心城市的发展以及城市之间自立、分工互补。将东京都市圈建设成为具备经济活力与高品质生活环境的可持续发展区域②。

1986 年的"第二次东京都长期规划"和 1990 年的"第三次东京都长期规划"中,对于多中心型城市结构的内容和建设实施步骤进行了更加详细的阐述和进一步的发展。作为副中心地区,从最初的新宿、池袋、涩谷,后来又逐渐增加了上野/浅草、锦系町/龟户、大崎和临海副中心地区,从西向东共七个地区。对于副中心的概念,从初期的商务功能的疏散地和区域性居住中心的特征,逐渐转变为"第三次长期规划"中提出的:"副中心作为中心地区密集的商务功能的疏散地,需积极引导、发展商业、文化、信息、居住等多种功能,并使之发展成为能够引领东京城市建设的区域性中心。"③(见表6-8)

_____

① 王涛:《东京都市圈的演化发展及其机制》,《日本研究》2014 年第 1 期。
② 参见王涛:《东京都市圈的演化发展及其机制》,《日本研究》2014 年第 1 期。
③ 参见王郁:《城市管理创新:世界城市东京的发展战略》,同济大学出版社 2004 年版,第53—54 页。

表 6-8 1986 年东京副中心情况和功能定位

| | 面积<br>（公顷） | 功能比例（%）<br>（商务办公∶居住） | 功能定位 |
|---|---|---|---|
| 池袋 | 305 | 45∶55 | 商业购物、娱乐中心 |
| 新宿 | 653 | 63∶29 | 商务办公、娱乐中心 |
| 涩谷 | 419 | 51∶46 | 交通枢纽、信息与时装产业中心 |
| 大崎 | — | — | 高新技术研发中心 |
| 临海副中心 | 700 | 54∶29 | 面向未来的国际文化、技术、信息化中心 |
| 锦细町、龟户 | — | — | 商务、文化娱乐中心 |
| 上野、浅草 | 419 | 24∶49 | 传统文化旅游中心 |
| 中心三区 | 1 042 | 94∶3 | 政治经济中心、国际金融中心 |

资料来源：数据摘自王郁：《城市管理创新：世界城市东京的发展战略》，同济大学出版社 2004 年版，第 54 页表 2-5。

　　20 世纪 90 年代后的后泡沫经济时期，东京都城市发展无论是在经济方面，还是在人口规模方面，都进入了战后前所未有的负增长时期。与此同时，经济全球化、信息化和老龄化对城市生活和产业发展的影响日益明显，社会价值观的多元化不仅带来城市生活方式的转变，也使得城市建设、开发的社会环境有了一次巨大的变化。这一时期城市政策的目标与前期单纯强调促进经济增长和城市发展的政策相比，明确提出了提高城市生活性功能的目标。城市建设的重点逐渐转变为以居住与就业相平衡的生活圈建设为目标，促进生活性服务设施、交通设施等社会资本的建设和积累。

　　2.城市功能的调整。

　　1959 年公布的《首都圈建成区内工业等设施控制的法律》，其中将首都圈内的部分城市建成区，定位为工业等设施控制区域。即在包括东京都 23 区、三鹰市、横滨市、川崎市及川口市的部分市区，对一定规模的工业、大学等新增项目进行控制。从 1960—1990 年，东京都市区的制造业就业人数占日本制造业总就业人数的比例略有下降，从 28.6% 下降到了 24.8%。生产服务业的迅猛增长成为改变东京产业结构的重要因素。在 1960 年，东京都市区第二产业的生产总值占东京都市区生产总值的 42.7%，东京都市区第三产业的生产总值占东京都市区生产总值的 53.6%。同期,日本第二产业占日本生产总值的 37.3%,第三产业占日本生产总值的 50.6%。至 1993年,东京都市区第二产业生产总值占东京都市区生产总值的 30.1%,东京都市区第三产业生产总值占东京都市区生产总值的 69.5%。同期,日本第二产业生产总值占日本生产总值的 34%,日本第三产业占日本生产总值的64.4%①。由此可以看出,东京都市区第二产业比重下降较快,而第三产业发展迅猛,产业结构的调整也使得东京都的城市功能发生巨大转变。

20 世纪 80 年代早期,日本出现了大量企业与银行总部搬迁至东京的现象,1989 年,在东京证券交易所 1925 年首批挂牌上市的企业中,47%的企业已经在东京尤其是在 CBD 区域有了自己的总部。这种趋势在此后进一步巩固,目前在东京证券交易所上市的企业中,资本超过 500 亿元的巨型企业有 60%集中在东京 23 区,其中的 60%集中在千代田区,30%集中在中央区和港区,三区占了全部企业数量的 90%。在日本企业总部迅速涌向东京的同时,各国企业也纷纷涌入日本寻求投资机会,结果是日本外资数量迅速增长,而这些企业也将其主要投资地点放在东京。这些聚集在东京的国外企业大多从事信息、金融等相关产业,促进了东京的产业进一步向以金融、信息等为代表的生产性服务业转变②。

随着生产服务业的比重不断加大,尤其是其中金融产业的发展,使得东京成为全球性城市。东京的金融产业十分发达,有大量跨国银行、跨国公司总部集聚在这里。2001 年中央区、千代田、港区中心 3 区和副中心新宿区的金融机构活动单位数占全东京的比重为 38.4%,比 1969 年上升 11.2 个百分点。特别是都市银行、地方银行、信托银行的总部均集中在这四区,其中有半数的银行总部又集中在千代田区③。

---

① Yuichi Takeuchi,"the Tokyo Region" in Roger Simmonds and Gary Hack ( eds.),*Global City Regions*,New York:Spon Press,2000,p.150.转引自石光宇:《东京全球城市的形成及其功能考察》,《日本研究》2014 年第 3 期。
② 参见王涛:《日本东京都市圈的空间结构变动、规划变迁及其启示》,《城市》2013 年第11 期。
③ 参见左学金等:《世界城市空间转型与产业转型比较研究》,社会科学文献出版社 2011 年版,第 247—248 页。

　　1966 年《商务流通城市整治法》出台,东京都政府制定了"东京都商务流通设施整治方针"。这一方针明确将东京城市中心地区密集的批发业、仓储业、货车中转等商务流通设施,向城市高速公路和主干线道路的节点处及市区周边地区集中迁移以促进城市功能的更新和升级。根据这一方针,东京都南部京浜两区、西北部的板桥区、北部的足立区、东部的葛西区的四个区,逐渐发展成为商务流通业的主要密集区①。1969—2001 年间,东京都副中心外围的足立区、练马区、江户川区的交通运输产业大幅增长,占全东京的比重从 11.6% 上升到 24.5%。2001 年与 1969 年比较,中心 3 区的副中心的新宿区、涩谷区、世田谷区的批发零售餐饮业占全东京的比重略有上升,其他区均有不同程度的下降,特别是制造业较集聚的台东区、大田区、墨田区、下降幅度均超过 1%②。

　　20 世纪 70 至 90 年代间,东京产业结构的提升和转型带动了人口的聚集。1981 年,东京都的人口再次开始增长,于 1988 年到达历史最高纪录的 1 193 万人。与此同时,东京都 23 区的就业人口从 1975 年的 612 万人增加到 1985 年的 668 万人,其中一半以上的人口增长主要集中在 3 个中心城区,1985 年人口突破了 3 000 万。在 1985—1989 年的五年间,东京都市圈的人口增长了 127 万,占全国人口增长总数的 55%③。当政府以行政限制手段试图减少人口和产业向东京继续集中的尝试失败后,东京改变了思路,以发展"多核多圈层"的都市圈来避免各种功能向单一中心的集中。东京都核心区域保留金融、信息、创意等高端产业,而将政府、教育、工业、商业等不同职能向周边副中心城市扩散,避免城市"摊大饼"式地向外扩张,同时保持城市的竞争力④。

---

① 参见王郁:《城市管理创新:世界城市东京的发展战略》,同济大学出版社 2004 年版,第 34 页。

② 参见左学金等:《世界城市空间转型与产业转型比较研究》,社会科学文献出版社 2011 年版,第 248 页。

③ 参见王郁:《城市管理创新:世界城市东京的发展战略》,同济大学出版社 2004 年版,第 50 页。

④ 参见王涛:《日本东京都市圈的空间结构变动、规划变迁及其启示》,《城市》2013 年第 11 期。

3.交通基础设施的建设。

1954 年第一条地铁线路丸内线的池袋至御茶水区间开通。在 1970 年的地铁交通规划中,规划了 11 条、共 286 公里长的地铁线路。为迎接奥运会,东京从 1959—1964 短短 4 年内,突击完成了各项重大工程,其中道路建设中的主要项目是首都 1 号高速公路(现在的羽田线)、4 号线(现在的新宿线)和 7 号环线、4 号放射线(现国道 246 号)的建设和主要交叉口的立体化。被统称为奥运道路的国道、地方性道路、城市规划道路、首都高速公路共计 37 条,总长 112 公里,共花费 1 885 亿日元①。

与此同时,首都圈内城际高速公路网的规划建设,也在紧锣密鼓地展开。从实际成果来看,1962 年东京都内第一条高速公路 1 号线开通。此后,通过一系列高速公路网络建设项目的实施,首都圈形成了放射状 36 条线路、环状 11 条线路、辅助线 294 条线路、共计 1 051 公里长的高速公路网络系统②。

为了促进"区域多核心功能分散"都市圈结构的形成,20 世纪 70 年代以来,东京都及其周边地区加强了区域综合交通网络的建设。这一交通网络的骨架,是由东京都内延伸出来的放射状道路与连接新城市的干线道路、连接商务核心城市及其势力圈范围内各地区的干线道路所组成,这一时期的网络建设主要是以东京外围环状道路、东京湾沿岸道路、首都圈中央连接道路、北关东横贯道路等环状方向的道路建设为主。尤其为了促进商务核心城市的发展和建设,1986 年的"第四次首都圈规划"之后,东京都市圈的交通网络建设的重点转移到机场、港湾、主要国家级高速公路、新干线等基础交通设施,以及东京中心城区与商务核心城市间的轨道交通和道路交通上来。90 年代以后道路基础设施建设的目标也开始从量的增加,转向以提高交通网络系统整体运行效率为目的的一系列措施。目前,东京市区之间、东京与周边城市之间已形成以轨道交通为主、高速公路为辅的客运

① 参见王郁:《城市管理创新:世界城市东京的发展战略》,同济大学出版社 2004 年版,第 36 页。

② 参见王郁:《城市管理创新:世界城市东京的发展战略》,同济大学出版社 2004 年版,第 42 页。

网络体系。在推进交通网络化体系建设过程中,日本政府给予了高度重视。"交通先行"、"优先公共交通"等原则体现在每一次的城市发展规划之中。另外,政府对城市公共交通建设都给予高额补贴。正是发达、网络化的交通等基础设施的完善,促进了各区域、周边城市之间一体化发展进程。

### 三、新城建设和住宅开发

新城建设是当时实施分散东京城市功能战略的另一个主要手段。东京周边地区自20世纪60年代以来,规划了包括筑波学园城市、多摩新城等多项大型的开发项目。开发建设多摩新城的构想是在《首都圈整治规划》中首次出现的,为了解决日益庞大的居住问题,规划中提出了包括多摩新城在内,埼玉方向、千叶方向在东京郊外共三个方向上开发新城的构想。多摩新城位于东京新宿副都心的西南方向19—33公里处,包括了东京都多摩市、八王子市、稻城市、町田市的一部分,是日本最大的新城。该新城建设项目,规划面积有3 000公顷,规划人口为30万人。新城的规划在1965年得到通过,1966年开始施工。多摩新城第一批居民在1971年3月开始入住,到1986年为止入住者达11万人,即规划目标的三分之一。其中从联体式底层住宅,到中层和中高层的住宅,住宅的形式多样化;同时,公园、绿地等生活设施的配备也较为完备,形成了具有较好的生活环境的城市①。

分散型"多心多核"模式改变了以往中心城市与周边城市之间的放射状空间结构。通过加强连接次中心城市之间的广域道路体系建设,将部分职能疏散至次中心城市并形成城市之间的分工。改变单一核心城区产业与人口过于集中的巨大压力,形成了圈内城市之间网络化结构。区域内产业与人口分布更加均衡,都市圈内经济与社会的协调发展,增强了东京作为国际城市的竞争力。

---

① 参见王郁:《城市管理创新:世界城市东京的发展战略》,同济大学出版社2004年版,第46—47页。

## 第三节　巴黎：轴向空间扩展模式

巴黎市地域面积为105平方公里,2012年人口为225.8万[1],下属20个市镇一般也称为20个区。巴黎大区(Paris Region),即"法兰西岛"区域,由首都巴黎和上塞纳省、瓦勒德马恩省和塞纳—圣丹尼省、伊夫林省、瓦勒德瓦兹省、塞纳—马恩省和埃松省共同组成,面积约1.2万平方公里,2014年人口约1 190万[2]。巴黎大区由内向外分为中心城市、近郊(又称小圈,包括上塞纳省、瓦勒德马恩省和塞纳—圣丹尼省)和远郊(又称大圈,伊夫林省、瓦勒德瓦兹省、塞纳—马恩省和埃松省)三个圈层,辖市镇包括巴黎在内共1 300多个。巴黎大区是欧洲第一经济大区,劳动力占全法国的25%,国内产值占法国的29%,这使得巴黎成为名副其实的世界经济的"发动机"之一[3]。

巴黎的发展是以塞纳河为发展轴的带形城市结构,工业和居住用地重新安排在城市外围。规划了两条即南边"城市走廊"和北边沿塞纳河平行发展的"城市走廊"。五座新城即在这两条走廊上,除新城之外,规划设计了均匀地布置在巴黎中心区周围的九个副中心,每个副中心都分布有多样的配套公建和住宅,以减轻老城的负荷。同时加大它与老城间的快速交通的建设。通过轴线引导规范城市的空间增长,即将城市空间扩张限制在这两条平行的城市发展主轴之间,此扩展模式很好地满足了城市规划的发展目标和要求[4]。

(一) 巴黎城市发展回顾

19世纪中叶,巴黎工业化进程开始,直到20世纪30年代世界经济危

---

[1]　参见阿曼亭:《巴黎人口持续增长　总数225万8千人》,2012年1月14日,见 http://www.cnfrance.com/info/jingcai/20120114/6585.html。

[2]　参见中国新闻网:《法国人口超6500万　大巴黎地区最多有1190万人》,2014年12月30日,见 http://www.chinanews.com/gj/2014/12-30/6924680.shtml。

[3]　参见李璐:《巴黎大区发展计划持续发力》,《进出口经理人》2015年第5期。

[4]　参见卞素萍:《巴黎城市空间形态解析》,《南方建筑》2010年第1期。

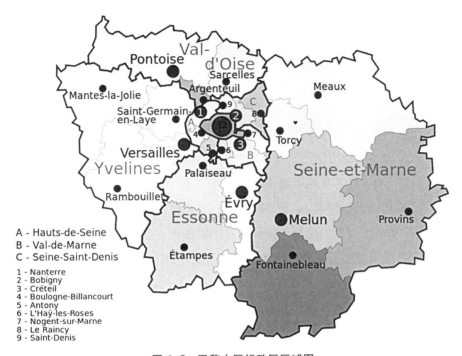

图 6-5 巴黎大区行政区区域图

资料来源：ISTIS：《巴黎大区都市圈构成》，2009 年 11 月 3 日，见 http://www.istis.sh.cn/list/list.aspx?
id=5925。

机爆发之前，工业化进程始终保持加速发展态势，推动地区城市化进程进入有史以来的第一个高速发展时期，城市空间以前所未有的高速度急剧扩张，向郊区蔓延。大量农村人口在追求美好生活的愿望驱使下从外省涌向巴黎，导致巴黎人口规模迅速扩大，旋即引发了人口拥挤、住房短缺等问题。然而国家为促进社会住宅建设而采取的一系列政策措施，并没有促成造价低廉的工人住宅的开发建设，反而在鼓励中产阶层转变为地产所有者的政治需要影响下，吸引了为数众多的中产阶级从巴黎迁往郊区，在无政府状态下掀起了建设独立式花园住宅的大潮。这些独立式郊区住宅主要分布在距巴黎 8—10 公里的环行地带内，或在现有城镇中心周围集聚，或沿公路和铁路线路延伸，缺乏必要的市政设施和服务设施配套，基本上处于无序蔓延发展的状态。

这个时期，城市公共交通的发展对郊区蔓延起到了推波助澜的作用。

从 1828 年马车的出现,到有轨电车、地铁以及公共汽车相继投入使用,巴黎在 20 世纪初期初步形成了多样化的现代公共交通体系,提高了城市的可动性,扩大了社会经济活动的空间范畴。1890 年巴黎地区的铁路交通系统基本形成,18 条铁路线路从位于巴黎的 9 个始发车站向外辐射,通过郊区的两条铁路环线相互衔接,联系其 200 多个客运车站,大大缩短了巴黎与郊区之间的空间距离,为大规模的人口外迁和城市扩散提供了便利条件,并且为日后巴黎地区城市空间的总体布局奠定了基础①。

(二)城市与区域规划思想的转变

从 20 世纪 30 年代起,巴黎地区就有了真正意义上的区域规划,即 1934 年 PROST 规划的出台。它标志着法国城市与区域规划思想的第一阶段——以限制发展为主导思想的开端。战后十年经济复苏时期,人口和经济在地区和全国范围内的不平衡分布成为当时法国社会的主要特征。1947年,地理学者格拉维尔(J.F.Bravier)和经济学家佩鲁都认为应当通过在区域范围内建设新的增长点来寻求区域整体的均衡发展。他们的观点引发了人们对区域整体发展问题的深刻思考。1956 年,法国政府制订并颁布了新的《巴黎地区国土开发计划》简称 PARP 规划。1960 年,全国城市人口有史以来第一次超过农业人口,预示着全新的城市时代的到来。发展形势的迅速变化迫使戴高乐政府于 1960 年公布了《巴黎区域开发与空间组织总体计划》(简称 PADOG 规划)。20 世纪 60 年代中期以后,城市与区域规划思想发生了重大变化,进入以发展为主导的第二阶段。

1964 年巴黎地区作为一级行政建制正式成立,辖区面积较以前扩大了约 3 倍,达到 12 000 多平方公里,从而扩大了城市空间布局的回旋余地。与此同时人口也大幅提高。这一时期巴黎地区的发展明显呈松散式管理状态,尤其是巴黎塞纳区以外区域发展严重失控。同时整个地区的发展也缺乏系统性,这使巴黎地区在 60 年代面临人口增长、住房危机、交通设施落后、缺乏公共设施等严峻困难。保罗·德卢浮里埃(P.Delouvier)领导的地

---

① 参见刘健:《基于区域整体的郊区发展——巴黎的区域实践对北京的启示》,东南大学出版社 2004 年版,第 89 页。

区政府受命于戴高乐将军,着手编制新的区域规划,并于1965年颁布《巴黎地区国土开发与城市规划指导纲要1965—2000》(简称 SDAURP 规划),为未来35年巴黎地区的城市建设发展指定政策方针,该规划是巴黎区域规划的转折点。在综合考虑巴黎地区的自然条件、地理条件、历史发展以及实施的可行性等因素的基础上,SDAURP 规划在塞纳、马恩和瓦兹河谷划定两条几乎平行的城市优先发展轴,从巴黎城市密集区的南北两侧相切而过①,并在这两条城市发展轴线上建立8座新城作为新的地区城市中心,将巴黎和巴黎大区与位于巴黎盆地的城市及其他的重要经济城市联系起来(见图6-6)。并且预见了未来新的城市发展沿两条轴线向东西两侧延伸的可能性。在北部轴线上,西端的塞日—蓬图瓦兹新城可继续向西扩展,东端的努瓦西勒格朗可向东扩展至莫城。在南部轴线上,西端的芒特可向南扩展,东端的蒂日利—略桑新城可向东南扩展至默伦。

此后,巴黎地区政府于1976颁布了《法兰西岛地区国土开发与城市规划指导纲要(1975—2000)》(简称 SDAURIF)。20世纪60—80年代,利用国家的投入,以1965年和1976年的两个区域规划为指导,巴黎地区进行了大规模的城市地区开发。至70年代末80年代初,巴黎地区城市空间布局的结构骨架已基本构筑成形。1981年密特朗当选法国总统,发起了被称为"十大工程"的宏伟计划,包括扩大拉德方斯新区,改建卢浮宫博物馆、新建巴士底歌剧院等,目的在于通过加强城市更新复兴巴黎。1983年巴黎市政府开始实施以改造传统工业区为重点的"巴黎东部发展计划"以遏制城市发展向西延伸、城市东区濒临衰败的趋势,促进巴黎的均衡发展。1988年密特朗再次当选法国总统,提出了包括新国家图书馆在内的新"十大工程"。

90年代,地区和国际形势的变化为巴黎地区发展提出了新课题。法国政府于1994年颁布了《法兰西岛地区区域发展指导纲要(1990—2015)》(简称 SDRIF 规划),"提出要适度控制城市发展速度,因此将未来25年的

---

① 参见刘健:《基于区域整体的郊区发展——巴黎的区域实践对北京的启示》,东南大学出版社2004年版,第97—98页。

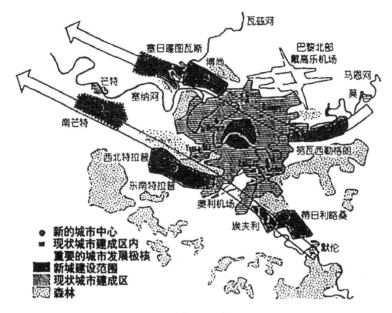

**图 6-6  巴黎 1965 年 SDAURP 规划**

资料来源:刘健:《从巴黎新城看北京新城》,《北京城市规划》2006 年第 1 期。

区域城市发展建立在适度增长的政策基础上,转而把提高质量、追求平衡作为区域城市化发展的重点予以优先考虑,甚至不惜以牺牲规模增长为代价,标志着区域规划指导思想从以规模为主到以质量为重的转变。"①与以往历次区域规划相比,SDRIF 规划更加关注社会、文化、环境、生态等人文因素,强调区域城市化发展应当在社会、经济、环境等多个方面取得平衡。2009年法国"大巴黎计划"(Greater Paris Plan)出台,其目标是重塑巴黎、重组交通,把首都巴黎建设成一个 21 世纪可持续发展、具有国际竞争力、郊区概念淡化的绿色环保大都市。鉴于巴黎市中心区与郊区发展的不平衡性,规划师们提出继续加强并优化多中心城市空间的拓展,目标是实现内外平衡、相互编织的多中心格局,真正建设一个没有郊区概念的大都市②。

---

① 刘健:《基于区域整体的郊区发展——巴黎的区域实践对北京的启示》,东南大学出版社2004 年版,第 105 页。

② 参见吴育芬:《巴黎大区城市空间与轨道交通网发展的关系分析》,《城市轨道交通研究》2014 年第 6 期。

表 6-9　巴黎地区主要城市、区域规划思想的演变(1934—1994)

| 年份 | 名称缩写 | 主要内容 |
|---|---|---|
| 1934 | PROST | 针对巴黎地区的区域道路结构、绿色空间保护和城市建设区范围作出了详细规定,是巴黎地区有史以来第一个真正意义上的区域规划。 |
| 1956 | PARP | (1)贯彻落实中心区工业、人口的疏散政策,促进中心区的更新改造;(2)加强对现有郊区建设的改造,在郊区建设拥有服务设施和就业岗位的相对独立的大型住宅区,提高郊区的人口密度和建设密度;(3)在城市聚集区外缘建设配备良好的卫星城;(4)加快建设区域快速轨道交通网。 |
| 1960 | PADOG | (1)利用工业企业扩大或转产的机会实现向郊区的转移,疏散巴黎中心区;(2)通过改造和建立新的城市发展极对已基本实现城市化的郊区进行空间结构调整,形成多中心的城市空间布局;(3)建议在巴黎近郊的优先城市化地区和大型住宅区内,建设十多个次中心,同时提高范围内设施配制水平,加强郊区的空间凝聚力,实现郊区空间结构调整。 |
| 1965 | SDAURP | 规划指出未来城市发展必须有利于促进区域整体的均衡发展。(1)要大力开辟新的城市建设区,容纳新增城市人口和就业岗位,特别是快速增长的服务行业;(2)将新的城市建设沿公路、铁路、RER 等区域交通干线布局,形成若干城市发展轴线;(3)在现有郊区和新城市化地区大力发展新的多功能城市中心,以打破现有以巴黎为单一中心的格局;(4)在塞纳、马恩和瓦兹河谷划定两条几乎平行的城市优先发展轴,在两条城市发展轴线上建立 8 座新城作为新的地区城市中心。 |
| 1976 | SDAURIF | (1)将巴黎地区的城市发展视为整体,主要城市建设沿南北两条城市优先发展轴集中分布,通过建设多功能的城市中心,在巴黎地区形成多中心的区域空间格局;(2)通过划定"乡村边界"来明确区域开敞空间的位置和范围,严格保护具有重要生态效益的自然空间,限制城市化地区的自由蔓延;(3)以线状环路加放射路的区域交通系统为基础,推进公共交通网络向更大的地域方位扩展,为多中心的区域空间提供便利的交通服务。 |
| 1994 | SDRIF | (1)坚持"建设多中心巴黎地区"的基本原则,将远郊新城建设和近郊城市空间重组作为区域空间结构调整的重点,强调不同层次的城市发展极核在规模、功能和区位上向多样化发展;(2)通过区域交通网络实现相互之间的联系与协作,以增强区域整体性,形成与其他欧洲城市的竞争优势;(3)优先发展公共交通,尤其是大运输量的公共轨道交通,满足远郊各城市化地区之间以及巴黎与巴黎盆地、法国和欧洲其他城市之间的交通需求。 |

资料来源:根据刘健的著作《基于区域整体的郊区发展——巴黎的区域实践对北京的启示》(东南大学出版社 2004 年版)整理。

（三）巴黎新城

1.巴黎新城发展历程。

巴黎地区的新城建设开始于 20 世纪 60 年代末 70 年代初,作为协调城市发展、重构区域空间布局的重要手段,新城建设对促进巴黎地区的均衡发展有着重要作用。巴黎新城规划建设无疑受到英国新城的启发和影响,但结合了巴黎地区的实际情况,融入了法国人的独到见解。在《巴黎地区国土开发与城市规划指导纲要 1965—2000》中规划了 8 座人口规模介于 30—100 万之间的新城,作为重点开发的新城市化的地区中心。1969 年对该规划进行了修正,将原有的 8 座新城减为 5 座（见表 6-10）。

表 6-10 巴黎新城的开发规模和开发时间

| 新城名称 | 始建年代 | 规划面积/平方公里 | 规划人口/万人 | 1991 年居住人口/千人 |
|---|---|---|---|---|
| 塞日蓬图瓦斯 | 1965 | 80 | 200—220 | 159 |
| 埃夫利 | 1965 | 41 | — | 73 |
| 圣康坦昂伊夫林 | 1968 | 75 | — | 139（1993） |
| 马恩拉瓦莱 | 1969 | 150 | — | 211 |
| 默伦塞纳 | 1969 | 118 | 300 | 82 |

资料来源:数据摘自陈劲松主编:《新城模式——国际大都市发展实证案例》,机械工业出版社 2006 年版,第 10 页表 1-3。

"从 1975 年到 1990 年,新城一直是巴黎地区人口增长最快的地区,15 年间人口总量从 27.4 万增加到 65.4 万,新增人口达 38 万,几乎占同期地区新增人口总量的一半,成为地区新增人口的主要集聚地（见表6-11）。同期新城可提供的就业岗位从 9.3 万个增加到 27.7 万个,住宅数量从 9.6 万套增加到 22.2 万套。"[①]

---

[①] 参见刘健:《基于区域整体的郊区发展——巴黎的区域实践对北京的启示》,东南大学出版社 2004 年版,第 117 页。

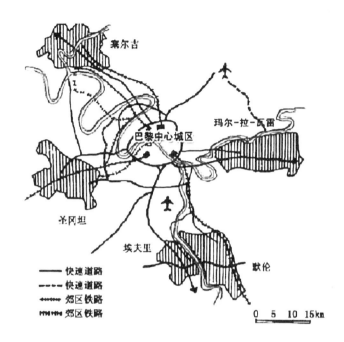

**图 6-7　巴黎新城空间分布示意图**

资料来源:李道勇、运迎霞、任晶晶:《多中心视角下大都市区轨道
交通与新城的协调发展——巴黎相关建设经验与启
示》,《城市发展研究》2013 年第 11 期。

**表 6-11　巴黎新城的人口增长变化**　　　　　　　　（单位:万人）

| 年份 | 1968 | 1975 | 1982 | 1990 | 1999 |
|---|---|---|---|---|---|
| 塞日蓬图瓦斯 | 4.2 | 7.0 | 10.3 | 15.9 | 17.9 |
| 埃夫利 | 0.8 | 2.2 | 4.7 | 7.3 | 8.0 |
| 马恩拉瓦莱 | 8.6 | 10.3 | 15.3 | 21.1 | 24.7 |
| 圣康坦昂伊夫林 | 2.5 | 5.0 | 9.4 | 12.9 | 14.3 |
| 默伦塞纳 | 1.7 | 2.9 | 4.8 | 8.2 | 9.3 |
| 合计 | 17.8 | 27.4 | 44.4 | 65.4 | 74.1 |
| 巴黎地区人口 | 924.7 | 987.9 | 1 007.3 | 1 066.1 | 1 095.2 |
| 新城占地区新增人口比重（%） | — | 15.2 | 87.6 | 35.7 | 29.9 |

资料来源:转引自刘健:《基于区域整体的郊区发展——巴黎的区域实践对北京的启示》,东南大学
出版社 2004 年版,第 117 页表 6-2。

巴黎新城集居住、就业和服务功能为一体,通过保持就业岗位和住宅建设的多样化来维持社会结构的平衡;提供高水平的公共服务设施满足当地居民的不同生活需要。其中就业岗位包括了从工人、普通雇员到中等、高等专业技术人员等多种类型。住宅供应在形式上既有城市型的高密度集合住宅,又有郊区流行的低密度独立住宅;在类型上既有私有化的高级住宅,又有社会化的廉租住宅;公共服务设施不仅包括居住区所必需的配套服务设施,还包括高等院校、科研机构、休闲基地、旅游服务等高等级的公共服务设施。综合化的城市功能和多样化的社会构成使新城有别于其他远郊市镇,成为相对独立的城市社会单元,在社会经济政治文化以及环境等方面个性鲜明,表现出强大的发展活力,逐渐承担起地区中心城市的职能(见表6-12)。

表6-12 1990年巴黎新城发展概况

| | 市镇(个) | 土地(平方公里) | 人口(人) | 劳动力(人) | 就业岗位(个) |
|---|---|---|---|---|---|
| 塞日蓬图瓦斯 | 11 | 77.7 | 159 152 | 78 435 | 75 592 |
| 埃夫利 | 4 | 29.9 | 73 372 | 38 314 | 45 849 |
| 马恩拉瓦莱 | 26 | 152.2 | 210 832 | 106 316 | 78 039 |
| 圣康坦昂伊夫林 | 7 | 67.4 | 128 663 | 65 365 | 56 778 |
| 默伦塞纳 | 10 | 117.9 | 81 776 | 39 570 | 20 456 |
| 合计 | 58 | 445.1 | 653 795 | 328 000 | 276 714 |

资料来源:转引自刘健:《基于区域整体的郊区发展——巴黎的区域实践对北京的启示》,东南大学出版社2004年版,第118页。

2.新城案例。

目前巴黎地区的5座新城发展进程各有不同,值得一提的是马恩拉瓦莱新城。马恩拉瓦莱新城是巴黎地区5个新城之一,位于北部城市发展轴线的东端,由来自3个省的26个市镇共同组成,占地约152平方公里[1]。新城最初规划人口规模为35万,1990年居民已达到20万[2]。新城在建设

---

① 参见刘健:《马恩拉瓦莱:从新城到欧洲中心——巴黎地区新城建设回顾》,《国外城市规划》2002年第1期。

② 参见赵学彬:《巴黎新城规划建设及其发展历程》,《规划师》2006年第11期。

之初由于未能充分考虑产业发展的平衡问题,导致新城就业岗位严重不足。为此,政府加大力度引入项目提供就业岗位,并严格控制住宅区建设,1987年进驻新城的迪斯尼便是其中一个典型的成功案例。在发展中的马恩拉瓦莱新城不再是单纯的作为巴黎中心城区的外溢功能的接纳地,而是更注重于新城的创新功能,以多元化的产业支撑新城的建设与发展,逐步形成以科技研发、休闲娱乐为主题的产业特征。

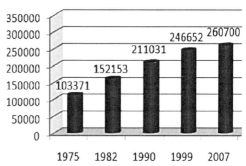

**图 6-8** 马恩拉瓦莱新城区位及新城人口增长情况

资料来源:李道勇、运迎霞、任晶晶:《多中心视角下大都市区轨道交通与新城的协调发展——巴黎相关建设经验与启示》,《城市发展研究》2013 年第 11 期。

圣康坦新城由 7 个村庄发展而成,最初人口约 2 万人,由于毗邻凡尔赛宫,因此新城的发展对人文资源与自然资源进行了重点开发,大力发展高品质住宅和旅游业,全力吸纳巴黎中心城区的办公外迁,并助理推动大型跨国公司落户于此。如著名的雷诺汽车研发中心便是其最主要的一个产业引擎。同时新城注重多领域提供就业岗位,促进产业发展的平衡。2006 年新城服务业就业比重已达到总就业岗位的 70%并在逐年增多①。

塞日新城,距离巴黎中心城区约 40 公里,规划人口为 30—40 万,其建设的主要目的是新城巴黎城区外围别具特色和吸引力的公共艺术文化中心。

巴黎新城布局特点鲜明:(1)新城的区位选择比较靠近中心城市巴黎,平均距离大致保持在 30 公里左右,而且与巴黎保持便捷的交通联系,其间

---

① 参见赵学彬:《巴黎新城规划建设及其发展历程》,《规划师》2006 年第 11 期。

没有人为设置的隔离地带,二者在空间上基本连成一体。(2)与伦敦新城不同,巴黎新城不是在一片处女地上从无到有发展起来的,而是在已经半城市化的地域内,利用新城市中心的辐射作用,吸引工业企业、住宅开发、娱乐设施等继续集聚,提高半城市化地区的建设密度,带动其逐步向真正的城市化地区转变。有学者指出,就本质而言巴黎新城更应该被称为"新城市中心",而不是严格意义上的所谓"新城"①。作为巴黎地区城市空间布局的重要依托,区域交通网络建设历来都是城市开发的重点。截至1990年,巴黎地区建成快速路(RER)660公里。包括铁路、RER和地铁在内的轨道交通线总长1 200多公里,覆盖了以巴黎为中心、方圆50—70公里的地域范围,极大地提高了地区的流动性,实现了巴黎新城和郊区与中心城区之间的通勤交通,但并不穿越市区,而是只将外围新城(郊区)居民送至中心区,对引导区域空间布局发挥了重要作用。

表6-13　巴黎新城与轨道交通发展情况(1990)

| 项目类别 | 圣康坦伊夫林 | 塞日—蓬图瓦斯 | 埃夫利 | 默伦—塞纳 | 马恩—拉—瓦莱 |
|---|---|---|---|---|---|
| 人口(万) | 12.8 | 15.9 | 7.4 | 8.0 | 21.0 |
| 人口密度(人/英亩) | 49 | 50.4 | 61.5 | 17.1 | 34.0 |
| 距巴黎中心(公里) | 20 | 25 | 28 | 30 | 13 |
| 区域轨道线(条) | 2 | 3 | 2 | 2 | 1 |
| 轨道交通站(个) | 3 | 3 | 5 | 4 | 5 |

资料来源:参见李道勇、运迎霞、任晶晶:《多中心视角下大都市区轨道交通与新城的协调发展——巴黎相关建设经验与启示》,《城市发展研究》2013年第11期。

　　根据以上三个多中心大都市的历史考察,我们发现中心城市的产业结构调整、城市规划的引导、新城建设和交通发展是三个大都市从传统单中心

---

① 参见刘健:《马恩拉瓦莱:从新城到欧洲中心——巴黎地区新城建设回顾》,《国外城市规划》2002年第1期。

布局转变为多中心空间结构的重要因素。尤其是新城建设,无疑适应了当时人口、经济双重增长而取得的显著成果。新城政策背后隐含着深刻的区域认识内涵,它表明这些城市较早地认识到区域整体发展的重要性,以积极的姿态从区域高度协调城市建设布局、重构区域空间结构、促进区域均衡发展。从新城几十年开发历程看,新城政策的实施在这两个方面都已取得相当显著的成效:一方面,完善了原有城市体系。综合的城市功能和完善的服务设施增强了新城的辐射力,在服务于新城市化地区的同时向城市郊区辐射,发挥地区中心城市的作用,与原有中心城市共同组成多中心的大都市地区。另一方面,促进城市—区域的发展更加趋于动态均衡。凭借良好的生活环境,新城在吸纳新增地区人口的同时,吸引了大批来自中心城市及其近郊的居民,成为该地区人口增长最快的地区。而且在新城的辐射影响下,远郊其他地区的人口增长也十分迅速,从而改变了地区人口的空间分布状态。显然,新城发展不仅在相当程度上避免了新增人口向中心城市的向心集聚,而且通过吸引人口外迁缓解了中心城市及其近郊的拥挤状况。经过多年的努力,人们对新城政策大都持肯定态度,认为它对保持中心地区的长久繁荣发挥了不可替代的重要作用。

综上所述,洛杉矶大都市区的发展模式,对城市建构、城市功能甚至城市之间的关系作了全新的解释,开拓了我们的视野。可以这样说,城市结构不再是单一形式的发展,随着科技因素不断从深度和广度上对社会经济生活产生影响,城市形态也会随时代需要更加理性地发展。洛杉矶大都市区分散化、多中心的格局是后现代社会的产物,代表了世界大城市发展的一种趋向。因此,洛杉矶模式的出现不是要取代以往城市发展的规律,而是对原有城市化规律的补充,两者之间并非非此即彼的关系。而是对后发性城市化地区来说,洛杉矶模式可以提供很好的借鉴经验。如何根据时代需求及时转变思想观念和决策,为我国的城市化发展提出良策,少走弯路,是我国城市领导者们艰巨而长远的任务。

下　篇

# 第七章 "洛杉矶模式"对我国城乡一体化建设的启示

　　"一体化"是当今学术界使用的一个热门词语。从政治一体化、经济一体化、区域一体化到种群一体化、群落一体化、再到发展战略的横向一体化、纵向一体化,等等,使用广泛。在《现代汉语规范词典》中将一体化解释为使分散而又相互联系的部门或运作方式组合成为一个协调的整体①。而"化"一般表示转变成某种性质或状态,更多的时候则表示达到这种性质或状态的过程。如工业化、信息化、现代化、近代化,等等。

　　城乡经济社会发展是一个国家或地区发展的历史必然。关于城乡一体化发展研究,国外学者起步较早。圣西门的"城乡社会平等"观、傅立叶的"法郎吉公社"观、欧文的"理性的社会制度"与共产主义"新村"观都从不同侧面体现了城乡一体化发展的原始构想。马克思、恩格斯也很早就关注了城乡一体化发展的问题,并提出了实现城乡一体化发展的具体路径。在马、恩看来,城乡之间的理想状态就是相互补充,均衡发展。为避免资本主义工业城市产生后城市对乡村的剥削、统治,应该创建平等的社会制度加以改善。可以说,马恩以后的城乡关系研究,基本上没有跳出这一理论框架。

---

① 参见李行健主编:《现代汉语规范词典》,外语教学与研究出版社、语文出版社2004年版,第1536页。

# 第一节　洛杉矶学派城乡思想的现代意义探析

## 一、洛杉矶学派城乡思想的理论起源

20世纪60年代以来(通常所说的后现代)关注城市空间研究的第一人是法国学者列斐伏尔。他成功地解答了两个问题,第一个是从城市空间与资本主义生产之间关系出发阐释了后现代城市的本质。列斐伏尔强调后现代城市已不仅仅是一个具有物质属性的静止的社会关系的载体或容器,而是其本身就是生产力和社会财富的创造者。每一种特定的社会都历史性地生产属于自己的特定空间模式。社会生产的主导实践方式决定着空间生产的方式。到资本主义时代,空间中的生产已经转变为空间的生产。因此,列斐伏尔重新定义了城市的概念,极具启发性。他认为:"城市"作为一种空间形式,既是资本主义关系的产物,也是资本主义关系的再生者。城市不仅仅是劳动力再生产的物质建筑环境,它实际上也是资本主义自身发展的载体。在这种空间内,所有的资本主义关系实现再生产,资本主义能够实现继续生存和发展,即空间的生产。"空间作为一个整体,进入了现代资本主义的生产模式,它被利用来生产剩余价值。""空间是一种生产资料:构成空间的那些交换网络、原料及能源之流,本身也被空间所决定……""城市、区域、国家或大陆的空间配置增进了生产力,就如同工厂中或商业里的设备、机具一般,但是却属于另一层次。利用空间如同利用机器一样。"空间同样也是消费对象,"如同工厂或工厂里的机器、原料和劳动力一样,作为一个整体的空间在生产中被消费。当我们到山上或海边时,我们消费了空间。当工业欧洲的居民南下,到成为他们的休闲空间的地中海地区时,他们正是由生产的空间转移到空间的消费。"①因此,从这个意义上说,在后现代社会来临后,城市就是空间生产力。第二,列斐伏尔指出20世纪60年代以来资本主义关系下城市问题发生的根源是传统城市中心社会空间的消失。在资

---

① 转引自包亚明主编:《现代性与空间的生产》,上海教育出版社2003年版,第49—50页。

本主义发展初期,资本主义制度社会关系的再生产依赖于聚集效应,通过城市中心的空间形式来实现,但随着资本主义的发展,这种城市中心已经随着其功能的变化和大都市区的扩展而分化。这就妨碍了日常生活关系的有效再生产,构成资本主义制度与人民日常生活的一个基本矛盾。20世纪60年代以来一方面城市空间的爆炸形成乡村的城市化和人口的分散化;另一方面决策权力却倾向于集中化,并将其控制延伸到所有的社会空间。这样一来,随着整个社会的城市化,原来城乡对立已经变得不重要,而新的矛盾就在城市化进程中;资本和劳工(生产)的矛盾并没有消失,它不仅仅存在于产业领域和城市范围,也随着城市化的进程深入到城市化的乡村范围内,而贯穿于整个社会空间之中。列斐伏尔关于资本主义空间的分析开启了20世纪60年代以来的空间研究,可以看出,列斐伏尔是使用了马克思主义的基本原理与方法研究后现代空间与资本主义生产的关系。继他之后洛杉矶学派的主要代表人物也不约而同地回到了马克思主义,并以此为基础,从不同角度解答了20世纪60年代以来城市空间变化的基本规律及原因,取得了丰硕的成果。因此,马克思、恩格斯当年关于工业城市的产生、历史作用及城乡关系的分析,是洛杉矶学派城乡思想的重要理论来源。下面我们先对马克思、恩格斯城乡思想进行简单地梳理。

首先,肯定了资本主义工业城市在历史中的地位。

马克思、恩格斯认为城市和乡村都是一定历史阶段的产物,生产力的发展和社会分工则是导致城市与乡村彼此分离的基本动因和历史前提。马克思认为真正意义上的城市是从中世纪开始的,"在中世纪,有一些城市不是从前期历史中现成地继承下来的,而是由获得自由的农奴重新建立起来的。"[①]大量农奴的涌现使以货币形式存在的现代意义上的资本第一次成为可能,新兴(商业)城市随之兴起。至产业革命发生后,工厂出现并在城市集中,机器大工业"建立了现代的大工业城市——它们的出现如雨后春笋——来代替自然形成的城市。凡是它渗入的地方,它就破坏手工业和工

---

① 《马克思恩格斯文集》第1卷,人民出版社2009年版,第557页。

业的一切旧阶段。它使城市最终战胜了乡村"①。区别于乡村的城市文明也就此出现。此时,城市不再仅仅是地区政治、文化(宗教)的中心,更是经济生产的绝对中心。恩格斯曾高度评价过伦敦进入工业时代后,因工厂与人口的聚集而产生的巨大经济效益,"六十年至八十年以前,英国和其他任何国家一样,城市很小,只有很少而且简单的工业,人口稀疏而且多半是农业人口。现在它和其他任何国家都不一样了:有居民达 250 万人的首都,有巨大的工厂城市,有向全世界供给产品而且几乎全都是用极复杂的机器生产的工业,有勤劳智慧的稠密的人口,这些人口有三分之二从事工业……"②由此可以看出,资本主义城市是资本不断扩张和积累的载体,是资本和各种生产要素的聚集地。城市不仅是金融、商业、信息和交通的中心,还积聚了城市经济发展所需的各种各样的基础设施、科学技术和劳动力。城市正是从资本主义生产中源源不断地获得了发展的动力,因此,工业化成为了城市化的加速器。

其次,关于城乡对立的论述,是马克思和恩格斯对城市问题论述最多的话题。在马恩看来,人类历史上有两次大的城乡分离,第一次城乡分离发生在古代社会,"一个民族内部的分工,首先引起工商业劳动同农业劳动的分离,从而也引起城乡的分离和城乡利益的对立。"③第二次城乡分离伴随着产业革命而出现,也是现代意义上的城市化过程。"一切发达的、以商品交换为中介的分工的基础,都是城乡的分离。可以说,社会的全部经济史,都概括为这种对立的运动。"④

在城乡对立的关系中城市无疑是具有优势地位的。城市逐渐脱离了农村并最后使得农村破产,成为生活资料、生活规则、精神产品的主要供应者。"资产阶级使农村屈服于城市的统治。它创立了巨大的城市,使城市人口比农村人口大大增加起来,因而使很大一部分居民脱离了农村生活的愚昧状态。正像它使农村从属于城市一样,它使未开化和半开化的国家从属于

① 《马克思恩格斯文集》第 1 卷,人民出版社 2009 年版,第 566 页。
② 《马克思恩格斯文集》第 1 卷,人民出版社 2009 年版,第 402 页。
③ 《马克思恩格斯文集》第 1 卷,人民出版社 2009 年版,第 520 页。
④ 《马克思恩格斯文集》第 5 卷,人民出版社 2009 年版,第 408 页。

文明国家,使农民的民族从属于资产阶级的民族,使东方从属于西方。"①马恩认为城市与乡村的对立是资本主义自身所无法克服的,不仅如此,资本主义还会不断生产出这种对立,因为资本主义大工业的发展正是以城市对农村的剥削为基础的。在资本主义条件下,城市与乡村不仅代表着两种社会分工模式、两种生产发展水平,更是文明与愚昧的分水岭。

最后,关于消灭城乡之间对立的论述。马克思和恩格斯认为城乡之间的对立只有在私有制的范围内才能存在,并且只是工农业发展水平还不够高的表现。"城乡之间的对立是个人屈从于分工、屈从于他被迫从事的某种活动的最鲜明的反映,这种屈从把一部分人变为受局限的城市动物,把另一部分人变为受局限的乡村动物,并且每天都重新产生二者利益之间的对立。"②这种劳动分工的不合理性,是马恩主张消灭城乡对立的重要原因。"消灭城乡之间的对立,是共同体的首要条件之一"③。那么如何消灭城乡对立呢? 马恩对空想社会主义者消除城乡对立的思想给予了很高的评价,并在著作中多次提出"把农业和工业结合起来,促使城乡对立逐步消灭"④的思想。"只有使人口尽可能地平均分布于全国,只有使工业生产和农业生产发生紧密的联系,并适应这一要求使交通工具也扩充起来——同时这要以废除资本主义生产方式为前提——才能使农村人口从他们数千年来几乎一成不变地在其中受煎熬的那种与世隔绝和愚昧无知的状态中挣脱出来。"⑤恩格斯在《反杜林论》中提出"大工业在全国的尽可能均衡的分布是消灭城市和乡村分离的条件"⑥。在这里马恩对消灭城乡对立提出了几个前提:第一是消灭私有制;第二是生产力的高度发展;第三是交通工具的改善和普及;第四是产业与人口的均衡分布。

回顾马恩对资本主义工业城市及城乡关系的论述,我们可以得出这样

---

① 《马克思恩格斯文集》第 2 卷,人民出版社 2009 年版,第 36 页。
② 《马克思恩格斯文集》第 1 卷,人民出版社 2009 年版,第 556 页。
③ 《马克思恩格斯文集》第 1 卷,人民出版社 2009 年版,第 557 页。
④ 《马克思恩格斯文集》第 2 卷,人民出版社 2009 年版,第 53 页。
⑤ 《马克思恩格斯文集》第 3 卷,人民出版社 2009 年版,第 326 页。
⑥ 《马克思恩格斯文集》第 9 卷,人民出版社 2009 年版,第 314 页。

几点认识:首先,资本主义工业城市的出现是资本主义生产方式诞生后生产力发展的必然产物,并且具有重大的历史意义。马克思多次论述了城市对于乡村具有无比的优越性,在城市,聚集着新的生产力、生产关系甚至是新生活理念,而乡村往往代表着"分散"、"隔绝"、"愚昧"与"野蛮"。其次,马克思虽然肯定了工业城市的历史地位,但是对于城市、乡村之间存在的劳动分工的不合理性也给予了充分地鞭挞。从阶级斗争和全人类解放的角度出发,马克思认为城市与乡村对立是人类特定历史阶段的产物,人类社会的最终归宿是取消城乡对立。消灭城乡对立的前提无疑是消灭私有制,以更发达的生产力和更高级的生产关系为基础,改变城乡关系、改变阶级关系。最后,在生产力还不够发达和富裕的条件下,人类社会仍要通过有意识的努力,创建社会平等制度,改善城乡关系。马恩对如何消除城乡对立的思考具有一定的科学预见性,如"人口的平均分布"、"大工业在全国尽可能平均地分布"(下文有所阐述)。但由于时代局限,"消灭大城市"的设想,在人类的社会实践中尚未出现。

## 二、洛杉矶学派城乡思想起源的现实背景

1.城市规模仍在持续扩大,区域—城市正在兴起。

城市化的进程一直在持续,虽然对于主要资本主义国家而言,城市化进程在 20 世纪 60 年代以后一度出现了"减速"(逆城市化)的现象,但是,城市规模的扩展,尤其是大城市的优先发展,仍旧是世界范围的普遍现象。"从 2008 年起,全世界人口的 50%以上生活在城市里。欧洲、北美和大洋洲等发达地区人口的 70%以上居住在城市。拉丁美洲和加勒比海国家等发展中地区人口的 78%也生活在城市里,而亚洲和非洲的发展中地区的人口 40%居住在城市"。"1950 年全球只有 78 座城市拥有 100 万或更多的人口。"①2007 年,世界上 1 000 万人口以上的超大城市有 19 个。更值得关注的是,"无论是发达国家还是发展中国家,'核心城市'在国家经济中的地位

---

① [美]马克·戈特迪纳、雷·哈奇森:《新城市社会学》(第三版),黄怡译,上海译文出版社
2011 年版,第 10 页。

越来越重要……即使在最不发达的非洲国家,城市国民生产总值也占国民生产总值的50%"。①

世界前所未有的城市化加速过程已经引起了学者的关注,不少学者已经用"区域—城市"来取代"大城市"、"特大城市"这样的概念描述。"根据联合国收集的数据,目前有近500个城市区域,每个区域人口超过100万,同时人口超过1 000万的城市区域数量不断上升"。② 区域城市网络不断扩张,许多国家都已形成或正在形成明显的大都市连绵区或大都市圈。如美国东北部的"波士华士"(Boswash)、中西部的"芝匹兹"(Chipitts)和西部太平洋沿岸的"圣圣"(SanSan),这些大都市连绵区都囊括了该地区几乎所有的主要城市。还有大东京区域、大首尔区域、大伦敦区域、欧洲的低地区域和我国的长江三角洲。这些大都市连绵区或大都市圈也是全球政治经济和文化经济发展的主导推动力量。

2.城市空间结构由单中心向多中心转变。

随着城市空间规模的迅速膨胀,城市空间结构也出现了明显的变化,即单中心大都市向多中心大都市转变。20世纪上半期以前,城市的显著特征是城市承担着生活、生产、文化、教育、政治服务的多种功能,并且这些功能高度集中在有限的城市空间内,形成明显的城市功能中心,并以此单核心为基础不断向外空间拓展。这在早期城市空间结构理论中得到充分的反映。其中,最具代表性的是伯吉斯(Burgess,1925)提出的同心圆模式。在单核心模式下,城市人口密度从市中心向郊区梯度递减,而且降幅很大。但是20世纪后半期以来,城市化进程中大都市区内郊区城市化的比例明显上升,城市中心的人口密度有不同程度的下降,因此城市、郊区人口密度逐渐趋向"均匀"。20世纪80年代以后,世界大城市普遍向外围地区扩展,东京、墨西哥城、圣保罗、布宜诺斯艾利斯、加尔各答、首尔等城市的迁出人口都超过了迁入人口。由于城市化和城市密度蔓延到整个大都市区域,甚至偶尔超越大都市区域,因此新兴的节点型城市的数量逐渐增加,打破原有区

---

① 周铁训:《均衡城市化理论与中外城市化比较研究》,南开大学出版社2007年版,第31页。

② 任远、陈向明等主编:《全球城市—区域的时代》,复旦大学出版社2009年版,第4页。

域或城市的单中心结构,而是出现多中心甚至网络化城市—区域空间结构。目前,世界城市伦敦、巴黎、东京、洛杉矶、芝加哥等都已形成了多中心的空间结构。"单中心结构与多中心结构最明显的不同在于就业和服务的空间形式不同。在单中心结构中,就业与服务位于一个单一中心,由中心商业区和环绕着它的工厂带组成;而在多中心结构中,这些职能被分散到多个中心。更重要的是这些中心有着高水平的服务业和基础部门就业,使它们在外表上与传统的 CBD 几乎没有差别,这一点与单中心结构中的郊区中心有显著区别。"①

3.制造业外迁与原有中心城市功能的升级调整,改变了城乡之间的就业分布,加快了城乡一体化进程。

首先是中心城市的城市功能发生了转变。随着第二产业逐渐向城市边缘迁移,资本主义国家的主要中心城市普遍在 20 世纪 60 年代不可避免地经历了"中心城市的衰落"过程。此后,中心城市在"去工业化"、"再工业化"、"分散化"等一系列产业结构的调整和升级中,由以往的制造业中心,转变为区域(或国家)的信息、金融、服务业的中心。其次,在郊区,新兴次中心城市大量出现,并且其综合性功能日渐完备。从而使城乡之间的就业分布出现了明显的变化。据布鲁斯·凯茨的研究,"在美国,到 2000 年,全国 100 个最大的城市里,从两个相邻大都市区的中心城市到中心城市通勤的比例为 31%,从中心城市到郊区的为 8%,从郊区到中心城市的为 17%;从大都市区到大都市区以外通勤的为 7%,从郊区到郊区的通勤竟高达36%。"②这说明郊区已经不仅仅是居住地,更是就业地。大都市内郊区的新兴城市(次中心城市)集就业、居住、消费、休闲娱乐为一体,已分担了原有中心城市的部分城市功能。随着 21 世纪的到来,多中心巨型城市区域作为一种新的城市形式出现了。多中心巨型城区域是"由形态上分离但功能上相互联系的 10 到 50 个城镇,集聚在一个或多个较大的中心城市周围,通

---

① 转引自王旭、罗思东:《美国新城市化时期的地方政府——区域统筹与地方自治的博弈》,厦门大学出版社 2010 年版,第 39 页。

② 转引自王旭、罗思东:《美国新城市化时期的地方政府——区域统筹与地方自治的博弈》,厦门大学出版社 2010 年版,第 38 页。

过新的劳动分工显示出巨大的经济力量。这些城镇既作为独立的实体存在,即大多数居民在本地工作且大多数工人是本地居民,同时也是广阔的功能性城市区域的一部分,它们被高速公路、高速铁路和电信、电缆所传输的密集的人流和信息流——'流动空间'——连接起来"①。城乡关系的新变化使我们不得不佩服马克思,他所提出的人口和产业尽可能在全国均匀分布可以消除城乡差别的论断是具有科学性和前瞻性的。

综上所述,20 世纪 60 年代以来主要资本主义国家城市化及城乡关系的种种变化,反映出资本主义的发展已经与马克思时代显著不同,城乡关系由马克思、恩格斯时代的尖锐地对立走向差别的逐渐消失。城市和郊区之间原有的鸿沟及生活方式的差异已变得越来越模糊。城市化和郊区化的趋势融合在一起,所以这两个原来不同形式的城市发展态势变得越来越相似。尽管以往学术界对马克思、恩格斯的资本主义生产条件下城乡关系的理解是比较充分的,但是仅仅用传统观点去看待马克思主义城市思想、解释目前城市空间发展的新变化显然是不够的。因此对马克思主义城市思想的重新梳理与深入剖析成为了时代命题。

### 三、洛杉矶学派城乡思想解读

20 世纪 60 年代以来,城市发生的种种变化,使学者们认识到 20 世纪预示着一个空间时代的到来。洛杉矶学派对马克思主义城市思想进行了梳理,并尝试在马恩研究的基础上以不同视角对后现代城市的本质、城市空间发展与资本主义生产之间的关系等问题进行深入解析。他们以洛杉矶空间结构的变化为研究重点,其主要观点有:在现代资本主义社会,城市屈从于一个更大的系统,是资本主义体系的一部分,对城市的理解和研究必须放到资本主义生产方式理论框架下去考察;资本主义体系包含着内在的基本矛盾,正是这些基本矛盾影响并决定着资本主义城市社会的发展和城市的变迁,而城市空间的变化也反映和调节着资本主义的基本矛盾。

---

① [英]彼得·霍尔、考蒂·佩因:《从大都市到多中心都市》,罗震东等译《国际城市规划》2008 年第 1 期。

1.戴维·哈维——"灵活积累体制"与城市空间。

戴维·哈维继承了列斐伏尔对空间的历史唯物主义认识,他认为"时间和空间的客观性在各种情况下都是由社会再生产的物质实践活动所赋予的……简言之,各种独特的生产方式或者社会构成方式,都将体现出一系列独特的时间与空间的实践活动和概念。"①那么,当资本主义生产方式发生了一定的变化之时,时间与空间的客观品质及其意义也一定会发生变化。

在马克思时代,资本积累主要是以时间为境域,作为人类生产实践活动成果的生产力及其存续主要是来自"历时性"的积累。而随着资本追求利润的无限扩张和积累,出现了盈余资本和劳动,这些过剩资本和劳动在资本主义体系内部是无法消化的,因此产生了资本过度积累危机。这种资本过度积累在短时间内无法解决,这就决定了必须开拓新的国外空间,实现资本的横向空间转移。②这种转移是如何实现的呢?在旧有的殖民主义体系土崩瓦解之后,哈维提出资本主义生产方式由福特制走向灵活积累体制的变化是其中的重要原因。

哈维以1973年为界,将资本主义生产体制划分为"福特主义"和"灵活积累"体制。与福特制截然相反的灵活积累体制,是把传统的生产过程拆散为不同的步骤,在不同的地区进行,以分散的生产方式逐步取代传统的大规模流水线生产。资本主义通过分散劳动力市场、劳动力过程和消费者市场,形成了地理上流动灵活的组织。灵活积累模式使周转时间加速(生产、交换和消费的世界,都倾向于变得更快)和空间范围的缩减。哈维称这种时间—空间维度势不可挡的变化为"时空压缩"。

城市空间结构也随着灵活积累体制时代的到来而悄然发生变化。在资本主义工业化城市发展初期,"资本关系"是驾驭资本主义工业城市的灵魂,而资本主义工业城市正是资本主义生产关系的重要载体和空间化表达。随着工业时代的到来,资本、生产资料、劳动力越来越倾向集中,因此资本工

---

① [美]戴维·哈维:《后现代的状况——对文化变迁之缘起的探究》,阎嘉译,商务印书馆2004年版,第255页。

② 参见张佳:《全球空间生产的资本积累批判——略论大卫·哈维的全球化理论及其当代价值》,《哲学研究》2011年第6期。

业城市空间结构的基本特征也是集中(尤其是福特制出现后),此时城市大多数只有一个城市中心,这就是我们通常所说的单中心城市(大都市)。但是在福特制走向失效后灵活积累体制出现,生产部门和决策部门完全可以分散安置,决策部门仍可留在城市,制造业的工厂则不必在中心城市选址,而是分散到土地、税收都相对廉价的郊区重新安家。工人、商人的脚步也紧随其后,围绕着新的制造业中心迅速发展起新兴城市,带动了郊区的城市化进程。随着汽车、飞机、电话、电视、计算机等新技术成果的出现,人们生产和生活活动的空间范围空前扩大,也为生产、生活的空间分散提供了可能性。于是在大都市区范围内人口分散后在新的地区形成新的聚集,因而形成大都市区的多中心现象。这一现象先是出现在发达资本主义国家的个别城市,如洛杉矶,随后则成为世界大城市的普遍规律。

尽管对于弹性生产是否已经是目前资本主义世界的主要生产方式仍存在争议,但是哈维在其著作《后现代的状况——对文化变迁之缘起的探究》一书中,对弹性生产模式给予了充分分析。一方面他指出进入到弹性生产时代,空间障碍的消除使得空间中的任何一个地方都被纳入到资本的全球规划之中,当每一地区都被纳入到资本的空间规划时,"场所的特质由此在日益增强的空间的抽象之中处于被突出的地位,积极地创造具有空间特质的各种场所,成了地方、城市、地区和国家之间在空间竞争方面的重要标志。"①另一方面世界城市体系也发生了重组,减少空间障碍的结果,是在现在的全球都市系统之中重新肯定和重新改组等级制度。地方可以得到的空间特质的物质资源,甚至是在边缘地区的低成本,都已开始变得很重要。

由此可以看出,一方面灵活积累体制使空间的特质性成为地区、国家经济发展的重要前提和基础(这与福特主义的城市空间在很大程度上是一群同质的城市截然不同,灵活积累体制的城市空间却是一群异质的城市,其特征是较小的规模、较大的内部差异);另一方面灵活积累体制也使城市的地理空间优势日渐消失。城市的地理空间优势在近代资本主义工业城市的兴

---

① [美]戴维·哈维:《后现代的状况——对文化变迁之缘起的探究》,阎嘉译,商务印书馆2004年版,第370页。

起中曾有着重要意义。工业城市发展初期一个普遍的规律是自然资源丰富、交通便利的地方,城市发展尤为迅速,如港口城市,运河、铁路沿线的城市等。然而,现在传统城市地缘优势的意义正在被削弱,大量新兴的边缘城市崛起,区域性的大市场逐渐形成。"新兴工业集群的崛起,有时几乎不是出于任何原因(如各种各样的硅谷和幽谷),而更经常的是以一些先前存在着的技能与资源的混合为基础的。"①可以说,后现代来临后,区域经济压倒了规模经济。

2.卡斯特尔——"网络社会"与城市空间。

与资本主义生产方式的变革几乎同时发生的就是信息时代的到来。在信息技术对人类社会影响的研究中,卡斯特尔的成果最引人关注。在《信息化城市》中卡斯特尔提出信息技术极大地改变了传统城市空间和城市观念。网络世界意味着流动不拘的技术革新,"以网络为基础的社会结构,是一个高度能动的开放系统,乐于创新而不危及它的平衡。网络无论是对于立足于革新、全球化和去中心集聚的资本主义经济,对于立足于灵活性、适应性的工作、工人和公司,还是对于永远在解构和重构的文化,以及旨在压抑空间、消灭时间的社会组织,都可谓是如虎添翼。"②

因此信息技术对城市而言影响是巨大的,一方面,信息化为城市空间分散提供了重要的手段。新的科学发现和技术革命不仅日益提高着生产效率,而且逐渐消除社会生活各领域间的空间距离。"信息技术产业的特征是在功能和空间上生产运作日益呈现出分散化的趋势。这种分散可能发生在公司内部,也有可能发生在该产业不同地区专门化生产的公司之间。"③毋庸置疑,信息技术的发展带来了劳动力、企业、信息的分散,生产根据市场渗透原理而分散化,并根据分散后市场的地理位置而形成二次集聚,使整个生产过程重新进行空间整合。

---

① [美]戴维·哈维:《后现代的状况——对文化变迁之缘起的探究》,阎嘉译,商务印书馆2004年版,第368页。

② 转引自陆扬:《解析卡斯特尔的网络空间》,《文史哲》2009年第4期。

③ [美]曼纽尔·卡斯泰尔:《信息化城市》,崔保国等译,江苏人民出版社2001年版,第112页。

另一方面,信息时代到来后,出现了新的城市空间形态。马克思曾重点分析了在资本主义城市空间中,由于地理位置和区位优势的不同导致了不同地段的地租高低不同,由此也就带来了数量不等的资本聚集,这也造就了对不同城市区域的空间塑造的程度和特点的不同。所以,由地理位置所导致的级差地租塑造了资本主义等级化的城市空间。但在信息时代,居住区、商业区和科技园区等相互混合并相互补充,使城市布局更趋向于多中心的网络状结构。城市之间以及城市中心与城市边缘之间的传统等级正逐渐消失。"走廊城市"和"网络城市"出现并得到了发展。在这种多中心的城市体系中,城市间的联系方式由垂直等级联系转向横向联系方式。

最后,信息化在某种程度上是更加具有破坏性的一种社会分裂与再统一形式,它造成了新二元化城市的兴起。一方面信息工业成为城市新的工业领域,并使拥有较高文化和教育水平的人群占据信息生产者的优势地位,获得较高收入;另一方面,传统制造业的衰落,使相当一部分从事传统制造业的劳动力失去了往日的社会地位,甚至是谋生的机会。因此,在城市之中阶级关系出现新的紧张。信息流动空间正逐渐取代传统城市空间是当今社会的一个主要趋势,但需要指出的是,网络技术在推动传统城市空间结构发生变化的同时,我们也不能忽略,直到目前为止,信息经济发展仍处于不均衡的状态,国际大都市因历史积累、信息资源、综合服务等因素仍在经济发展中处于优势地位。

### 四、洛杉矶学派的理论贡献

马克思和恩格斯把"城市空间"纳入到历史唯物主义的整体视野中,使"空间"由此具有了社会历史性,并成为马恩对资本主义制度进行批判的一个重要视角。作为工业资本主义时代的宠儿,资本主义工业城市是马恩关注的焦点,在马恩的著作中对城市的历史作用、城市问题及城乡关系等都有所阐述。他们认为资本主义工业城市既是资本主义大工业运行的主要场所,也是资本积累的重要载体,它直接体现和维护资本主义生产关系;资本主义的生产方式使城市与乡村之间的对立凸显出来,并在资本积累中不断生产这种空间对立,由此形成了城乡二元化的空间结构,它是资本主义形态下社会空间差异和断裂的直接体现,资本主义工业城市也日益成为阶级矛盾最尖锐的地方。

洛杉矶学派代表人物的城市空间理论无疑延展了马克思、恩格斯的城市思想。他们仍坚持马克思主义的基本立场,强调和突出经济利益(资本积累)和阶级关系(阶级斗争、国家干预)在城市形成和城市活动中的重要作用。[①] 洛杉矶学派学者同样认为城市的本质是由资本主义生产方式决定的,在此基础上,他们强调了在资本主义时代,空间中的生产已经转变为空间自身的生产,它已经成为资本主义生产的重要组成部分,并且是延缓资本主义危机的重要手段。全球空间生产为资本提供了扩大再生产的可能性,不平衡的空间结构体系是资本延伸或扩大再生产不可分割的一部分,由此带来的大量的劳动力储备和补充性的市场,使资本主义有能力回应生产力的间歇性和矛盾性发展。

马恩著作中对城市空间的研究主要集中在资本主义发展的初期阶段。城市作为制造业的中心,其时代面貌特征是空间的集中和空间的等级化。然而这一特征在20世纪60年代以来已经出现了非常显著的变化,无论是城市空间结构还是城市功能都与马恩时代有所不同。新兴中心城市不断崛起,并与原有中心城市形成经济上的联动,城市的规模空前扩张;中心城市的功能也不断被分散到新兴城市之中,郊区城市化的进程大大加快,城乡差别在逐渐消失。这些新现象发生的原因,由洛杉矶代表人物以不同的视角加以阐释,如哈维的"灵活积累"体制和卡斯特尔的"网络社会"。同时,我们还要清醒地看到马克思和恩格斯所发掘的资本主义城市的基本规律和原理并未过时。主要表现在:

郊区城市化的进程带来的是部分国家或地区的城乡差别的缩小,但是全球范围内,资本主义制度决定的资本的地理不平衡发展仍旧存在。第二次世界大战后,虽然旧有的殖民主义体系瓦解了,但是后殖民主义即资本的全球流动仍在为资本主义世界创造着巨大财富。尽管资本主义的手段已经从赤裸裸地进行海外殖民扩张转向了利用空间、地理上的差异(各个发达、

---

① 参见高鉴国:《新马克思主义城市理论》,商务印书馆2006年版,第278页。

中等的、落后的地区或国家的差异)而从事资本主义生产方式下的剥削,但事实上世界范围内经济发展的不平衡没有减少,反而还在继续加深;发达国家与发展中国家由于不平等的世界分工导致的经济鸿沟也在持续。在地理空间上,一方面资本全球流动的结果是倾向于在几个核心地域进一步集聚,这些核心地域成为世界财富与管理中心,并且在全球范围内形成若干巨型都市带。另一方面,资本的全球流动使发展中国家和地区成为全球资本积累的原料产地、加工基地和劳动密集型产业的集中区。这些地区经济虽然有所发展,但是却与全球核心地域的差距越来越大。

阶级斗争并未消失,城市仍旧是阶级斗争的主要场所。马克思恩格斯认为工人阶级作为一个阶级的形成与资本主义大工业的现实背景密不可分,城市是资本主义条件下工人阶级生产和生活的主要地点,也是工人阶级和资产阶级矛盾不断激化并转化为阶级斗争的主要场所,"大城市是工人运动的发源地,在这里,工人首先开始考虑自己的状况并为改变这种状况而斗争;在这里,首先出现了无产阶级和资产阶级的对立;在这里,产生了工人团体、宪章运动和社会主义。……如果没有大城市,没有大城市推动社会智慧的发展,工人决不会进步到现在的水平。"①虽然在当代资本主义城市社会,阶级斗争的焦点不同于马克思主义时代的城市中"工厂车间"的斗争,但是对城市空间的使用仍旧是阶级斗争的重要组成部分。对资本而言,城市空间的开发、使用意味着资本的获得和利润的最大化;对工人而言,城市空间是他们必不可少的消费对象;由于资本总想试图使利润最大化,因此双方在城市空间的使用上就会出现冲突和斗争,这一冲突是资本主义制度内资本家、工人阶级之间阶级斗争的另一种表现形式。另外,尽管目前一些发达国家城乡差别在逐渐消失,但是取而代之的却是无论在发达国家还是发展中国家内部普遍存在的贫富两极分化的日益加大。甚至在纽约、洛杉矶、伦敦、巴黎这样的世界城市中 19 世纪的"血汗工厂"生产形式再次复活。正因为如此,我们可以说阶级的对立和对抗没有随着生产力的发展而趋向缓和,而是继续加深,城市仍旧是阶级冲突、斗争的主要场所。2011 年美国

---

① 《马克思恩格斯文集》第 1 卷,人民出版社 2009 年版,第 436 页。

大城市出现的"占领华尔街"运动,可以很好地说明这一点。

## 第二节　洛杉矶学派资本—空间关系研究

资本主义的不平衡地理发展对空间重构的重大影响在经典马克思主义的著作中早就有过深刻阐述,只是在传统历史主义的时间性偏好的压抑下,这一重要理论资源没有得到人们应有的重视。洛杉矶学派的代表人物再次聚焦资本主义社会的空间研究,并对资本主义生产与城市化、资本运动与空间重塑等问题进行深入解读,在空间生产的视域下为我们重新厘清了该问题的理论与现实意义,对我国城乡一体化建设也具有重要启示。

### 一、马克思恩格斯对资本—空间关系的解读

对资本不平衡地理发展的批判是马克思政治经济学批判体系的有机组成部分。尽管 20 世纪 60 年代以前,中外学者常常诟病马克思对资本在空间维度的研究存有很多遗憾,但是,马克思和恩格斯在其著作中对资本主义工业城市的产生及作用、城市居住空间的分异、资本主义积累的地理不平衡性等问题已进行了一定的分析。马克思认为资本主义从其诞生之日开始就不断地塑造着城市空间、区域空间甚至全球的地理空间。在《资本论》中,马克思对资本的含义及其特征作了全面深刻的阐释:资本是能够带来剩余价值的价值,它具有社会属性和自然属性。其社会属性表现为:"资本作为自行增殖的价值,不仅包含着阶级关系,包含着建立在劳动作为雇佣劳动而存在的基础上的一定的社会性质。"①其自然属性则表现为其运动性,资本只有在运动中才能增殖,"它是一种运动,是一个经过各个不同阶段的循环过程,这个过程本身又包含循环过程的三种不同的形式。因此,它只能理解为运动,而不能理解为静止物。"②"资本的运动是没有限度的"③。它可以通过支配社会资源的流动,分配社会财富,组织社会的扩大再生产,使整个

---

① 《马克思恩格斯文集》第 6 卷,人民出版社 2009 年版,第 121 页。
② 《马克思恩格斯文集》第 6 卷,人民出版社 2009 年版,第 121 页。
③ 《马克思格斯全集》第 5 卷,人民出版社 2009 年版,第 178 页。

社会组织成为追求资本增殖的机器。具体来说资本的运动可以从时间、空间两个维度去理解:一是各种职能形态在时间维度上的不断循环,包括货币资本的循环、生产资本的循环和商品资本的循环;另一个维度,则是资本在不同部门、不同地域空间之间以扩大的社会分工为前提的空间运动①。在资本的空间运动方面,一方面资本可以实现自身的趋利性流动,从利润低的行业和部门向利润高的行业和部门转移,进而实现资源的优化配置、收益的再分配;另一方面,资本的运动也往往不局限于一个国家或地区,而是超越民族国家或地区界限进行积累和集中,"资产阶级社会的真正任务是建成世界市场(至少是一个轮廓)和确立以这种市场为基础的生产"②。当国内资源和市场不能满足资本追逐超额利润的需要时,资本要"力求摧毁交往即交换的一切地方限制,征服整个地球作为它的市场"③。

由此可知,资本的空间运动带有鲜明的不平衡性,势必对地理空间产生巨大影响。

首先,资本的不平衡地理发展造成城市空间结构的分异。马克思敏锐地观察到资本主义产生后,城市内部因地理位置的差异而形成级差地租,"凡是存在地租的地方,都有级差地租,而且这种级差地租都遵循着和农业级差地租相同的规律。""建筑上使用的土地,⋯⋯它的地租的基础,和一切非农业土地的地租的基础一样,是由真正的农业地租调节的。这种地租的特征在于:首先,位置在这里对级差地租具有决定性的影响,⋯⋯在许多情况下垄断价格占有优势"④。

回顾城市发展的历史,我们可以知道,资本主义工业城市出现之前,几乎所有城市都具有布局紧凑的特点,大多数城市的活动半径不过是从城市中心向外几英里范围,即史学家们所说的步行城市时期。由于交通条件的限制,当时靠近市中心区即政治与经济中心的住宅区往往是最好的。因此,在前工业化时代,乃至工业化初期的步行城市中,富有者居住在市中心,靠

---

① 参见李春敏:《资本积累的全球化与空间的生产》,《教学与研究》2010 年第 6 期。
② 《马克思恩格斯文集》第 10 卷,人民出版社 2009 年版,第 166 页。
③ 《马克思恩格斯文集》第 8 卷,人民出版社 2009 年版,第 169 页。
④ 《马克思恩格斯文集》第 7 卷,人民出版社 2009 年版,第 874 页。

近政府建筑、教堂及主要商业设施,而穷人则被挤到城市的外沿地带。但是,工业化引发的巨大的聚集效应,步行城市的空间布局很快被工业城市所取代。富人与穷人居住的地点发生了置换。资本主义工业城市中居住空间的分异与隔离开始出现。恩格斯在《英国工人阶级状况》一书中,对曼彻斯特的无产阶级与资产阶级、穷人和富人居住空间的二元对立结构进行了这样的描绘:"工人区和资产阶级所占的区域是极严格地分开的……在曼彻斯特的中心有一个相当广阔的长宽各为半英里的商业区,几乎全区都是营业所和货栈。这个区域几乎整个都是不住人的,夜里寂静无声,只有值勤的警察提着遮眼灯在狭窄而黑暗的街道上巡逻。这个地区有几条大街穿过,街上非常热闹,房屋的最下一层都是些辉煌的商店;在这些街上,有些地方楼上也住了人;这里的市面是不到深夜不停止的。除了这个商业区域,整个曼彻斯特本城、索尔福和休尔姆的全部、盆德尔顿和却尔顿的大部分、阿德威克的三分之二以及奇坦希尔和布劳顿的个别地区,——所有这些地方形成了一个纯粹的工人区,像一条平均一英里半宽的带子把商业区围绕起来。在这个带形地区外面,住着高等的和中等的资产阶级。中等的资产阶级住在离工人区不远的整齐的街道上……而高等的资产阶级就住得更远,他们住在却尔顿和阿德威克的郊外房屋或别墅里,或者住在奇坦希尔、布劳顿和盆德尔顿的空气流通的高地上,——在新鲜的对健康有益的乡村空气里,在华丽舒适的住宅里……从交易所向四面八方通往城郊的大街都是由两排几乎毫无间断的商店所组成的,而那里住的都是中小资产阶级,他们为了自己的利益,是愿意而且也能够保持街道的整洁的。"[1]由此可知,工业资本主义城市的出现改变了城市居住空间的格局,居住空间的分异与隔离凸显了身份与地位的不平等。

其次,资本的不平衡地理发展加速了城市化进程。工业城市出现后,也是现代意义上城市化的开始。产业革命发生后,工厂出现并在城市集中,机器大工业"建立了现代化大工业城市(它们像闪电般迅速地成长起来)来代替从前自然成长起来的城市。凡是它所渗入的地方,它就破坏了手工业和

---

[1] 《马克思恩格斯全集》第2卷,人民出版社1957年版,第326—327页。

工业的一切旧阶段。它使商业城市最终战胜了乡村"①。此时,资本运动的方向是向城市空间集中。在《英国工人阶级状况》中,恩格斯描述了资本主义工业城市产生的巨大的聚集效应:"城市越大,搬到里面来就越有利,因为这里有铁路、有运河,有公路;可以挑选的熟练工人越来越多;……比起不仅建筑材料和机器要预先从其他地方运来、而且建筑工人和工厂工人也要预先从其他地方运来的比较遥远的地方,花费比较少的钱就行了;这里有顾客云集的市场和交易所,这里跟原料市场和成品销售市场有直接的联系。这就决定了大工厂城市惊人迅速地成长。"②马克思恩格斯对工业城市作为人类文明发展的重要成果给予了充分的肯定。城市是资本主义大工业生产要素的空间聚集,是资本主义生产方式能够创造比过去一切时代创造的全部生产力还要多的一个重要条件。但是,马恩也发现了资本主义的城市化进程使前资本主义的地理空间面貌发生了实质性的改变。由于资本不平衡地理发展的特性,工业化的进程呈现不平衡发展局面,城市化也存在着地域上的明显差异,在区域范围内,城市渐次形成等级式的分布。一方面,在大城市周围的乡村出现了工业卫星城,它们在政治、经济、文化上对大城市有着密切的依赖关系。"曼彻斯特周围的城市……这是一些纯粹的工业城市,它们的一切商业活动都是在曼彻斯特或通过曼彻斯特进行的;它们在各方面都依赖曼彻斯特,因此,居民只有工人、厂主和小商人,而曼彻斯特还有大批商业人口、许多委托商店和大零售商店。所以,像波尔顿、普累斯顿、威根、柏立、罗契得尔、密得尔顿、海华德、奥尔丹、埃士顿、斯泰里布雷芝、斯托克波尔特等城市,人口虽然有 3 万、5 万、7 万,甚至 9 万,但是它们几乎都是些大的工人区,只是有一些工厂、几条大街和几条市外公路把它们隔开……"③另一方面,恩格斯在工业资本主义发展的初期,已经睿智地预见了工业化的发展势必造就乡村不断城市化的过程,资本的不断聚集最终会形成巨型工业城市甚至巨型工业地带。"在农村中建立的每一个新工厂都

---

① 《马克思恩格斯全集》第 3 卷,人民出版社 1960 年版,第 68 页。
② 《马克思恩格斯全集》第 2 卷,人民出版社 1957 年版,第 301 页。
③ 《马克思恩格斯全集》第 2 卷,人民出版社 1957 年版,第 323 页。

含有工厂城市的萌芽。假若工业中的这种疯狂的竞赛还能这样继续一百年,那么,英国的每一个工业区都会变成一个巨大的工厂城市,而曼彻斯特和利物浦也许会在瓦灵顿或牛顿附近的某个地方碰头。"①

最后,资本的不平衡地理发展是全球化的直接动力。全球化的进程其实就是资本不平衡运动下的地理扩张和空间重组的进程。资本的本性是追逐剩余价值,为了追求高利润不断跨越地区和国界,将商品生产和销售以及与此相关的社会分工拓展到全世界,形成与国内分工体系并立的国际分工体系。"资产阶级一天天地消灭生产资料、财产和人口等的分散状态。它使人口密集起来,使生产资料集中起来……"②"大工业建立了由美洲的发现所准备好的世界市场。世界市场引起商业、航海业和陆路交通工具的大规模的发展。这种发展又反转过来促进了工业范围的扩大,同时,随着工业、商业、航海业和铁路的发展,资产阶级也越发发展了,它越发增加自己的资本,越发把中世纪遗留下来的一切阶级都排挤到后面去了。"③"正像它使乡村依赖于城市一样,它使野蛮的和半开化的国家依赖于文明的国家,使农民的民族依赖于资产阶级的民族,使东方依赖于西方。"④

在资本流动"空间"不断扩张的必然趋势下,交通运输工具的革新就显得尤为重要,交通工具的改善和应用可以大大缩短资本的流通时间。在《1857—1858 年经济学手稿》中,马克思提出了一个开创性的"等式",将"资本的流通时间"阐发为:"劳动生产率的限制=必要劳动时间的增加=剩余劳动时间的减少=剩余价值的减少=资本价值自行增殖过程的障碍或限制。因此,资本一方面要力求摧毁交往即交换的一切地方限制,征服整个地球作为它的市场,另一方面,它又力求用时间去消灭空间,就是说,把商品从一个地方转移到另一个地方所花费的时间缩减到最低限度。资本越发展,从而资本借以流通的市场,构成资本流通空间道路的市场越扩大,资本同时

---

① 《马克思恩格斯全集》第 2 卷,人民出版社 1957 年版,第 301 页。
② 《马克思恩格斯全集》第 4 卷,人民出版社 1958 年版,第 470 页。
③ 《马克思恩格斯全集》第 4 卷,人民出版社 1958 年版,第 467 页。
④ 《马克思恩格斯全集》第 4 卷,人民出版社 1958 年版,第 470 页。

也就越是力求在空间上更加扩大市场,力求用时间去更多地消灭空间。"①

可以说,资本运动和不平衡发展是全球化的直接动力,资本要不断地寻找新的地盘,不断地将非资本领域资本化。空间就是在这样的资本的力量下得以重新铸造和组织。空间自身的固有屏障在资本的流动本能之下崩溃了②。空间的不断重组成为了资本运动的必然结果。在《1857—1858 年经济学手稿》中,马克思批判性地指出在资本主义产生之后,空间的属性已经发生了实质性的变化,即空间的资本化。"空间"直接参与资本的运行过程,它既是资本流通的重要条件,又在实现资本增殖中扮演主要角色。马克思在《手稿》中认为劳动资料和劳动对象的空间,如土地、原料、生活资料、劳动工具等,是货币转化为资本的重要条件(其中,土地是最重要的)。这些客观条件是"空间"进入资本主义的生产领域,成为生产剩余价值的中介和手段、资本逐利的对象以及各种利益争夺的焦点。因此,空间资本化成为资本主义社会存在的必然要求和前提条件。尽管,拥有一百多年历史的马克思主义还不能充分具备发展这些精辟见解的条件,但是,马恩已经深刻地揭示了资本不平衡地理发展与空间研究的紧密联系。

## 二、洛杉矶学派对资本—空间关系研究的拓展

第二次世界大战后,世界范围内的城市化进程出现了新变化,可以概括为城市空间结构的重组。如:城市规模仍在持续扩大,区域—城市正在兴起;制造业外迁与原有中心城市功能的升级调整;城市空间结构由单中心向多中心转变等。这些纷繁复杂的空间重组的表象背后,其实质仍然是当代资本主义不平衡地理发展所产生的必然结果。20 世纪 60 年代以来,洛杉矶学派的代表人物,如大卫·哈维、爱德华·W.苏贾等学者继承了马恩的研究成果,对资本不平衡地理发展与城市空间的关系进行了拓展性的分析。

大卫·哈维将马恩城市空间分异现象的研究进一步深化。他通过聚焦巴黎的城市化来阐述资本运动、经济危机与城市空间重构之间的密切联系。

---

① 《马克思恩格斯文集》第 8 卷,人民出版社 2009 年版,第 169 页。
② 参见汪民安:《空间生产的政治经济学》,《国外理论动态》2006 年第 1 期。

在其著作《巴黎城记——现代性之都的诞生》中,他以 1848 年席卷法国的经济危机为切入点,提出这场经济危机主要是资本主义已经臻于成熟时期过度积累和资本与劳动力出现巨量剩余而引起的。① 为此,路易·拿破仑·波拿巴从两方面着手进行缓解危机:一方面是"大量开垦荒地、开辟道路、挖掘港口、疏浚可通航的河流、完成运河及铁路网的铺设";另一方面是全力美化巴黎,并且改善巴黎市民的居住环境。也就是说要通过大规模长期的投资和重塑城市空间以吸收过剩的资本和劳动力。法国的铁路网从1850 年的 1 931 公里,扩展到 1870 年的 17 400 公里的复杂网络。铁路工程吸收的就业人数更是无法计算。电报系统在 1856 年还付之阙如,到1866 年已铺设了 2.3 万公里。法国还出资于 1869 年开通苏伊士运河。②同时,巴黎的内部空间的改造也日趋完善。修筑新的道路网,改造了下水道、公园、纪念碑、学校、教堂、官署、住房和商业建筑。这些巴黎内部空间的公共工程吸收了过剩的资本和劳动力,通过在现有环境下建造特定的空间配置,促进了资本的自由流通。在此过程中资本也按照自己独特的逻辑重新塑造了巴黎的内部空间。巴黎市内公共工程共计花费 250 亿法郎,当巨额资本涌入城市的时候,原有的信贷和土地政策都要作出相适应的调整,当三者结合时,必然造成空间关系的革命——巴黎成为一个资本流通掌控下的城市。在城市内部结构中,投资形式的差异,造成了真正的都市分区的界限。

首先,巴黎地价明显从市中心往市区周边层层下降,可以清楚地区别出资产阶级所居住的西区与工人阶级所居住的东区,两者之间刚好隔着高租金的商业中心。各地区的土地价值结构中也出现明显的价值落差,地价从市政府周边的每平方米 1 000 法郎,到圣丹尼斯街的 600 法郎,再往东到了工人阶级区,则在 150 到 250 法郎之间,而在位于关键道路——新大道上——交叉的绝佳地点或繁荣的商业区,以及后街与住宅区的低价之间,也

---

① 参见[美]大卫·哈维:《巴黎城记——现代性之都的诞生》,黄煜文译,广西师范大学出版社 2010 年版,第 104—105 页。

② 参见[美]大卫·哈维:《巴黎城记——现代性之都的诞生》,黄煜文译,广西师范大学出版社 2010 年版,第 118—119 页。

存在普遍的分野①。其次,郊区的绅士化运动也随着市中心的更新运动而展开。西部快速兴起了专属于资产阶级居住的区域,而低收入住宅被迫转移到其他空间(例如左岸的寄宿宿舍)或巴黎周边的新建住宅地区,这些地区很难吸引到资产阶级前往居住。由此,逐渐形成了居住空间隔离的现象。最后,市中心区房地产价格的上升,迫使工业企业必须大幅重组劳动过程或者放弃交通便利的市中心而前往郊区。一些与市中心市场联结紧密的工业,倾向于群聚在内城的东北部,也就是手工业工人的分布地区,这里的租金虽然高于周边地区,但却比内城西北部商业与金融地区或西部资产阶级住宅区来得低。若不如此,工业企业就必须往外到周边地区寻找比较便宜的土地,或者是性质特殊值得支付高租金的土地(例如,交通系统的交叉点)②。工厂的外迁,必然伴随着人口、商业也随之迁往郊区,既改变了城市原有的空间布局,也加速了乡村的城市化进程。在资本运动的逻辑下,现代大都市巴黎的工业、商业、政府、住宅等空间都以竞价的方式被重新布局、组合。按照价值规律运行而形成的新城市空间,更加符合了资本主义发展的需要。

巴黎的土地与房地产市场的重组过程,表现出浓重的资本运动的逻辑,并且对城市空间结构产生了重大影响。它逐渐将巴黎内部空间的组织与不同使用者以竞价取得空间控制的方式结合起来。工业、商业、政府与住宅使用彼此竞争,使得按照价值规律规划的城市空间布局愈加符合资本主义工商业发展的需要。同时,空间关系更加凸显了土地所有者与土地经营者之间的利益关联,他们之间的 交换价值被整合到资本流通当中,完全支配了使用价值。此时资本的流通已经完全释放到重建的空间秩序之中,巴黎新的空间格局由此形成。

哈维对资本不平衡运动、资本主义经济及城市空间结构关系的研究,并没有停留在 19 世纪,他对 20 世纪 30 年代以来资本主义国家的几次经济衰

---

① 参见[美]大卫·哈维:《巴黎城记——现代性之都的诞生》,黄煜文译,广西师范大学出版社 2010 年版,第 147—148 页。

② 参见[美]大卫·哈维:《巴黎城记——现代性之都的诞生》,黄煜文译,广西师范大学出版社 2010 年版,第 150 页。

退或危机也进行了分析,认为资本主义国家频频走出衰退和危机的关键和19世纪的巴黎一样,都是通过资本对空间的重塑来完成的。这其中包括美国联邦政府在战后启用了联邦高速公路计划、大规模修筑公共基础设施,通过大都市区内的郊区化甚至是再工业化等方案以吸收过剩的资本。这一政策导致了60年代末逆城市化现象的出现(也就是郊区化运动),由于资本、人口大量流入郊区,而造成中心城市的衰落,甚至1975年纽约市宣布财政破产。70年代以来全球经济衰退引发了以美国为首的资本主义国家经济重构的序幕,在新一轮的资本流动中,传统制造业的就业人数普遍下降,而新兴的高科技产业和服务业蓬勃发展,资本在向高利润行业运动的同时,再次以它的力量重塑了城市空间结构。而对这一进程的解读则是由爱德华·W.苏贾完成的。

苏贾认为自资本主义诞生以来,对城市和区域的重构不断发生,在理论上和实践上把握资本主义空间性的这种当代性重构,已成为一种正在崛起的后现代批判人文地理学压倒一切的目标[①]。在这里苏贾所说的"当代性重构"是指20世纪60年代后期以来至70年代全球性经济衰退所引发的普遍的新一轮的经济结构调整。他以洛杉矶地区重构过程为其研究对象,阐释了资本不平衡地理发展对城市—区域空间重构的重要作用。

洛杉矶是第二次世界大战及战后美国联邦政府国防计划资助下的最大受益者之一。第二次世界大战爆发前,洛杉矶已具备了较好的工业基础,汽车—玻璃—橡胶轮胎制造、飞机制造和石油工业是这里的支柱性产业。战争机缘及其得天独厚的自然条件,使其获得大量联邦国防经费,国防工业尤其是飞机制造业得到了快速发展,因此,洛杉矶被誉为工业化和城市发展的"阳光带"的典型代表。至20世纪60年代,战后的经济繁荣达到了高潮。1969—1970年的经济衰退到来之前,洛杉矶工业就业的劳动力比例达到了32%的高峰。然而在1965年瓦茨骚乱等一系列城市政治运动和1973—1975年的经济衰退的冲击下,该地区经济结构的重构成为历史的必然

---

① 参见[美]爱德华·W.苏贾:《后现代地理学——重申批判社会理论中的空间》,王文斌译,商务印书馆2004年版,第242页。

选择。

面对 60 至 70 年代传统工业制造业普遍衰退的局面,洛杉矶选择了对重工业实行限制工业化(去工业化)与再工业化的方针,同时由单一制造业为主向多元化经济结构转变。洛杉矶有选择地限制原有工业的门类和产量以调整工业结构。许多旧有的重工业工厂被遗弃,与此同时,再工业化的目标则主要集中在与传统制造业截然相反的高科技部门(主要是飞机和航天)、生产性服务部门和低工资部门(如服装工业和个体服务)。在 1972—1979 年,7 个工业部门的航空航天和电子领域(主要包括飞机和零件、导弹和航天器、办公设备和计算机、无线电和电视设备、通讯设备、电子零部件、调节和控制装置)的制造业总就业率从 23% 上升到 26%[①]。服务业因与高科技相结合,在 20 世纪 60、70 年代实现了最高的就业增长率。这种增长遍及旅游、娱乐场所、法律服务、会计等行业及私人服务部门。此外,服装业的就业人数在 1970—1980 年扩展了近 60%,占制造业就业总增长数的12%,……而且在所有的雇员中,有 90% 的人是妇女[②]。

经过资本和劳动力的重组,洛杉矶地区新工业的地理形态由此形成。首先,是在老工业区外围的郊区居住区和农业地带成长起新的"科技点"。最闻名的是高科技宇宙航空、电子产品公司、办公楼和工业园区所组成的聚集区之一奥兰治,其他则分布在圣费尔南多谷和从洛杉矶国际机场至洛杉矶长滩大型港口的沿线地区。其次,主要集中在洛杉矶市区中心,并逐渐向周边地区扩散的是低技术、劳动密集的设计产业和时装产业,比如服装、家具和珠宝生产;附近主要是娱乐工业的中心,聚集了一些技术型工业,包括电影、电视节目、流行音乐等。最后,紧密地连接着这些工业的是增长得最快的,如金融、保险、房地产等为国外资本运行提供商业服务的部门。

与洛杉矶经济结构重组同时发生的就是空间的变化。在联邦高速公路计划、抵押贷款住房政策及交通、通讯技术等因素的推动下,洛杉矶的城市

---

① 参见[美]爱德华·W.苏贾:《后现代地理学——重申批判社会理论中的空间》,王文斌译,商务印书馆 2004 年版,第 308—309 页。

② 参见[美]爱德华·W.苏贾:《后现代地理学——重申批判社会理论中的空间》,王文斌译,商务印书馆 2004 年版,第 312 页。

空间结构呈现出多中心的格局。传统工业城市的空间结构是单中心模式,资本主义发展初期,城市产生巨大的聚集效应,城市只有一个中心商业区,中心商业区是集就业、文化、娱乐于一体的整个城市的绝对核心地位。城市人口密度和空间布局都是从城市中心向外呈辐射状分布。苏贾称其为"一种具有建构作用的中心之地"。但是,第二次世界大战后的洛杉矶,随着工业的去中心化和再中心化等措施,人口和工业在郊区的低密度、分散发展逐渐成为主要趋势,在中心商业区以外的大都市区内,渐次形成多个次中心,它们部分地承担了中心商业区的功能;因此,洛杉矶城市空间布局被称为多中心模式。"那些新兴的地域联合体似乎正在将这座工业城市翻个底朝天,重新确定市中心,将这座大都市的边缘转变为先进工业生产的核心区域。对内城的有选择的去中心化,在世界上已至少进行了一个世纪,但只是到了最近时期,边缘的聚合才变得非常突出,足以挑战作为工业生产、就业节点和城市规划的各个传统的城市核心。"①这些次中心不仅汇聚了人口和就业,同时形成了独立的经济运行环境,次中心就是大都市区内分散的经济增长极,有力地补充了中心城市的经济,同时也分散了经济衰退冲击的风险和压力。

洛杉矶空间上的分散性、多中心的格局不仅体现在 20 世纪 60 年代后出现的边缘城市和科技郊区,也体现在以往的集中型城市中;不仅体现在美国大城市中,同时也是目前世界大城市发展的主要趋势。换句话说,传统单中心城市模式已日趋消失,代之而起的是多中心的城市—区域化的景观。因此,在此意义上,洛杉矶成为后现代城市的典范。

### 三、资本—空间关系研究对我国城镇化的重要启示

从马克思到洛杉矶学派对资本的不平衡地理发展与城市空间重塑的解读,我们可以发现"区域的不平衡发展始终是超额利润的生成和榨取的一

---

① [美]爱德华·W.苏贾:《后现代地理学——重申批判社会理论中的空间》,王文斌译,商务印书馆 2004 年版,第 348 页。

个重要基础"。① 在市场机制下资本无时无刻不寻找可塑的空间。资本的不平衡地理发展,是把双刃剑。一方面,资本不平衡地理发展可以带动经济结构与劳动力的重组,使资源配置更加优化、合理,也可以带动城市化、城乡一体化进程的加速;另一方面,资本运动也产生了空间上永不停歇的断裂:在全球范围内中心—边缘国家或地区的经济格局并未改变;在城乡关系上,城市与乡村的繁荣主要依赖于资本的流动,资本所到之处就繁荣,资本离开的地方就衰落,两者之间的对立关系并未消失;在城市内部空间关系上,城市空间结构两极分化日益加重,贫民窟与富人区比肩而立、"空置房"与"蜗居"并存,并且城市公共空间被极度压缩和过度资本化。近年来,无论是发达国家还是发展中国家的城市更新或城市化过程中都普遍引发了城市空间正义问题的讨论。资本逻辑作用下城市空间的生产剥夺了一部分人应享受的空间权益,部分弱势群体的利益被挤压、被边缘化,从而引发一系列社会矛盾,在资本主义国家,城市甚至成为阶级矛盾和斗争的主要场所。资本主义的城市问题是资本主义的社会矛盾的空间体现。

由此可知,城市化进程中不能仅仅遵循资本的逻辑。近年来随着我国城市化进程的加快,城市规划、城市建设等方面也暴露出一定的问题,如土地资源的浪费、商品房空置量扩大、房价收入比过高等。这些问题可以归结为城市空间资源的商品化、资本化倾向。列斐伏尔曾指出:"社会主义社会也必然生产自己的空间,不过是在完全意识到其概念与潜在问题的情形下生产空间。""一个正在将自己转向社会主义的社会(即使是在转换期中),不能接受资本主义所生产的空间,若这样做,便形同接受其既有的政治与社会结构;这只会引向死路。"②

目前,我国正处于经济结构调整转型的背景之下,资本的不平衡投入、发展,势必会带动产业结构新一轮的重组。而新型城镇化建设,也被普遍视为未来中国经济增长和社会发展的强大引擎。在了解资本运动与经济重

---

① [美]爱德华·W.苏贾:《后现代地理学——重申批判社会理论中的空间》,王文斌译,商务印书馆2004年版,第255页。

② 包亚明主编:《现代性与空间的生产》,上海教育出版社2003年版,第54—55页。

构、空间重构之密切关系的基础上,我们更应该对未来新型城镇化建设的原则和目标有清晰把握。第一,坚持城市建设与城市规划中使用价值优于交换价值的原则,避免弱势群体遭受空间剥夺和排斥;避免人为造成弱势群体的居住隔离现象。第二,坚持不断扩大公共参与的原则,避免私人资本、地方政府与国家对空间的政治性支配。既不能由政府完全垄断空间的生产,这样不仅效率低下而且容易造成腐败,也不能完全推向市场,任由资本侵害大众利益。第三,坚持城乡一体化发展原则,避免城乡之间、城市中心与城市边缘地带贫富差距的持续扩大。如此,才能实现党的十八大报告中指出的"推动信息化和工业化深度融合、工业化和城镇化良性互动、城镇化和农业现代化相互协调,促进工业化、信息化、城镇化、农业现代化同步发展"的新型城镇化目标。

## 第三节 "洛杉矶模式"与我国城乡一体化建设

20 世纪中后期,经济全球化在形式与内容、广度与深度上呈现出了迅速进展,从根本上带来了美国和其他发达国家社会经济结构的巨大变化:以信息和服务业为重要基础的新经济模式的出现;城市内部经济活动的日趋分散;城市化范围的逐渐扩大,甚至巨型城市(城市—区域)崛起;城市由单中心向多中心模式转变。洛杉矶模式则综合代表了如上表现,洛杉矶模式启发了城市化、城乡一体化发展的新思路、创立了新模式,对国内外城市化理论、模式、路径等方面的研究都作出了巨大贡献。

### 一、洛杉矶模式的有益经验

根据对洛杉矶大都市区多中心空间结构形成历史追溯,我们可以得出这样一些有益的经验。

首先,产业结构的转型升级是推动工业、人口向郊区扩散,加快郊区城市化、促进城乡空间一体化的主要动力。

20 世纪 50 年代以来,美国发生了两个空间上的大转移。第一个是人口和就业机会从北部和东部的"冰雪带"(Snowbelt)城市,向南部和西部的

"阳光带"(Sunbelt)城市的大陆性的转移。对于老工业城市,这意味着某些情况下制造业就业的集聚下降和对中心城区的遗弃。"阳光带"提供了良好的气候和发展的土地,并且在一些城市,联邦政府在国防工业大量投资后带来了就业机会。联邦对屋主的奖励也可以被看作这些城市的一个增长的推动因素。到80年代,加州在城市体系中增长的重要性已经为城市地理学家所承认。对纽约而言,有了一个潜在的竞争对手。例如,洛杉矶已经成为文化产品的领先制造者。西雅图和波特兰也吸引来自新技术领域和亚洲新移民的就业。对"阳光带"城市来说,快速增长通常意味着扩张,边界城市和郊区就业的极端发展,以及近来对低密度郊区扩张成本不断增长的共识。因此,第二个转移就是指向郊区转移的加速。"20世纪下半叶美国的经济增长在郊区。1950—1990年,美国50个最大的城市失去了三分之一的制造业就业人数,同时在其郊区的制造业就业增长了1.6倍。"①就业转向南部、西部以及郊区。因为80年代至90年代间出现的新经济,在现有城市之外创造出了新的经济增长点——加州旧金山和圣何塞间的硅谷,波士顿外的128公路区。远郊作为许多大公司总部所在地,有其公认的经济角色。在美国,新的城市形式——"边界城市"和"无界城市"得到探讨。

洛杉矶工业的升级转型过程,走了一条资源驱动模式—资本驱动模式—创新驱动模式—文化创意驱动模式的道路。洛杉矶早期的发展得益于它的油井和港口,它从以自然资源开发为主的简单加工,到第二次世界大战期间至战后联邦巨额国防工业的投入,飞速发展成全美第三大制造业城市,至70年代逐步走向以人力资源开发为主的高科技产业。通过开拓未来经济领域里起关键性作用的新兴产业加以孵化和培养,促进其产业化进而扩展为全球化产业,而不是简单承接其他城市的传统产业或者扶持本地民族企业进行国际产业代替等经济增长方式。而在产业结构的升级转型中,都伴随着人口、产业向郊区的迁徙和扩散,客观上促进了郊区城镇化进程,从而洛杉矶形成了特有的多中心空间模式。尤其是洛杉矶通过中心城区的

---

① [英]彼得·纽曼、安迪·索恩利:《规划世界城市——全球化与城市政治》,刘晔等译,上海人民出版社2012年版,第68页。

"再工业化"和外围城区的"工业分散化"两种形式重构城市产业空间。"再工业化"是在市中心复兴设计和时装产业以及电影等娱乐技术型工业;"工业分散化"是依托城市发展轴线,在郊区出现的"工业走廊"和新城或卫星城形成的工业集聚区。以电子产业为例,洛杉矶电子产业始于 20 世纪 30 年代。1972—1979 年,洛杉矶航空/电子业的区域就业比重从 23%上升到 26%。随着电子行业的快速增长,促使距离洛杉矶中心较远的周边地区也得相当的发展(如奥兰治县和文图拉县)。这些外围工业新区不仅带动了里弗赛德县、圣贝纳迪诺县的发展,而且还带动了圣地亚哥、圣巴巴拉县的迅速扩张。到 20 世纪 70 年代后期,洛杉矶电子产业出现了"大分散、小集中"的多个生产中心,由 129 个自治市构成的都市为区域内的电子制造部门提供不同的和竞争性的区位①。洛杉矶的文化创意驱动模式有着非常好的基础。好莱坞的电影使洛杉矶在全世界家喻户晓,尤其第二次世界大战后,其电影产业更是快速发展。在此基础上,该市又发展了电视、唱片、文化旅游等新的文化娱乐产业。环球影城、迪斯尼乐园等文化主题公园成为驱动其旅游业发展的引擎,除此之外,服装、印刷和出版、家具、珠宝、广告、玩具、建筑和室内设计等文化创意产业在该市也集聚发展,共同推动洛杉矶从区域型商业城市迅速转型为国际大都市。可以说,正是文化与产业、科技融合的创意产业集聚发展,促使"原本远离传统的权力与财富核心而被视为暴发户的洛杉矶"产业结构得到优化,从而摆脱了原来的形象,树立起富于创造力的创意城市新形象②。

其次,政府政策、法律引导,城市规划与新城开发设计是城市空间结构从单中心走向多中心模式的重要保障。无论在洛杉矶、伦敦、东京还是在巴黎大都市地区,其目前多中心空间模式的形成有着非常重要的政府参与,政府对城市空间的规划、设计、引导弥补了市场经济的不足,一定程度上避免了单中心模式对城市中心造成的各种压力。一般来说,政府的政策引导主

---

① 转引自刘艳艳:《洛杉矶工业产业升级的主要经验及启示》,《世界地理研究》2013 年第 4 期。
② 参见刘平:《文化创意驱动城市转型发展的模式及作用机制》,《社会科学》2012 年第 7 期。

要有以下几方面内容:

1.政府制订并调整大都市区发展规划。从整个大都市区的角度出发,制订具有区域指导作用的大都市区域规划,是大都市区未来发展的重要前提。在这种区域型规划中,按照整体性、有序性原则,将整个大都市区作为设计对象,明确各次中心职能,旨在促进高度密集的单极化城市结构转变为更大区域范围的多核心空间结构,实现大都市区经济的空间平衡与协调发展。这一点在伦敦、巴黎、东京等城市的空间演变中都表现得较为典型。如,1944 年《大伦敦规划》、1982、1986 和 1990 的东京都长期规划、巴黎1965 年颁布的《巴黎地区国土开发与城市规划指导纲要 1965— 2000》等。

2.分区政策。分区政策是美国区域经济政策中最主要的部分。它是在区域规划的基础上,对不同的分区采取不同的刺激和扶持政策,以促进欠发达地区、传统工业衰落地区、新型工业区等经济发展的一种经济政策,这是促进区域经济平衡发展的最基本也是最常用的方法之一。分区政策所采取的激励方式,主要包括了投资补贴、就业补贴、税收优惠、直接投资拨款改善投资环境等几个方面。美国为鼓励在西部和南部地区的投资,西、南各州都曾制定了相应的税收优惠和减免政策①。第二次世界大战期间及战后,美国联邦政府对洛杉矶地区的军费拨款、联邦政府修建高速公路的补贴等都是这一政策运用的体现。

3.建立投资许可制度,疏散大都市区过度集中的人口和就业。许多西方国家曾经采取投资许可制度来限制中心区的工业扩张。例如英国早在1945 年就实行了"工业开发证书"制度,1947 年具体规定凡 5 000 平方英尺(1 英尺 = 0. 3048 米)以上的工业建筑必须获得贸易委员会颁发的开发证书,以限制工业在发达地区的发展。1965 年又颁布了《官厅和工业发展控制法》,规定凡超过 3 000 平方英尺的办公建设必须领取官厅开发证书,以控制英格兰中部和东南部地区办公机构的急剧膨胀。20 世纪 50 年代,法国在巴黎工业分散化运动中,曾规定凡在巴黎区特定范围内新建或扩大 50

① 参见张京祥、殷洁、何建颐:《全球化世纪的城市密集地区发展与规划》,中国建筑工业出版社 2008 年版,第 83 页。

名工人以上(或占地 500 平方米以上)的工业企业都需事先申请特许批准,并采取有效措施使有关的行政、科教和技术机构向外扩散;80 年代初社会党上台后,则明确限制国有企业在巴黎地区的投资扩张活动①。1959 年日本政府公布《首都圈建成区内工业等设施控制的法律》,其中将首都圈内的部分城市建成区,定位为工业等设施控制区域。即在包括东京都 23 区、三鹰市、横滨市、川崎市及川口市的部分市区,对一定规模的工业、大学等新增项目进行控制。可以说,这一政策对于控制大型工业设施的增加和人口快速向东京集中起到了明显的效果。工厂搬迁后的土地多用来进行公园、绿地、道路等的建设。

4.新城建设是重要规划手段。在世界大城市从传统单中心空间结构走向多中心模式的过程中,大部分城市都把政府引导培育、建设多个新城作为重要手段。一般来说,新城建设的主要目标是有效疏散中心城区高密度人流,解决诸多城市问题,提高市民生活质量等,发挥大城市产业转移和人口疏散的职能,使其成为新的地区经济增长点或者成为振兴当地正在衰退经济的复兴地。国外大都市的新城建设,一方面,是适应城市郊区化发展客观规律的必然选择;另一方面,也是为了促进城市空间结构协调和功能配置合理化的政府行为。因此,每一座新城的规划建设,政府对其都有明确的功能定位和建设目标,对整个新城的规划、建设和管理发挥总体性指导作用。英国大多数新城的建设目的主要是从伦敦、伯明翰、曼彻斯特、利物浦等大都市区那些过于拥挤、堵塞、甚至不卫生环境中疏解人口,以创造良好的居住环境;日本在东京大都市圈内开展的"展都型首都机能再配置"计划,对规划建设的新城都作出了明确的主导功能定位。如多摩新城为大学、商业职能;千叶市为国际空港、港湾,工业集聚;茨城为科学城②。

一般来说,政府的行为对新城建设成败具有决定性的作用。为保障新城建设的顺利进行,西方大都市政府制定了相关法律条文和配套政策。英国在新城开发建设之初,就制定了《1946 年新城法》,整整实施了 30 年,后

---

① 参见张京祥、殷洁、何建颐:《全球化世纪的城市密集地区发展与规划》,中国建筑工业出版社 2008 年版,第 84 页。

② 参见陶希东:《国外新城建设的经验与教训》,《城市问题》2005 年第 6 期。

来为了适应新形势,对其进行了必要修改,制定了《1976 年新城法》;法国制定了《1960 年新城法》和《1983 年新城法》;日本政府则制定了《城市改建法》,对于东京的改建规划制定了明确的原则,即"一心(东京)变多心(新宿、池袋和涩谷三个副中心)、一极(东京)变两极(东京、多摩新城)"。与此同时,政府在土地征用、财政税收、住房建设、吸引人员入住新城等方面制定了相应的政策,以推进新城建设计划的顺利实施①。

近年来多中心城市空间结构或多中心城市区域的研究成为学者们的宠儿,国内外学者都试图对多中心城市空间结构模式的效用作出科学的分析、并与传统城市化模式作比较,为未来城市发展提供科学、合理的模式。尽管多中心空间模式的兴起与发展时间还较为短暂,在实践中以多中心空间模式为指导原则的新城建设有成功有失败,但是它为解决单一中心大城市发展问题提供了一种全新的视角和模式,对中国的城镇化道路也具有重要的战略指导意义。

最后,交通通讯工具的变革和改善是郊区城市化的重要物质条件。交通技术塑造了我们当今的社会,现代的平面扩展是汽车带来的产物。每一种成功的新型交通工具通常会经历三个阶段。第一阶段,技术方面的突破为某种更加快捷的交通工具的大规模生产提供了可能,如蒸汽火车或汽车;第二阶段,如果有必要的话,建设与这些新的技术相适应的新的交通网络;第三阶段,居民和公司改变他们的地理位置,以便利用这些新的交通方式。如果说亨利·福特的汽车生产线是汽车时代的第一阶段、公路系统是第二阶段的话,那么大规模的郊区化和以汽车为主导的城市的崛起已经成为了第三阶段——这是人类面对新的交通技术作出的反应②。纳入了公路系统的那些城市的收入和人口出现了明显和较快的增长。公路较多地区的郊区发展比较快。在阳光带平面扩展的新兴地区,企业分散在整个地区而非集中在某一个中心区里。在美国最大的 98 个城市中,几乎有一半的工作岗位距离市中心超过了 10 英里。人们到围绕着汽车修建的大型购物中心而非

---

① 参见陶希东:《国外新城建设的经验与教训》,《城市问题》2005 年第 6 期。
② 参见[美]爱德华·格莱泽:《城市的胜利》,刘润泉译,上海社会科学院出版社 2012 年版,第 162 页。

传统的市中去购物。非常便宜的卡车和公路让企业远离了港口、车站和五大湖系统。

## 二、十八届三中全会与我国城镇化建设的总体设计

城镇化是现代化的必由之路。工业革命以来的经济社会发展史表明，一国要成功实现现代化，在工业化发展的同时，必须注重城镇化发展。根据国家《城市规划基本术语标准》，城镇化是指人类生产和生活方式由乡村型向城市型转化的历史过程，表现为乡村人口向城市人口转化以及城市不断发展和完善的过程。又称城市化、都市化①。“城镇化不仅是农村人口向城镇转移，二、三产业向城市集聚，从而使城镇数量增加、规模扩大、现代化和集约化程度提高的过程，而且也是城市文化、城市生产和生活方式、城市价值观念向农村渗透融合的过程。”②改革开放以来，伴随着工业化进程加速，我国城镇化经历了一个起点低、速度快的发展过程。1978—2013 年，城镇常住人口从 1.7 亿人增加到 7.3 亿人，城镇化率从 17.9%提升到 53.7%，年均提高 1.02 个百分点；城市数量从 193 个增加到 658 个，建制镇数量从 2 173 个增加到 20 113 个③。2012 年，我国城镇经济总量占全国 GDP 的 89.9%，城镇成为推动国民经济发展的主导力量④。同年 11 月 28 日，李克强总理在会见世界银行行长金镛时指出，“中国已进入中等收入国家行列，但发展还很不平衡，尤其是城乡差距量大面广，差距就是潜力，未来几十年最大的发展潜力在城镇化。”城镇化发展能够推动消费结构优化、消费能力提升以及城镇基础设施投资建设等多领域的共同发展，可以为国民经济增长提供源源不断的内在动力。因此，将城镇化作为扩大内需的战略重点、解

---

① 中华人民共和国建设部：《城市规划基本术语标准》，1998 年 8 月 13 日，见 http://www.jinshui.gov.cn/jswwzz/zxbs/bsnn/mxqy/csjs/webinfo/2006/07/1247186888031476.htm。
② 参见陈伯庚、陈承明：《新型城镇化与城乡一体化疑难问题探析》，《社会科学》2013 年第 9 期。
③ 参见《国家新型城镇化规划（2014—2020）》，新华社北京 2014 年 3 月 16 日电，见 http://news.xinhuanet.com/house/bj/2014-03-17/c_126274610.htm。
④ 参见国家发改委对外经济研究所城镇化问题研究课题组：《中国新型城镇化建设党员干部读本》，新华出版社 2013 年版，第 2 页。

决"三农"问题的根本途径、调整经济结构的重要抓手和推动区域协调发展的强劲动力,已经逐步成为中央决策层和学术界的共识。

然而,我国在城镇化发展过程中,存在突出的矛盾和问题。一是,大量农业转移人口难以融入城市社会,城市化进程滞后于工业化;二是,"土地城镇化"快于人口城镇化,建设用地粗放低效;三是,现有的城乡二元结构,使城乡差距扩大;四是,城市管理服务水平不高,公共服务供给能力不足,城中村和城乡结合部等外来人口集聚区人居环境较差等。综合国内学者的现有研究成果,笔者认为中国城镇化进程受制于三大核心的体制因素:土地、人和资金。目前这三大因素都被一个体制性的框架所深深束缚着,即"城乡二元化结构"。土地的二元化结构主要是城市的国有土地制度和农村集体土地制度,集体土地无法用市场的方式自由流转,让农民"脱农"、"脱地"无法获得公平的补偿,也让大多数期待进城的农民因缺少了财产性支撑而有心无力。人的城乡二元化结构体现在户籍的二元化以及区域之间的户籍多元化,公共资源配置的失衡更是让附加在户籍上的种种利益与限制严重地阻碍了劳动力的自由流动。资金的城乡二元化结构体现在城市的一套金融体系,农村的一套,农村的金融体系不能为农村服务,常常扮演着抽水机的功能。此外,市场经济条件下,一切经济活动都需要有财政的支撑。城镇化主要任务在地方,然而目前我国的各级地方政府财政资源非常短缺。以上三个核心问题不解决,不仅新型城镇化道路无从谈起,并且将对中国的经济和社会发展带来灾难性的隐患。因此,破除城镇化推进过程中体制性藩篱的阻碍、根据实际情况探索和推出城镇化发展规划迫在眉睫。十八届三中全会的召开及通过的《中共中央关于全面深化改革若干重大问题的决定》(以下简称为《决定》)恰逢其时。

关于新型城镇化战略和城乡一体化发展的内容在《决定》中既有专门章节的阐述,也渗透在有关经济、政治、文化、社会改革和生态文明制度建设等相关内容当中。《决定》指出:"城乡二元结构是制约城乡发展一体化的主要障碍。必须健全体制机制,形成以工促农、以城带乡、工农互惠、城乡一体的新型工农城乡关系,让广大农民平等参与现代化进程、共同分享现代化成果。"要加快构建新型农业经营体系,赋予农民更多财产权利,推进城乡要素平等交换和公共资源均衡配置,完善城镇化健康发展体制机制。

首先,市场主导、政府引导是深化体制改革的关键。"市场主导、政府引导"是深化体制改革的关键,也是突破城市国有和农村集体所有的二元土地制度的关键。《决定》指出:"使市场在资源配置中起决定性作用和更好发挥政府作用"意义重大。政府不取代市场,尊重市场规律,因为市场规律能够高效率优化资源配置,能够使微观经济主体具有充分活力和发展动力。

近年来城乡一体化发展、缩小城乡收入差距、增加农村居民的财产性收入、推进农业产业化和构建社会主义新农村建设等问题都集中到了农村土地产权制度改革这个问题上。当前,我国的农村居民手中的土地产权权利不清晰、不完整,农民尽管拥有土地、房屋等大量资产,却难以转化为发展的资本,得不到财产性收入,常常处于用不好、放不下的尴尬境地。农村产权制度的缺陷阻碍城乡生产要素自由流动,导致农村资源配置效率低下,市场体制在城乡之间的二元分割,严重束缚了农村生产力发展,成为城乡二元体制中最为坚固的一道壁垒。农村产权制度改革就是要在坚持农村基本经营制度的基础上,建立"归属清晰、权责明确、保护严格、流转顺畅"的现代农村产权制度。为此,中央提出要对农村的土地确权发证,并要在五年内完成。明确农民的土地承包经营权、宅基地使用权是合法的财产权利,要受到法律的保护;实现农民的土地权利收益(包括经营性收益、级差地租和土地增值收益),避免征地补偿费用大大低于土地的市场价格、土地出让的收益是征地补偿费的十几倍甚至几十倍等现象。从而构建城乡一体的市场经济体制,实现生产要素在城乡之间自由流动。

对此,有学者认为如果放开"两权抵押",引入市场机制,优化农村土地资源的配置,会导致农地私有化的倾向。因为发放土地证以后,一旦抵押人无力赎回,被抵押财产权归债权人所有,就形成事实上的土地买卖,农村土地集体所有就会变为有名无实的空壳,会导致农村土地走向私有化。可以说这样解读市场在资源配置中起决定性作用,是非常错误和片面的。市场在资源配置中起决定性作用,并非要求农地私有化。《决定》重申坚持农村土地集体所有权,维护农民土地承包经营权,稳定农村土地承包关系保持长久不变。在维持原有制度不变和"坚持和完善最严格的耕地保护制度"的前提下,"赋予承包经营权抵押、担保权能";在"保障农户宅基地用益物权"前提下,"选择若干试点,慎重稳妥推进农民住房财产权抵押、担保、转让。"也就是说在维护现行农村基本土地制度和集体经济组织的组织制度前提下,通过确权来加快土地流转,以实现土地的适度规模、连片经营。

除了承包地和宅基地以外,集体经营性建设用地流转改革也引发社会高度关注。有些地方甚至出现"流转热"。有学者担心,如果此类地予以放开,在当前监督和约束缺位的情况下,大量的款项会落到村长、村支书的腰包里,为"小官巨贪"创造了更大的生成空间①。与此相关,还有大量小产权房,利用的是村集体建设土地,有一部分甚至是耕地,它的价格要比正常的商品房低50%以上,如果这部分放开,将会导致城乡结合部地区小产权房泛滥、城里人到农村圈地买房等负面问题出现。为了避免以上问题,《决定》的态度是非常慎重的。《决定》指出:"在符合规划和用途管制前提下,允许农村集体经营性建设用地出让、租赁、入股,实行与国有土地同等入市、同价同权。"

由以上《决定》内容来看,土地资源的市场配置是以"符合规划和用途管制"为前提,也就是发挥市场积极性作用的同时,政府仍然发挥着宏观调控和监管的作用,肩负制定规划政策、提供公共服务和营造制度环境的重要职责。《决定》中规定了政府在土地市场化中应该承担的责任和任务"缩小征地范围,完善被征地农民合理、规范、多元保障机制;扩大国有土地有偿使用范围,减少非公益性用地划拨"等。我国人口多、耕地少,对执行这一规则只能从严,不能从宽。这就体现了"更好发挥政府的作用"的精神实质。具体而言"更好发挥政府的作用"是指发挥中央与地方的双重作用。中央政府统筹总体规划、战略布局和制度安排,加强分类指导;地方政府则因地制宜、循序渐进抓好贯彻落实;尊重基层首创精神,鼓励探索创新和试点先行,凝聚各方共识、实现重点突破、总结推广经验、积极稳妥扎实有序推进新

---

① 参见曹锦清:《市场发挥决定性作用并非要求农地私有化》,《探索与争鸣》2014年第2期。

型城镇化。目标是"建立兼顾国家、集体、个人的土地增值收益分配机制"。

其次,以人为本,公平共享是核心精神。新型城镇化是以人的城镇化为核心,解决人的城乡二元结构问题。实现人的城镇化需要身份、素质、观念、文化、思维方式、行为方式等方面的融入。目前,除了户籍的二元化以外,被纳入城镇人口统计的2亿多农民工及其随迁家属,未能在教育、就业、医疗、养老、保障性住房等方面平等享受城镇居民的基本公共服务,这种公共服务体制致使城镇内部出现新的二元结构矛盾。也制约了城镇化对扩大内需和结构升级的推动作用,更存在着社会风险隐患①。人口由农村向城市的自愿流动,首先就是要打破户籍障碍。有人担心,户籍制度改革会不会导致人口都涌入大城市,加剧当前已经存在的"大城市病"?也有人担心户籍制度改革会不会导致出现拉美、印度等国家那种贫民窟,从而影响社会稳定?我国当前有2亿多流动人口,还有6亿多农村人口,如果一下子放开户籍限制,附着于户籍制度上的各种利益矛盾不但不能缓解,反而会在短时间内集中显现,任何国家、任何社会都无法承受。因此,只能分步骤、有计划地满足群众的落户愿望,防止人口过度膨胀所引发的社会矛盾加剧等问题。

《决定》明确提出了要加快推进户籍制度改革的重大决策,为我国户籍制度改革指明了路径和要求。第一,推进农业转移人口市民化,"逐步把符合条件的农业转移人口转为城镇居民……全面放开建制镇和小城市落户限制,有序放开中等城市落户限制,合理确定大城市落户条件,严格控制特大城市人口规模。"第二,"稳步推进城镇基本公共服务常住人口全覆盖,把进城落户农民完全纳入城镇住房和社会保障体系,在农村参加的养老保险和医疗保险规范接入城镇社保体系。建立财政转移支付同农业转移人口市民化挂钩机制。"第三,创新人口管理制度。建立城乡统一的户口登记制度,取消城乡居民的身份差别;建设和完善覆盖全国人口的国家人口基础信息库,努力做到人口流动到哪里,服务和管理就跟进到哪里②。深化户籍改革与基本公共服务均等化并举,才能促进人的社会融入,真正实现人的本土

---

① 参见苗杨等:《公共服务视角下人的城镇化实现路径探讨》,《当代世界》2013年第12期。
② 参见中宣部理论局编:《中国改革最话题——十八届三中全会、2014年"两会"10大改革热点专家解析》,人民出版社2014年版,第53—54页。

认同。

真正实现城乡一体化发展,更为根本的措施是"富民"政策,让农民真正富裕起来,农民才能真正实现人口的"自由迁徙"。如何做到"富民"呢?《决定》中提供了若干解决措施:第一,加快构建新型农业经营体系,"允许农民以承包经营权入股发展农业产业化经营。鼓励承包经营权在公开市场上向专业大户、家庭农场、农民合作社、农业企业流转,发展多种形式规模经营"。"鼓励农村发展合作经济,扶持发展规模化、专业化、现代化经营。……鼓励和引导工商资本到农村发展适合企业化经营的现代种养业,向农业输入现代生产要素和经营模式。"这项措施是解决原有农业经营体制下的两个突出问题:一方面是农村青壮年劳动力大量外出务工经商,使农业面临"谁来种地"的问题;另一方面农民纯收入中来自农业的比重正在明显下降,也就是"怎么种地"的问题。据统计,2012 年全国农民人均 7 919 元的纯收入中,来自耕地经营(种植业)的比重仅占 26.6%(2 107 元)。因此,加快构建我国新型农业经营体系直接关系到我国农业未来的兴衰。目前,我国各类新的农业经营组织形式正在发展中,已发展起农民专业合作社 68.9 万个,入社成员 5 300 多万户。各类农业产业化经营组织 30 余万个,带动的农户约 1.18 亿①。第二,"赋予农民更多财产权利。保障农民集体经济组织成员权利,积极发展农民股份合作,赋予农民对集体资产股份占有、收益、有偿退出及抵押、担保、继承权"。就是让农民不因为户籍的转变剥夺其在原有集体的收益分配权;集体经济组织的股份,不随人口增减而变动,维护现有持股成员的稳定。农民不用担心因户籍迁出而让自己收益受损,可以放心地带着股权进城创业,这会有利于城镇化建设。同时还"探索农民增加财产性收入渠道,建立农村产权流转交易市场,推动农村产权流转交易公开、公正、规范运行。"以上诸多措施对于提高农民生活水平,进一步激发农民生产、生活积极性有重要意义。

最后,健全农业保护体系、拓宽融资渠道是物质保障。实施新型城镇化战略、实现农业现代化和社会主义新农村的目标,离不开巨额资金支持。目

---

① 参见陈锡文:《构建新型农业经营体系刻不容缓》,《求是》2013 年第 22 期。

前农民和农业积累的资金大量流入城市工业项目,农村资金供给严重短缺,提高了农业和农民的融资成本;城镇化进程必然伴随城市各项社会服务支出的继续增加,而近年来地方政府财政困难的现象也普遍存在,"土地财政路"已经走到了尽头。那么农村发展资金短缺、地方财政困难的现状如何解决?

《决定》中提出,"允许财政项目资金直接投向符合条件的合作社,允许财政补助形成的资产转交合作社持有和管护,允许合作社开展信用合作。""保障金融机构农村存款主要用于农业农村。健全农业支持保护体系,改革农业补贴制度,完善粮食主产区利益补偿机制。完善农业保险制度,鼓励社会资本投向农村建设,允许企业和社会组织在农村兴办各类事业。"在保证现有农村金融机构更好发挥为农村农业服务的同时,其他渠道的投融资也是有益补充,如地方政府的财政支持和私人资本的投资运营等,以促进更多资金流向农村,推动农业发展,加速城镇化进程。

同时,地方政府也有望走出财政困局。《决定》指出"建立透明规范的城市建设投融资机制,允许地方政府通过发债等多种方式拓宽城市建设融资渠道,允许社会资本通过特许经营等方式参与城市基础设施投资和运营,研究建立城市基础设施、住宅政策性金融机构。"这"两个允许"很有深意。允许发地方债,地方财政从过度依赖间接融资变为直接和间接融资并举,更多利用金融市场融资,避免了地方政府一味出让土地以满足财政需要的困境。此外,为缓解地方财政困难,税制改革中,中央和地方的支付关系上也出现明显调整。中央越来越多地承担一些事业费用的支出,可以相对减轻地方的负担;中央大量地减少戴帽下达的专项转移支付,而增加一般性的转移支付,减少不适应各地具体情况的条条框框,给地方政府更大的统筹权利。

综合上述分析,十八届三中全会及其《决定》反映出三大特色。一是,改革重在顶层设计和顶层监督,党中央成立了全面深化改革领导小组,表明党中央成了改革的布局者和监督者,改革方案不仅是顶层设计,而且是顶层监督。二是,改革思路有突出的整体设计的烙印。仅仅从推动城乡一体化进程来看,就涉及文中介绍的多领域、多部委的协同工作,不能单独实行。

三是,重新把改革的重点定位为政府与市场的关系,说明中央对解决体制面临的问题的把握是准确的,解决了改革的方向问题。因此,三中全会及其《决定》汇集了全面深化改革的新蓝图、新目标,真切地反映了社会呼声、诉求和期盼,是完善和发展中国特色社会主义制度、推进国家治理体系和治理能力现代化的重要举措。充分展示了中国共产党勇于开拓创新、知难而进的精神。必将对推动中国特色新型城镇化建设,加速实现城乡一体化进程;也必将对中国特色社会主义事业发展产生重大而深远的影响。

### 三、我国城乡一体化发展的制度建设

新型城镇化战略的提出对我国地方政府治理能力提出了全方位的挑战,政府职能的转变成为时代的必然要求。在社会主义初级阶段,政府的主要职能是服务于国家经济与社会的管理。随着全面深化体制改革工作的推进,地方政府要向"公共服务型"政府转变,在此过程中,既需要加强制度建设,更需要彻底贯彻依法治国理念,让政府职能转变在法律框架下稳步前进。

实现新型城镇化战略目标是一个复杂的系统工程,涉及人口管理、土地管理、财税金融、城镇住房、行政管理、生态环境、就业创业机制等多个领域的共同努力。每一方面的改革都势必迫使地方政府职能转型与治理创新。一方面,地方政府要为产业发展及空间转型承担相应的规划及其配套设施建设的职能,从而为土地、资本、劳动力等资源空间优化配置以及现代产业营造良好的发展环境。另一方面,地方政府还要担负起实现城乡社会福利、公共服务均等化的重任。面对户籍制度、土地制度、社会保障制度等方面的深入改革,地方政府不得不考虑通过职能转型以及治理体制机制创新来解决城乡居民的社会权、政治权与民事权平等等问题。根据上述分析,新型城镇化建设目标的实现离不开地方政府治理的现代转型,或者说,其过程本来就是地方政府治理现代化的过程①。

---

① 参见郁建兴、冯涛:《城市化进程中的地方政府治理转型:一个新的分析框架》,《社会科学》2011年第11期。

  新中国成立以来我国地方政府经历了从"管制型政府"到"发展型政府"的转变。计划经济体制下的地方政府角色,其主要职责是对中央政策的执行:既不具备独立的利益主体的地位,又缺乏经济管理权力和资源配置的功能,仅仅"是中央到乡镇整条行政链条上的中介,是中央政策的传声筒"。改革开放以后,中央政府开始了新一轮的行政性分权,赋予地方政府一定的自主权,开始了中央与地方关系的制度性调整。这一系列改革从事实上承认了地方政府利益,从而使得地方政府具有了双重的身份特征:它依然是中央政府在地区的代表,是中央政府政策得以贯彻执行的代理者;同时它又是地方利益的代表者,要维护地方利益、促进地方发展,因此被称为"发展型政府"。但随着经济快速膨胀、资本高速集中、城市急剧扩张,发展型政府产生一系列问题并日益凸显,如地方政府自身职能行使中存在所谓的"越位"、"错位"、"缺位"的三位现象。针对以上情况,2013年8月中央政治局会议审议通过了《关于地方政府职能转变和机构改革的意见》;指出:地方政府职能转变和机构改革是贯彻落实党的十八大精神的重要举措,要站在全党和全局的高度大力推进。在十八届三中全会通过的《中共中央关于全面深化改革若干重大问题的决定》中也明确指出"全面正确履行政府职能"。具体而言,纠正政府职能"越位"要"进一步简政放权,深化行政审批制度改革,最大限度减少中央政府对微观事务的管理,市场机制能有效调节的经济活动,一律取消审批,对保留的行政审批事项要规范管理、提高效率;直接面向基层、量大面广、由地方管理更方便有效的经济社会事项,一律下放地方和基层管理";纠正政府职能的"缺位"要"加强地方政府公共服务、市场监管、社会管理、环境保护等职责";纠正"错位"要"推广政府购买服务,凡属事务性管理服务,原则上都要引入竞争机制,通过合同、委托等方式向社会购买"、"加大事业单位分类改革"、"优化政府组织结构"、"统筹党政群机构改革,理顺部门职责关系"、"严格绩效关系,突出责任落实,确保权责一致"等措施。随着新型城镇化战略的不断推进,地方政府职能势必将超越以往"管制型政府"、"发展型政府"角色,向"公共服务型政府"转变。一方面,地方政府要以公共服务为主要手段,吸引更多人力资源,从而达到地方经济社会发展的目标;另一方面,地方政府要更多地转向社会保护等公共服务领域,减少对经济领域的直接干预,从而不断规范政府与市场、社会的关系并实现治理模式的重构与创新。

从十六大以来,尽管我国已经对构建公共服务型政府作出了初步探索,但总体来看,还不尽如人意。我国构建公共服务型政府必须坚持以马克思恩格斯政府公共性思想及其中国化理论成果为指导,借鉴西方国家现代公共管理理论,结合我国社会主义发展初级阶段的特征,探索一套政府—市场—社会三者联合为核心的治理新模式。而这其中依法治国理念的贯彻执行,将起到至关重要的作用。

首先,地方政治职能的转变依赖于法治与制度建设。十八届三中全会《决定》将"完善和发展中国特色社会主义制度,推进国家治理体系和治理能力现代化"作为全面深化改革的总目标。2014 年 7 月 29 日中共中央政治局召开的会议中又进一步指出:"依法治国,是坚持和发展中国特色社会主义的本质要求和重要保障,是实现国家治理体系和治理能力现代化的必然要求,事关我们党执政兴国、事关人民幸福安康、事关党和国家长治久安。全面建成小康社会、实现中华民族伟大复兴的中国梦,全面深化改革、完善和发展中国特色社会主义制度,提高党的执政能力和执政水平,必须全面推进依法治国。"[①]这实际上明确了国家治理体系、治理能力现代化与依法治国的关系。国家基本制度框架是由宪法法律所规定,法治正是国家制度不断完善和制度执行能力不断提升的根本。国家治理体系和治理能力的现代化,就意味着国家的法治化,意味着要善于运用制度和法律治理国家,通过各项改革举措,不断构建新的体制机制、法律法规,实现党、国家、社会各项事务治理制度化、规范化、程序化。

党的十六大以来,我国地方政治职能转变的进程比较缓慢。其中一个重要原因就是缺乏统一部署和规范要求。对构建公共服务型政府缺乏全国统一而明确的目标、规划、要求和部署,各级政府和官员对构建公共服务型政府的认识也不一致,因此工作实践中缺乏规范,具体操作上五花八门,技

---

① 《中共中央政治局召开会议决定召开十八届四中全会》,2014—7—29,见 http://politics. people.com.cn/n/2014/0729/c1001-25365592.html。

术层面措施多而制度层面创新少,存在表面化、形式化现象。因此,地方政府职能转变的进程中首先要树立宪法和法律的至上权威。首先,任何组织和个人都必须在宪法和法律规定的框架内运行。其次要由法律体系向法治体系过渡,法治在立法、执法、司法、守法、法律监督等各个环节上全面推进。尤其是将行政权严格置于法律的约束之下,才是依法行政的真谛所在。它具体包含三个要点:一是行政权力的取得必须由法律设定;二是行政权力的行使必须依据法律;三是违法行政必须承担法律责任。所以,要按照依法行政的要求,推行权力清单化,对政府而言法无授权不可为,对人民群众而言则是法无禁止即可为。同时,通过深化行政执法体制改革,规范政府行为,做到严格规范公正文明执法。最后,权力制约与监督的法治化是消除腐败的治本之策,也是推进法治中国建设的重要内容。习近平总书记在十八届中央纪委第二次全会上指出:"要善于用法治思维和法治方式反对腐败,加强反腐败国家立法,加强反腐倡廉党内法规制度建设,让法律制度刚性运行。"①因此,加强权力制约与监督,把权力关进制度的笼子里,最终还是要依赖法治。

其次,区域内政府间的跨界协作需要法律支撑。我国目前仍处于城镇化的快速发展阶段,未来城镇从数量与规模上都仍将持续增长。尤其是作为我国经济中心的长三角、珠三角、京津冀三大城市群还将持续吸纳更多的人口与产业的聚集,这不仅仅是城市化进程的产物,更是高度发展的经济全球化的直接结果。如此一来,地方政府的职能不仅仅是面向某一城镇的发展,将越来越多地面向某一城镇群、城镇带即城市—区域的整体发展。因此,促进区域内政府间的协作发展是未来地方政府面临的新挑战。但是我国对该问题的探索尚没形成较好的理论与实践经验。以我国三大城市群长三角、珠三角、京津冀为例,目前三大城市群内地方政府间已经初步建立了正式合作的组织框架及制度安排,但存在以下不足:一,从立法依据和程序上来看,我国地方政府间协议的法律效力模糊不清,已缔结的政府间协议的

---

① 柳旭影:《依法治国 有腐必惩》,2014—8—1,见 http://pinglun. eastday. com/p/20140801/u1a8257727.html。

条文中大都没有提及法律效力问题,合法性存在质疑,并且我国的很多政府间行政协议主要是依靠政府领导签字生效的联合文件,合法性不够。"落实难、执行难、监督难"成为我国政府间行政协议面临的最大困境。二,从合作议题来看,当前三大城市群内部的政府间合作更侧重的是产业、贸易、旅游等经济方面的合作,甚至有些合作议题和二十年前没有什么明显改变,而对民众急需的各类社会服务、公共服务、政府之间几乎没有实质性的合作行为和行动。三,从合作内容与形式上来看,当前我国城市群区域内部已经签订的合作协议,并没有关乎两个或多个政府之间公共服务的跨界供给问题,行政区之间并没有发生实质性的公共服务转移、输出或输入。由于缺乏有效的法律约束和上层的宏观设计与监督,导致区域内各城市之间恶性竞争、地方保护、基础设施重复建设、区域公共产品供给缺乏等问题。因此推进政府间的有效协作,需要进一步完善相关行政法规。

最后,实现多元合作治理需要法律保护。现代治理体系并非政府垄断治理事务的纯粹权力治理,而是政府—市场—社会合作的治理体系。在公共服务的履行中,长久以来一直属于政府的事权已经逐渐地转由市场和社会组织来承担,政府的事权则主要转变为引导公共事务、制定公共政策和优化公共服务的机制等内容。从社会经济发展和公共服务中主要的"决策者"向"掌舵者"的转变,能够更好地契合政府的公共性的本质属性,也能够更好地发挥政府服务经济、社会发展的作用。

随着深化经济体制改革的推进,实现"市场在资源配置中起决定性作用和更好发挥政府作用"的目标,就要以法律规范政府与市场的关系。政府不取代市场,而是尊重市场规律,因为市场规律能够高效率优化资源配置,能够使微观经济主体具有充分活力和发展动力。以此为基础加强以立法形式进一步规范市场与政府的各自职能和范围,将为转变政府职能提供重要保障。

党的十八届四中全会通过的《中共中央关于全面推进依法治国若干重大问题的决定》,明确加强社会组织立法,全文8次提及"社会组织"一词,在11个章节中对社会组织改革发展和作用发挥作出新部署、提出新要求达20余处,并且在"推进多层次多领域依法治理"中对发挥社会组织积极作用作了专节阐述。目前,我国社会组织仍处于不断地发展和完善过程之中,因此,其对于公共事务和公共服务的参与以及对政府的监督、制约有很多不足之处。无法很好地参与公共事务和监督政府,往往造成政府以自我为中心、政府与社会"各说各话"、"各自为政"。因此,加强社会组织独立性和自主性建设,培育社会与社会组织成长,发挥其对于政府公共事务的参与、监督与制约作用,需要构建中国社会组织的法治体系,以保证政社分开、官办社会组织和枢纽型社会组织改革的顺利推进。

综上所述,地方政府职能的转变离不开依法治国理念的贯彻执行,政府依法行政;政府间依法协作;政府、市场、社会之间依法互动,有效发挥其各自功能和作用是新型城镇化战略实现的重要保证。

# 第八章　海峡西岸经济区城乡一体化建设的思考

　　进入 21 世纪以来,我国城乡一体化研究的论著日益增多,内容涉及理论、实证、评价体系、动力机制、模式及实现路径等多个方面。此外,连续多年出版的《城乡一体化蓝皮书:中国城乡一体化发展报告》系列丛书,对推进这一领域的研究也发挥了重大作用。

　　但是,海峡西岸经济区(下文简称为"海西区")该方面的研究还呈现较为薄弱状态,主要有海峡西岸经济区发展报告(系列丛书)。现有研究成果集中在对海西区战略地位、经济一体化研究方面[①],也涉及该区域与国内其他区域的比较研究,如长三角、珠三角。而对空间一体化、社会一体化、生态一体化的研究成果寥寥无几。其中又以立足福建省的一体化研究成果颇多[②],相对于海西区其他地区的研究成果则更加少见。这主要是因为"海峡西岸经济区"这一特定的地域概念出现得比较晚,因此该领域的研究尚有

---

①　黄茂兴、冯潮华:《技术选择与产业结构升级——基于海峡西岸经济区的实证研究》,社会科学文献出版社 2007 年版;邓利娟、石正方:《海峡西岸经济区发展研究》,九州出版社 2008 年版;戴淑庚:《海峡西岸经济区沿海产业带的构建和发展策略——基于两岸产业对接与整合的视角》,厦门大学出版社 2013 年版;张向前:《海峡西岸经济区转变经济发展方式研究》,线装书局 2013 年版。

②　李建建:《统筹城乡发展:历史考察与现实选择——以福建省为例》,经济科学出版社 2008 年版;刘慧宇:《核心地位的构建:海峡西岸经济区中的福建发展研究》,东南大学出版社 2012 年版;贺东航、洪英士:《厦门岛外城乡一体化问题研究》,《中共福建省委党校学报》2007 年第 6 期;陈曦、陈秀兰、徐学荣:《福建省城乡一体化水平评价研究》,《福建农林大学学报》(哲学社会科学版)2011 年第 6 期;陈菁等:《基于快速城市化的生态风险分析——以福建省为例》,《湖南师范大学自然科学学报》2011 年第 1 期。

亟待完善的迫切性。随着《福建省新型城镇化规划(2014—2020 年)》、《江西省新型城镇化规划(2014—2020 年)》、《广东省新型城镇化规划(2014—2020 年)》的出台,相信会推动未来几年三省城乡一体化研究的进程,进一步丰富现有研究成果。

## 第一节 海峡西岸经济区"洛杉矶模式"研究

### 一、海峡西岸经济区的地域界定与战略意义

海峡西岸经济区(以下简称海西区)是我国沿海经济带的重要组成部分。"海西区"的构想由厦门大学学者提出,2003 年被福建省委、省政府纳入发展战略规划,2005 年的中共十六届五中全会后,"海峡西岸"的概念首次出现在中共中央的文件中。2006 年 3 月,第十届全国人大四次会议通过把支持海峡西岸的经济发展纳入国家第十一个五年规划。2007 年 10 月,"支持海峡西岸和其他台商投资相对集中地区的经济发展"首次被写入党的全国代表大会报告。2009 年 5 月,国务院出台《关于支持福建省加快建设海峡西岸经济区的若干意见》中明确指出,"支持福建省加快海西区建设,是进一步发挥福建省比较优势,实现又好又快发展的迫切需要",表明海西战略从地方决定已上升为中央决策,从区域战略上升为国家战略。2010 年批准的《福建省建设海峡西岸经济区纲要(修编)》中,要求"充分发挥沿海港口、外向带动、对台合作、生态资源和对内链接等优势",以实现经济社会在新的起点上的更好水平、更有效益的又好又快发展。经过多年发展,如今海西区作为一个完整的经济区在全国的战略位置越来越清晰。

海西区具体指台湾海峡西岸以福建省为主体,包括周边地区,南北与珠三角、长三角两个经济区连接,东与台湾地区相望,西与江西为主的广阔内陆相通的地理经济区域,具体包括福建福州、厦门、泉州、漳州、龙岩、莆田、三明、南平、宁德以及浙江温州、丽水、衢州、江西上饶、鹰潭、抚州、赣州,广东梅州、潮州、汕头、揭阳共计 20 个市。海西区是一个覆盖经济、政治、文化、社会等各个领域的综合性概念。整个区域土地面积 26.4 万平方公里,

约占全国的 2.75%①。

海西区的形成有其重要的历史必然性。第一,其形成是全国发展大局中战略定位的必然产物。海西区位于连接珠三角和长三角经济区的重要衔接地带。但在 20 世纪初期,福建省经济发展趋向缓慢,总体经济实力与两个三角洲相比差距较大,在全国经济格局中的地位逐渐下降。由于经济区发展过程中的虹吸现象,两个三角洲吸引了福建大量的企业和资金,使得流向福建的企业和资金却很少。并且,福建处在两个三角洲经济区的辐射范围半径之外,无论接受辐射,还是融入其中的某一个经济区,在短期内不可能实现。因而不少人担心福建会被两个三角洲经济区"边缘化"而成为沿海发达地区的"断裂带"。正是在这种情况下,福建的决策者们提出建设海西区,与将来的海峡东岸共同构成海峡经济区,成为和长三角、珠三角、环渤海经济区一样重要的经济区;成为中国经济增长的一个新增长极;延伸、完善我国区域发展战略。

第二,海西区在全国生产力布局中地位的提升,客观上会促进海峡两岸经济的共同繁荣,促进祖国统一。一方面,由于特殊的地理和历史原因,闽台有"五缘"作为其纽带,是福建拓展对台工作的最大优势。福建是祖国大陆距离台湾最近的省份,与台湾一水之隔,同宗共祖,有 80% 的台胞祖籍在福建。福建的地理位置、历史渊源和人文关系,决定了其在推进祖国和平统一进程中具有不可替代的作用。另一方面,两岸在经济上具有很强的互补性,民间交往和经贸联系十分密切。改革开放以来,福建省不断加强与台湾的经贸文化交流与合作,中国台湾是福建仅次于日本、美国之后的第三大贸易伙伴和第一大进口来源地,福建是台湾投资大陆的主要区域和大批人员往来的必经之地,闽台投资、贸易、旅游的良性互动态势明显。到 2004 年 2 月,全省累计批准台资项目 7 729 家,合同台资 140 多亿元,实际到资 100 多亿美元;开通了福州、厦门港与高雄港的集装箱班轮试点直航,试点直航的集装箱运输量累计已超过 277 万标箱;同时开通了福州、厦门、漳州、泉州

① 参见刘慧宇:《核心地位的构建:海峡西岸经济区中的福建发展研究》,东南大学出版社 2012 年版,第 104 页。

和湄洲湾 5 个定点直航口岸与金、马、澎地区的海上客运直接往来和直接贸易货运直航,累计运载旅客 27.5 万多人次,货运直航承运 35 万多吨①。福建设立了海沧、杏林、集美、马尾台商投资区,建立了漳州和福州台商农业投资开发区。因此建设海西区,既可为福建引进台湾资金、技术和管理经验创造良好环境;也可为台湾经济发展延伸腹地、推动台湾海峡区域经济整合提供条件。这有利于海峡两岸在世界经济竞争中加强合作,实现互利双赢,进而增进两岸共识。

第三,从海西区经济条件来看,经济基础较好,已形成多个协作区。这个区域是我国改革开放的前沿地带。2005 年福建省地区生产总值为 6 568.93 亿元,居全国第十一位,拥有 3 535 万人口②,人均地区生产总值居全国第九位③。厦门特区举办的"中国国际投资贸易洽谈会",使其成为中国与世界联系的重要桥梁。同时福建还形成了东有闽浙赣皖 14 市经济协作区,南有以厦门市为龙头的闽粤赣 13 地市经济协作区,西有闽粤赣边区经济技术协作区,北有闽浙赣皖九方经济区,中有以福州市为中心的闽浙赣皖福州经济协作区,具有较强的辐射效应。

从海西区战略规划的形成过程以及对海西区的地域界定来看,福建省既是海西区的地域主体,又是发展战略的主导。尽管海西区地跨浙江、福建、江西、广东四省,但福建省地理面积、人口、经济总量和其他主要经济指标等在整个海西区中所占比重较大,足以证明其主体地位。福建省地理面积为 12.14 万平方公里,占海西区土地面积的 45%,2008 年年末人口 3 604 万人,占海西区人口总量的 41.1%;福建生产总值为 10 823.00 元,占海西区总量的 58%。除此之外,福建省在固定资产投资、消费品零售总额和进出口总额这三项指标上,所占比重都超过了海西区总量的一半,具有绝对优势④。2015 年 3 月,国家发改委、外交部、商务部 28 日联合发布了《推动

---

① 参见黄端、谭亚川:《海峡经济区与海西区》,《发展研究》2005 年第 6 期。
② 参见《福建经济与社会统计年鉴—2006》(人口篇),福建人民出版社 2006 年版,第 24 页。
③ 参见《福建经济与社会统计年鉴—2006》(国民经济核算篇),福建人民出版社 2006 年版,第 3 页。
④ 参见刘慧宇:《核心地位的构建:海峡西岸经济区中的福建发展研究》,东南大学出版社 2012 年版,第 107 页表 3-5。

共建丝绸之路经济带和 21 世纪海上丝绸之路的愿景与行动》,提出"支持福建建设 21 世纪海上丝绸之路核心区"。福建省是古代海上丝绸之路的起点,党中央作出的"一带一路"建设战略决策,为福建进一步扩大对外开放、加强同东盟等国家和地区的经贸合作与文化交流提供了新的机遇。

### 二、"洛杉矶模式"的两种表现形式

根据不同的空间形态、土地利用、政治实体、功能关系和联系方式,可以将洛杉矶多中心模式分为两种具体表现形式:一为城市内部的多中心化,像洛杉矶、伦敦、巴黎等城市,称之为多中心城市(Polycentric City);另一种为城市之间的多中心化,像洛杉矶大都市区、荷兰的兰斯塔德地区(Randstad)、北意大利的 Padua-Treviso-Venice 地区,以及日本的关西(Kasai)地区等,称之为多中心城市区域(Polycentric Urban Region,简称PUR)。罗伯特·克鲁斯特曼等学者认为,作为一个 PUR,它至少有以下 5个特征:包含几个历史上一直区分的城市,这些城市不仅仅在空间上是分离的,而且在行政上也是相互独立的;缺乏一个在政治、经济、文化和其他方面具有明显优势的首位城市,当然不排除存在一个人口规模占优的城市;包含几个在规模与经济重要性上不分伯仲的大城市,同时也包括众多的小城市;这些城市在地理空间上相互靠近与集中——绝大部分都在最大通行距离范围内,并发展成为国家的特殊区域;这些城市区域有密集的人流、信息流沿着机动干道、高速铁路线和通信光缆而进行快速流动与交换,对于可持续发展和区域竞争力的提升具有显著意义[①]。

从洛杉矶产业布局和就业来看,洛杉矶在经历了 20 世纪 60 年代末以来的去工业化和再工业化的产业结构调整后,其大都市区内产业结构呈现多元化发展局面,并且大都市区内的多个次中心能很好地实现经济功能上的互补发展。在洛杉矶市内,除了市中心以外尚有 10 个左右的次中心。

---

① 参见陈前虎:《多中心城市区域空间协调发展研究——以长三角为例》,浙江大学出版社2010 年版,第 2—3 页。

如,好莱坞、机场区、港口区等。洛杉矶市中心区(Downtown)是全市的金融、商业、信息、交通中心,市中心高楼大厦密集。好莱坞位于市中心区西北方,是世界闻名的电影之都①。洛杉矶国际机场区(The Los Angeles Airport Area)主要是指洛杉矶国际机场及附近地区。洛杉矶国际机场是美国第三大机场,仅次于芝加哥和纽约的国际机场。洛杉矶国际机场南部为休斯公司,专门制造飞机和卫星设备,旁边的世纪大街高楼林立,十分繁华。洛杉矶港口区(The Los Angeles Harbor Area)洛杉矶港和毗邻的长滩港是美国最大的集装箱港口,是美国通往亚洲的主要门户。

威尔谢走廊是以威尔谢大街为主轴包括沿街城市在内的一个城市发展带。自西向东的沿街城市为圣莫尼卡市、西木区、比弗利山庄市、世纪市、威尔谢中心等。其商业、金融和教育十分发达,加州大学洛杉矶分校就位于西木区。文图拉高速公路走廊(The Ventura Freeway Minicities)包括华纳中心、安西诺市、环球市、布彭克市、格伦岱尔市、帕萨迪纳市等。在洛杉矶市外约有l6个人口在10万人以上的城市,29个人口在5万—l0万人之间的城市②。这些次中心产业结构各有特色。也就是说,无论是洛杉矶市和洛杉矶大都市区,分散化、多中心发展都是其典型特征。

尤其是从洛杉矶人口圈层分布来看该特征更为明显。根据学者曼维尔(Manville)和舒普(Shoup)的研究表明,洛杉矶的中心区和郊区密度差距不大,郊区密度是中心区的74%,而同比的纽约、旧金山两个城市郊区的密度分别是中心区的12%和35%,即洛杉矶的人口密度分布更为均匀。南加州大学地理学教授兼南加州研究中心主任迈克尔·迪尔则直言不讳地提出洛杉矶与传统的城市化模式大相径庭,他宣称"城市中心不再能支配腹地。"

---

① 在洛杉矶县有3个与好莱坞有关的地名:西好莱坞、北好莱坞和好莱坞。西好莱坞是一个独立的市,北好莱坞和好莱坞是洛杉矶市的两个社区。环球影城位于北好莱坞区。而好莱坞大道、日落大道、中国大戏院和蜡像馆均位于好莱坞区。众多的电影制片厂分布在以好莱坞区和北好莱坞区为核心的一个广大地区。
② 参见孙吉瑞:《美国考察报告》,2007 年 3 月 15 日,见 http://www.wpl.gov.cn/pc-15314-81-0.html。

表 8-1　2010 年洛杉矶地区部分城市人口密度

|  | 人口（人） | 人口密度（人/平方英里） |
|---|---|---|
| 洛杉矶市 | 3 792 621 | 8 092.3 |
| 阿纳海姆 | 336 265 | 6 747.6 |
| 圣安娜 | 324 528 | 11 900.6 |
| 欧文 | 212 375 | 3 212.6 |
| 加登格罗夫 | 170 883 | 9 524.7 |
| 波莫纳 | 149 058 | 6 494.3 |
| 奥兰治市 | 136 416 | 5 501.3 |
| 帕萨迪纳 | 149 043 | 3 485.4 |
| 格伦代尔 | 191 719 | 6 295.6 |
| 托兰斯 | 145 438 | 7 102.2 |

资料来源：严昊、林顺祺：《洛杉矶郊区次中心城市：寻求居住与就业的平衡》，2013 年 6 月 6 日，见 http://www.dfdaily.com/html/21/2013/6/6/1011213.shtml。

### 三、"洛杉矶模式"在海西区内表现突出

"洛杉矶模式"即城市—区域的多中心发展模式，20 世纪 90 年代中期以来已经普遍被我国学者、城市规划部门及政府部门所接受。我国大城市、特大城市的规划与发展中也加入了政府行为的引导，有计划地使这些城市由单中心结构走向多中心发展模式。北京、上海、广州等特大城市早有相关系列规划出台，并在实践中取得成效。如学者李国平所言：东部地区的京津冀、长三角、珠三角三大都市圈均进入了多中心、网络化发展阶段①。

2010 年，福建省委、省政府作出建设福州大都市区和厦漳泉大都市区的重要决策。福州大都市区包括福州市区、平潭综合实验区、福清市、长乐市、连江县、闽侯县、罗源县、永泰县等，同时将宁德、莆田作为协调区。厦漳泉大都市区以沿海综合交通走廊为主轴，包括厦门市、漳州市、泉州市、龙海市、长泰县、漳浦县、南安市、惠安县、石狮市、晋江市，该区涵盖三中心城市、

---

① 参见李国平、王志宝：《中国区域空间结构演化态势研究》，北京大学学报（哲学社会科学版）2013 年第 3 期。

中心城市之间连绵区以及重要产业区与基础设施区域。

在 1995 年以前,福州城市空间布局是传统的单中心模式,对周边城市、地区经济辐射作用有限。《福州市城市总体规划(1995—2010)》出台后确立了:福州市以中心城为依托,以空港、海港为导向,沿江向海,东进南下,有序滚动发展,形成"一城三组团"的布局结构。工业和人口向三个组团(马尾、长安、琅岐)和外围城镇转移。三个组团要利用开放政策优势和大型基础设施优势,接受中心城的辐射,成为工业、交通主要发展地区,形成相对独立的、具有相当规模的新城镇,分担和补充中心城的功能①。中心城总体布局上,规划把中心城划分为一个中心区和六个分区,六个分区环绕中心区布置,形成"单中心组团式"的布局结构。可以说该阶段是福州从单中心空间结构走向多中心发展的初期阶段。1996—2006 年福州建成区面积突破了100 平方公里,10 年间共增加了 47.51 平方公里,速度比之前 10 年快了17.75%。这一期间主城区主要朝着西边的金山一带扩展,其扩展面积达到了 21.69 平方公里,占该期间扩展面积的 45.65%。而东部和北部地区扩展不多,主要表现为主城区的进一步填实,南部则表现为沿福厦公路作带状扩展。此后,福州开发了 5.6 平方公里的鼓山新区和 20 平方公里的上街大学新区,同时集中力量推进核心区面积达 14 平方公里的东部新城建设,城市集聚功能得到明显增强。

进入十二五期间,福州开始大力向多中心布局转变。根据在编的《福州市城市总体规划(2010—2020)》(草案),城市规划区包括了福州市区、长乐市、连江县以及闽侯县南部 11 个乡镇、永泰县葛岭镇、塘前乡,罗源县松山镇、碧里乡,面积 4 792 平方公里。其中,中心城区为福州市辖 5 区(晋安区除寿山乡、日溪乡、宦溪镇),以及闽侯的荆溪镇、南屿镇、南通镇、尚干镇、祥谦镇、青口镇、上街镇和连江县的琯头镇,面积 1 447 平方公里。至2020 年全市规划总人口将达到 890 万人,城镇人口 650 万人,城镇化水平73%,形成 1 个特大城市、2 个大城市、2 个中等城市、4 个小城市以及若干

---

① 参见《福州市城市总体规划(1995—2010)》,2009 年 7 月 29 日,见 http://www.cityup. org/case/general/20090729/51237-4.shtml。

个小城镇的规模等级结构和"一区两翼、双轴多极"的空间结构,"一区"即福州中心发展区,"两翼"即北翼发展区和南翼发展区,"双轴"即沿海发展轴和沿江发展轴,"多极"即市域其他多个经济增长极。在产业布局上,福州中心城区则规划形成马尾高新技术产业、长安先进制造业、晋安高新技术产业、海西高新技术产业、青口汽车产业、福州西部创意创新产业、荆溪先进制造业等七个产业集聚区。市域将形成江阴湾临港产业、福清电子信息产业、松下港粮油食品加工制造产业、玉田纺织物流产业、长乐空港高新技术产业、青口汽车产业、海西高新技术产业、马尾—长安高新技术、先进制造产业、罗源湾能源原材料产业九大产业基地。同时,还将推进福州市中心区外围的新城建设,如,南台岛—生态智慧岛、马尾新城、亭江—琅岐片区、上街—南屿—南通组团、海西高新技术产业园、生物医药与机电产业园、荆溪试点小城镇、青口试点小城镇①。该草案规划的福州大都市区空间布局、产业结构、人口分布等方面的变化均体现了其从单中心空间结构向多中心(Polycentric City)转变。

闽南地区位于我国东南沿海的中段,上有长三角,下有珠三角。这里有一天然良港,港湾宽阔,不冻少淤,海域达320平方公里。内陆地区资源丰厚,富含竹、木、果、药、茶、粮、渔等资源。九龙江下游的漳州平原,面积567平方公里,为全省第一大平原,是福建省粮食、经济作物的主要生产基地。闽南地区包括厦门、泉州和漳州3个地级市、4个县级市和十余个县城。2012年厦漳泉三市实现工业总产值15 587.21亿元(其中,厦门4 486.35亿元、泉州8 378.49亿元、漳州2 722.37亿元),占全省工业总产值的52.47%。制造业已成为三市经济发展的主体。同年厦漳泉三市以占全省45%的人口、21%的土地面积、45%的贷款②,创造了占全省近半壁江山的财政总收入,在海西区建设中具有举足轻重的作用。三市的资源禀赋特征明显,互补性强,构成闽南地区多中心(PUR)的基本格局,这是区别于一般地

---

① 参见福州市城乡规划局:《福州市总体规划及重点区域规划基本情况》,2011年8月18日,见 http://ghj.fuzhou.gov.cn/ghzs/ztgh/201108/t20110818_473311.htm。

② 参见李国平、王志宝:《中国区域空间结构演化态势研究》,北京大学学报(哲学社会科学版)2013年第3期。

区城市布局的主要特征。

改革开放以来,厦门形成了以现代服务业和高新技术产业为主的产业结构,金融保险、商务会展、交通运输、现代物流、文化教育、中介服务等现代服务业发达,一些劳动密集型、资金密集型的企业随着地价及公共服务成本的上升,以及环保要求的日益严格,开始向漳泉两地迁移。泉州民营经济优势突出,形成了纺织鞋服、建筑材料、食品饮料、工艺制品、机械制造五大传统产业和石油化工、电子信息、汽车及配件、修船造船、生物医药五个新兴产业,先进制造业基础良好。漳州农业基础良好,也是典型的海洋资源大市,以"依港立市"为发展战略,建设港口大市和海洋经济强市,机械、电子、纺织、食品等劳动密集型、资金密集型的产业特征显著。

同时,三个城市也都各有不足。厦门虽然城市化水平已经达到80%以上,但城市规模小、发展空间狭窄、地区总产值偏低、人口数量少,严重影响其龙头城市作用的发挥。泉州虽然在经济总量、人口规模和辖区面积上占有优势,但其第三产业发展滞后,城市化水平低、中心城区规模小、不利于发挥对周边县市的辐射和带动作用。虽然泉州经济总量高于厦门,但短时间内其人才储备、市场窗口、国际化程度都远远无法与厦门相抗衡。如果,泉州不依托厦门这一有利的国际化通道,仅凭泉州的实力,即便经济发展再迅速,其影响力也有限,难以肩负起海西建设的实力重担,也无法发挥连接内陆与全球的重任。漳州经济规模总量在三个核心城市中最小,综合实力与厦门、泉州的差距较大;城市化水平低,城市发展方式粗放,近年来工业发展重型化趋势明显,使其面临资源环境压力上升等问题。但是与厦门、泉州相比,漳州具有丰富的土地资源、淡水资源、地热资源、电力资源。因此,合则三利,三个城市的协调发展将有利于提高地方产业的发展水平和综合竞争力,进一步推进闽南经济社会转型发展和对台经济融合。

基于以上条件,2006年年初,建设部将海峡西岸城市群列入全国城镇体系规划,使之成为全国优先支持发展的八大城镇群之一。2010年,国务院颁布《全国主体功能区规划》,明确提出"推进厦漳泉(厦门、漳州、泉州)一体化,实现组团式发展,建设全国重要的国际航运、科技创新、现代服务业和文化教育中心以及先进制造业基地"。2010年7月,福建省政府通过了

《海峡西岸城市群发展规划（2008—2020年）》，提出将建成福州大都市区和厦漳泉大都市区两个中心城市群，形成城市群空间布局结构的"两点"、沿海城镇密集地带的"一线"。规划提出了城乡统筹发展目标——形成各具特色、优势互补、布局合理、协调发展的城乡空间体系，实现全省城镇化进程的和谐、持续、快速发展，到2020年，城市化水平提升到62%以上。2011年厦漳泉三市签订《厦漳泉大都市区同城化合作框架协议》。2011年7月、2012年10月，厦漳泉三市分别在厦门和漳州召开厦漳泉大都市区同城化第一次、第二次党政联席会议，标志着厦漳泉同城化进程正式启动，两次会议分别敲定了首批18个、第二批39个同城化重大项目。

此外，2011年9月广东省委主要领导在粤东调研时明确要求：由汕头市作为牵头城市，推动"汕潮揭"同城化。同年12月，省政府出台《粤东地区经济社会发展规划纲要》，强调要加强汕头、潮州、揭阳三市合作，汕头中心城区为中心，潮州、揭阳、汕尾市区为副中心，加快推进融合发展，形成一体化的"汕潮揭"都市圈。具体内容包括：

强化汕头市作为粤东中心城市的地位，加快建设现代化港口城市和生态型海滨城市，形成临港工业、现代服务业和效益农业基地。建设中部珠港新城、南部濠江海滨新城、东海岸新城、沿海产业新城和西部牛田洋生态新城。

汕尾市以城区和红海湾经济开发区为全市中心发展区，建设目标为"海在城中、城在山间"的现代化滨海新城，积极参与"汕潮揭"合作，加快融入珠三角，打造粤东地区通向珠三角的桥头堡，建设国家级海洋渔业基地、广东重要的电力基地和电子信息产业基地。

潮州市形成中心组团、潮安县城组团、饶平县城组团和柘林湾临港组团四大发展组团，建设成为在国内外具有重要影响力的历史文化名城和现代化滨江临海城市、重要的特色产业基地和广东重要的临港产业集聚区。

揭阳市按照"粤东水城"的要求建设成为山海工商城市，能源石化及制造业基地、粤东航空物流基地[①]。

---

① 参见广东省人民政府文件粤府〔2011〕151号：《印发粤东地区经济社会发展规划纲要（2011—2015年）的通知》，2011年12月31日，见 http://zwgk.gd.gov.cn/006939748/201202/t20120203_302781.html。

2012 年 5 月 9 日召开的广东省第十一次党代会提出:促进汕潮揭同城化发展。此后,汕头、潮州、揭阳三市不断进行协调磋商,"汕潮揭"同城化的路线图日渐明晰。2014 年 9 月,汕潮揭三市联合出台的《推进汕潮揭同城化工作方案》显示,三市将建立半小时生活圈和一小时经济圈,实现通信资费同城化,联合打造上中下游产业联系紧密、相互配套、竞争力强的产业体系,共同打造布局合理、功能完善、联系紧密的城市群①。

## 四、洛杉矶模式对厦漳泉"同城化"的启示

一般认为同城化是指在区域经济发展过程中,地域相近的两个或多个城市,为突破传统的城市之间行政分割和保护主义限制,促进区域市场一体化,产业一体化,基础设施一体化,以达到资源共享、统筹协作,提高区域经济整体竞争力的一种城市发展战略②。简单又直观地解释,同城化也就是相邻城市的居民借助发达的交通系统和信息系统,其就业、出行、生活如同处在同一个城市,没有时空距离、没有行政隔阂,大家共享城市发展的成果。在同城化相关城市中的居民和企业,虽然还有各自不同的名义城市,但他们实际上已置身于一个各种生产要素、生活要素、管理要素统一配置,仿佛同一的城市的社会空间之中。同城化具有扩展城市布局空间、促进要素区域流动、缩小地区发展差距、扩大社会交往范围等积极作用。

同城化需要各个地区根据自身在技术和专业分工方面的特点形成互补的功能性一体化网络,进行专业化生产,并且形成共同的区域性文化和政治身份。形成由可持续的交通方式联结起来的平衡发展的巨型城市区域体系。"在这一过程中,伴随着交通条件的改善,不同城市间的时空距离在缩短,'同城效应'得以形成和发展;反过来,同城化趋势的形成和发展,将有助于进一步推进区域经济一体化进程。同城化可以说是区域一体化的最高形式,其主要目标是加强相邻城市和区域之间的合作,建设一个全新的区域

---

① 参见《汕头潮州揭阳三市同城化日渐明晰》,2014 年 9 月 15 日,见 http://www.ceh.com.cn/shpd/2014/09/696498.shtml。

② 参见段德罡、刘亮:《同城化空间发展模式研究》,《规划师》2012 年第 5 期。

经济中心。"①

由此我们可以看出,同城化是区域范围内的多中心发展模式(PUR)的具体体现。同城化并不是要求原有的两个及两个以上的城市、地区合并为一个大城市;也不是让原有经济实力比较强的城市一尊独大地发展,而是要区域内实现资源的优化配置,原有中心性城市仍然发挥其中心作用,但是要区域范围内各城市之间产业错位、协同发展,更强调其互补性与整体性。

笔者认为厦漳泉同城化发展要注意以下问题:

1.厦漳泉同城化,应该在不同层次有重点地展开。在这一点上,我同意国内学者周一星教授的观点。厦漳之间的同城化可以加快推进,厦漳之间互补性最强,有明显的双赢作用,漳州对同城化态度很积极。从空间规模、空间构建来说,厦漳同城化既有可能也有必要,应该大力推进,首先实现。漳州市的主要经济联系,很大程度上要通过厦门来实现。厦门进一步发展的许多基础条件,包括腹地、资源、环境要依靠漳州。在未来条件成熟的时候,甚至可以采取一定的行政措施促进两市的协同发展。对于厦漳泉三个城市的同城化则是深层次发展的需要,难度较大。泉州与厦门之间的同城化需要更长的时间。因为它们有相互平行的、各自相对独立的对外经济联系方向。它们的一体化迫切性不如厦门和漳州。应该先以加强三市之间特别是厦门和泉州之间的社会经济联系为目标,等待时机成熟。如果强行超前发展厦漳泉的同城化是需要付出高额成本的②。

2.加强厦漳泉规划衔接、促进三市产业规划的整体性、互补性和协调性。多中心空间模式,不仅仅是空间布局的调整,更是产业结构的合理重置,在我国一个普遍的现象就是地方经济结构同构性很强,很难在区域整体范围内达到各个城市间的互补、互助、协调一致的发展,更多的是彼此间为吸引资金、资源、人才等方面的互相竞争。这就需要在规划多中心发展模式时,把经济结构的重构作为首要的前提,不仅达到次中心为原有中心分担城

---

① 上海财经大学区域经济研究中心编:《2012 中国区域经济发展报告——同城化趋势下长三角城市群区域协调发展》,上海财经大学出版社 2012 年版,第 5 页。

② 参见周一星:《城市规划寻路——周一星评论集》,商务印书馆 2013 年版,第 139—140 页。

市中心功能的目的,更要为未来区域发展的整体规划作出更优的调整。走向同城化,需做好两方面工作:一要统筹产业规划。共同编制三市同城化中长期发展战略规划和城市总体规划,使其纳入制度化、法律化轨道。立足厦门高端制造、泉州基础制造、漳州发展潜力优势,共同梳理三市产业发展脉络,推动错位发展、优势互补,联合打造现代产业体系。二要合理产业布局。以区域功能分区为指导,按照加快形成产业集群、降低开发成本、保护生态环境的原则,构建三市同城化的空间格局。

3.在走向同城化的道路上,我国政策引导和规划的经验还很少,需要加强政策上的研究并制定较为完善的法律制度作为重要保证。多中心空间发展模式涉及资金、土地、住房、公共设施建设、就业、综合服务等多方面因素,需要区域政策的整体性和协调性,如土地政策、公共政策、人口流动政策、公共福利政策等。其中人口迁移又是多中心空间模式形成和发展的重要动力机制。在这方面,美国、英国、法国、日本等国都积累了不少经验可供我们参考。多中心空间结构适用于中国大城市、特大城市的未来发展战略。近年来北京、上海、天津、广州、武汉等大城市都提出了多中心发展战略。中国人口众多,如果就业、居住都集中在单一中心城市内,确实已经产生了规模不经济的现象。但是其他城市是否需要走向多中心发展路径,则是一个需要慎重考虑的问题,要因地制宜。毕竟多中心空间发展模式是城市化高级阶段出现的空间模式,中国可耕地面积有限,不是所有城市都可以率先走向多中心化、同城化的发展模式。

## 第二节　海峡西岸经济区城乡一体化进展

### 一、海峡西岸经济区城乡一体化概况

改革开放以来,海西区利用区位优势和政策优势,经济增长迅速。虽然海西区的经济总量和人均经济水平与长三角和珠三角经济区有较大差距,但在发展速度上,海西区表现不俗,显示出巨大的发展潜力和活力。"十一五"期间除 2009 年外,海西区的地区生产总值增长速度均在 15% 以上,

2007 年、2008 年和 2010 年均高于长三角和珠三角经济区,2007 年高达
20.8%。虽然在 2009 年,增长速度略低于长三角经济区 0.04 个百分点,但
在全球金融危机的影响下,能达到 10.92% 的增长已经不易。人均地区生
产总值的增长情况也类似,除 2006 年和 2010 年外,海西区的增长速度均在
15% 以上,在 2007 年、2009 年和 2010 年均超过长三角和珠三角经济区①。
海西城市群经济发展近年来一直呈上升趋势,2013 年地区生产总值为
30 386.77 亿元,占全国 GDP 的 5.34%;其中,第一、二、三产业增加值分别
为 3 907.39 亿元、15 913.94 亿元和 12 016.44 亿元,分别占全国的
6.86%、6.37% 和 4.58%,服务业在三次产业中的比重低于全国平均 6.56
个百分点。城市群经济密度、人口密度分别为 1999.13 万元/平方公里、
421.51 人/平方公里,分别为全国平均水平的 3.37 倍、2.97 倍。全社会固
定资产投资、社会消费品零售总额、进出口总额、移动电话用户数、互联网用
户数分别占全国 4.65%、5.49%、5.09%、5.69%、7.54%。人均 GDP、城镇
居民人均可支配收入和农民人均纯收入分别为 57 856 元、30 816 元、
11 184 元,是全国平均值的 1.38 倍、1.14 倍和 1.26 倍②。

表 8-2　海西区主要经济指标(2010—2011 年)

| 指标 | 2010 年 | | 2011 年 | |
|---|---|---|---|---|
| | 绝对数 | 增长率 | 绝对数 | 增长率 |
| 地区生产总值(亿元) | 25 190.61 | 13.9% | 30 252.29 | 13.0% |
| 规模以上工业增加值(亿元) | 9 975.29 | 21.5% | 11 395.13 | 19.4% |
| 全社会固定资产投资额(亿元) | 14 001.93 | 28.6% | 16 467.28 | 31.1% |
| 社会消费品零售总额(亿元) | 10 286.53 | 19.7% | 12 173.12 | 18.3% |
| 进出口总额(亿美元) | 1 531.08 | 36.4% | 1 993.77 | 31.4% |

① 参见黄茂兴、林寿富:《海西区与长三角、珠三角区域经济竞争力比较与联动机制探讨》,
《东南学术》2012 年第 2 期。
② 参见李为:《海峡西岸城市群发展现状与未来设计》,《长沙大学学报》2015 年第 3 期。

续表

| 指标 | 2010 年 | | 2011 年 | |
|---|---|---|---|---|
| | 绝对数 | 增长率 | 绝对数 | 增长率 |
| 实际利用外商直接投资（亿美元） | 81.90 | 6.0% | 89.29 | 9.0% |
| 地方财政一般预算收入（亿元） | 1 780.63 | 25.1% | 2 282.78 | 28.2% |

资料来源：杨洪春主编：《福建统计年鉴 2012》，中国统计出版社 2012 年版。
注：1. 2010 年全社会固定资产投资的增长率为可比口径。
　　2. 2011 年全社会固定资产投资统计不包含农村农户投资。

　　海西区已经形成一批颇具规模的支柱产业。主导产业为机械、电子与石化。主导产业中电子工业占有率最高，为 5.69%，位于全国同产业第五位；石化工业占有率为 2.85%，位于全国同产业第十二位；机械工业占有率 2.37%，位于全国同产业第十三位①。近年来，海西区海洋经济发展迅速，成为新的支柱产业和经济增长点。海峡西岸海域拥有生物资源、港口岸线资源以及景观旅游等海洋优势资源。海西区的海域面积 13.6 万平方公里，水深 200 米以内的海洋渔场面积 12.51 万平方公里。"十一五"期间，海西区海洋生产总值从 2006 年的 1 743.1 亿元上升到 2010 年的 3 682.9 亿元。2010 年，海洋生产总值占到该区域生产总值的 25%，占全国海洋生产总值的 9.3%。主要海洋三次产业的结构比例为 9：44：48，占全国海洋三次产业的比重依次为 15.8%、8.5%、9.5%②。其中海洋渔业、海洋船舶修造业、海洋港口物流业和滨海旅游业四大产业占海西区海洋产业总产值一半以上。"十一五"期间，福建海洋经济生产总值年均增速 18.52%，比同期全省生产总值增长速度高 2.82%，2010 年全省海洋生产总值达 3 440 亿元，占全省 GDP 比重达 25.63%，比 2005 年翻一番，生产总值位居全国第三位。海洋产业发展形成了以海洋渔业、滨海旅游业、海洋交通运输业、海洋化工

---

① 参见夏雨纯：《海峡西岸城市群发展制约因素研究》，《城市设计理论研究（电子版）》2013 年第 22 期。

② 参见李军、张平：《中国海洋国土空间开发格局现状、问题与对策探讨》，《中国发展》2013 年第 4 期。

业、海洋船舶工业等为支柱产业的海洋经济产业体系,成为福建经济发展的重要支柱和新的增长点。全省海洋产业结构持续优化,海洋三次产业结构由 2005 年的 25.5∶16.3∶58.2①调整为 2011 年的 7.9∶44∶48.1。福建省 2011 年海洋生产总值 4 419 亿元,占全省 GDP 的 25.4%,占全国海洋生产总值的 9.7%②。当年国务院正式批准福建列入全国海洋经济发展试点省,成为继广东、山东、浙江之后全国第四个试点省份。加快现代海洋产业四大基地建设、构建竞争力强的现代海洋产业体系,已成为福建海洋经济实现科学发展、跨越发展的关键。

据初步统计,截至 2012 年年底,海西区以五个中心城市为核心形成的具有规模效应和品牌效应的大小产业集群数百个,产业集群规模已超过 2 万亿元。福建省已形成产业集群 60 多个,其中 38 个省级重点产业集群产值占全省规模以上工业总产值的 45.5%,增加值占 44.1%,培育形成了产值 300—500 亿元产业集群 7 个,500—1 000 亿元产业集群 5 个,超千亿元产业集群 3 个。其中福州有 8 大产业集群:轻工食品、纺织服装、机械制造、冶金建材、电子信息、能源电力、石油化工、生物医药;厦门拥有 17 大产业集群,产值超过 1 000 亿元的集群 1 个,产值超过 500 亿的集群两个,产值超过 200 亿的集群 5 个;泉州有 32 个产业集群,涉及 6 大行业,其中产值 100 亿以上的集群 6 个。

温州拥有 36 个国家级产业工业基地。12 个工业园区,以轻工业为主的 17 个特色工业产业集群。2012 年,温州全市规模以上工业总产值近 4 300 亿元。有 14 个大类行业产值超 100 亿元,实现工业总产值 3 696.60 亿元,占规模以上工业总产值比重达 85.9%,其中电气机械及器材制造业、皮革毛皮羽毛(绒)及其制品业、通用设备制造业、电力热力的生产和供应业、塑料制品业、纺织服装鞋帽制造业等 6 个大类行业年产值超过 200 亿元。温州经济技术开发区等 12 个经济技术开发区或工业园区,柳市镇、龙

---

① 参见伍长南:《加快海峡蓝色产业带建设研究——以福建省为例》,《发展研究》2012 年第 12 期。

② 参见王开明:《以三个“统筹兼顾”构建四大产业基地——如何加快发展海洋经济》,《福建日报》2012 年 9 月 25 日。

港镇、塘下镇、敖江镇等城镇化发展迅速,以服装、制鞋、纽扣、打火机、电器、汽摩配、锁具等 17 个著名的产业集群在国内外市场影响力很大。

汕头拥有 6 大产业集群:纺织服装、音像制品、机械装备、精细化工、食品加工、电子信息,2012 年其工业总产值为 2 973.71 亿元,规模以上工业总产值为 2 110.23 亿元①。

大量数据表明,海西区产业集群经历了轻纺工业——重工业——高科技行业的发展路径,集群规模不断扩大,产业链条升级速度较快,集群技术和资金密度不断上升,已形成了有规模、有特色的产业格局。

从进出口贸易总额来看,海西城市群内的城市都是进口总额小于出口总额,对外贸易顺差,外向型经济模式。从实际利用外资情况来看,海西区利用外资的规模较小,2010 年仅为 82.96 亿美元,约为长三角的 1/5、珠三角的 2/5,差距较为明显②。

表 8-3  海西区各市进出口总额(2008—2011 年)  单位:亿美元

| 地区 | 2008 | | 2009 | | 2010 | | 2011 | |
|---|---|---|---|---|---|---|---|---|
| | 总计 | 比上年增长(%) | 总计 | 比上年增长(%) | 总计 | 比上年增长(%) | 总计 | 比上年增长(%) |
| 福州市 | 203.21 | 9.0 | 178.49 | -12.2 | 245.86 | 37.7 | 346.45 | 40.9 |
| 厦门市 | 453.77 | 14.1 | 433.07 | -4.6 | 570.31 | 31.7 | 701.58 | 23.0 |
| 莆田市 | 23.21 | 8.0 | 23.47 | 1.1 | 34.22 | 45.8 | 46.47 | 35.8 |
| 三明市 | 7.95 | -8.7 | 8.81 | 10.8 | 12.80 | 45.2 | 17.75 | 38.7 |
| 泉州市 | 85.03 | 24.1 | 81.79 | -3.8 | 112.56 | 37.6 | 170.64 | 51.6 |
| 漳州市 | 53.19 | 14.4 | 47.99 | -9.8 | 73.99 | 54.2 | 97.13 | 31.3 |
| 南平市 | 7.62 | 21.8 | 8.28 | 8.6 | 10.83 | 30.8 | 14.73 | 36.0 |
| 龙岩市 | 5.39 | 99.0 | 6.81 | 26.3 | 15.13 | 122.1 | 24.01 | 58.7 |
| 宁德市 | 8.84 | 43.1 | 7.78 | -11.9 | 12.11 | 55.7 | 16.47 | 36.0 |
| 温州市 | 139.92 | 14.3 | 132.79 | -5.1 | 170.94 | 28.7 | 215.72 | 26.2 |

---

①  资料来源:李秀茹:《CBD 金融集聚与产业集群"共轭效应"互动发展问题研究——以海西区五大核心城市为例》,《当代经济研究》2013 年第 10 期。

②  参见黄茂兴、林寿富:《海西区与长三角、珠三角区域经济竞争力比较与联动机制探讨》,《东南学术》2012 年第 2 期。

续表

| 地区 | 2008 | | 2009 | | 2010 | | 2011 | |
|---|---|---|---|---|---|---|---|---|
| | 总计 | 比上年增长（%） | 总计 | 比上年增长（%） | 总计 | 比上年增长（%） | 总计 | 比上年增长（%） |
| 丽水 | 12.68 | 50.4 | 11.11 | -12.4 | 15.33 | 38.0 | 21.25 | 38.6 |
| 衢州市 | 13.25 | 24.9 | 11.84 | -10.6 | 18.89 | 59.5 | 26.87 | 42.2 |
| 汕头市 | 62.98 | 3.1 | 60.28 | -4.3 | 73.64 | 22.2 | 87.88 | 19.3 |
| 梅州市 | 7.62 | 44.5 | 7.89 | 3.5 | 11.73 | 48.7 | 13.65 | 16.4 |
| 潮州市 | 22.31 | 2.7 | 27.88 | 24.9 | 38.23 | 37.2 | 41.81 | 9.4 |
| 揭阳市 | 24.62 | 18.0 | 29.82 | 21.1 | 36.27 | 21.6 | 42.24 | 16.5 |
| 上饶市 | 5.62 | 88.2 | 6.44 | 14.6 | 16.67 | 158.9 | 26.54 | 59.2 |
| 鹰潭市 | 21.94 | 0.2 | 21.43 | -2.3 | 39.68 | 85.2 | 43.77 | 10.3 |
| 抚州市 | 3.04 | 18.4 | 4.77 | 56.9 | 5.59 | 17.2 | 9.59 | 71.7 |
| 赣州市 | 12.79 | 39.7 | 12.12 | -5.2 | 16.30 | 34.5 | 29.23 | 79.3 |
| 总计 | 1 174.97 | 13.9 | 1 122.85 | -4.4 | 1 531.08 | 36.4 | 1 993.77 | 31.4 |

资料来源:杨洪春总编:《福建统计年鉴 2012 年》,中国统计出版社 2012 年版,第 599 页。

在生产总值与人均收入方面,海西区内,福建片区所辖经济总量强于其他三大片区,总体收入差距呈缩小趋势。2010 年,福建片区地区生产总值是赣东片区国内生产总值的 4.83 倍,粤东北片区的 4.27 倍,浙南片区的 3.33 倍。从人均 GDP 来看,2010 年,福建片区人均 GDP 是赣东片区的 2.95 倍,粤东北片区的 2.36 倍,浙南片区的 1.22 倍。地区发展不平衡程度较为显著①。数据显示 2000—2010 年间,福建片区地区内收入差距呈下降趋势。与区域发达城市——厦门相比,龙岩市人均 GDP 占比增幅 32.93%,莆田市人均 GDP 占比增幅达 32.43%。关于其他三大片区,我们发现,除赣东片区地区内收入差距大幅上升外,浙南片区、粤东北片区的地区内收入差距都呈现出收敛趋势。比如,在浙南片区内,2010 年衢州市人均 GDP 占温州市人均 GDP 比重达 80.89%;较 2000 年增幅为 36.31%;粤

---

① 福建片区包括福州市、莆田市、泉州市、厦门市、漳州市、龙岩市、三明市、南平市、宁德市; 粤东北片区包括汕头市、揭阳市、潮州市、梅州市;浙南片区包括衢州市、丽水市、温州市; 赣东片区包括上饶市、鹰潭市、抚州市、赣州市。

东北片区内,2010 年潮州市人均 GDP 占汕头市人均 GDP 比重达 92.93%,较 2000 年增幅为 20.24%①。

表 8-4　2012 年海西各城市 GDP 与人均 GDP

| 城市 | GDP（亿元） | 人均 GDP（元） | 城市 | GDP（亿元） | 人均 GDP（元） | 城市 | GDP（亿元） | 人均 GDP（元） |
|---|---|---|---|---|---|---|---|---|
| 泉州 | 4 702.70 | 67 844 | 揭阳 | 1 380.15 | 20 506 | 南平 | 995.08 | 31 703 |
| 福州 | 4 210.93 | 64 263 | 龙岩 | 1 356.78 | 45 574 | 丽水 | 885.17 | 33 709 |
| 温州 | 3 650.06 | 45 614 | 三明 | 1 334.82 | 48 673 | 抚州 | 825.04 | 20 893 |
| 厦门 | 2 817.07 | 147 453 | 上饶 | 1 265.40 | 19 077 | 梅州 | 745.08 | 14 308 |
| 漳州 | 2 012.92 | 41 721 | 莆田 | 1 200.38 | 36 450 | 潮州 | 706.50 | 26 681 |
| 汕头 | 1 415.01 | 26 047 | 衢州 | 982.75 | 38 891 | 鹰潭 | 482.17 | 42 440 |
| 赣州 | 1 508.43 | 16 277 | 宁德 | 1 075.06 | 31 407 | 全区 | 33 552.4 | 37 297.6 |

资料来源:张玉哲、郑正喜:《海西区经济社会发展评价指标体系的构建》,《厦门大学学报》(哲学社会科学版)2013 年第 6 期。

海西区 2013 年总人口 6 407 万人,占全国的 4.71%;城镇化率63.26%,高于全国平均 9.53 个百分点②。在工业化的强劲推动下,区域城市化也进入一个快速发展的阶段,城市的发展带动了海峡西岸经济社会的共同发展。"十一五"期间,从沿海、内陆两个带来看,虽然内陆地带城镇化规模、城镇化质量等方面均低于沿海地带,但 2005—2011 年间其增幅均超过沿海地带,两带之间的差距呈现逐步缩小的发展态势。其中,内陆地带城镇化规模协调度增幅高达 28%,是拉动两带差距缩小的主要因素③。整体而言,海西区城镇化质量、规模、协调度等方面均呈上升状态。

**二、福建省城乡一体化发展概况**

进入 21 世纪以来,福建省把建设海峡西岸城市群作为城乡发展的突出任务,不断加大扶持农村经济社会发展力度,城乡发展一体化取得明显成

① 参见陈宇、赖小琼:《海西区地区收入差距测度与解析》,《福建师范大学学报(哲学社会科学版)》2012 年第 4 期。
② 参见李为:《海峡西岸城市群发展现状与未来设计》,《长沙大学学报》2015 年第 3 期。
③ 参见郑蔚:《海西区城镇化质量规模协调度动态变化研究》,《福建师范大学学报》(哲学社会科学版)2013 年第 6 期。

效。2000—2010 年,福建省城乡发展一体化水平不断提升,城乡空间一体化、经济一体化、社会一体化、生态环境一体化的水平都有所提高,其中城乡空间一体化进程成效显著。

改革开放以来,福建城镇化经历了一个起点低、速度快的发展历程。

1.城镇人口迅速增长。1978—2013 年,城镇经济的繁荣发展吸纳了大量的农村转移劳动力,城镇常住人口从 336 万人增加到 2 293 万人,城镇化率从 13.7%提高到 60.8%,高于全国平均水平 7 个百分点,年均提高 1.35个百分点。

2.城镇数量不断增加。1978—2013 年,城市从 6 个增加到 23 个,建制镇数量由 62 个增加到 612 个。沿海城镇带以全省 44.4%的国土面积集聚了 79.4%的人口,成为拉动经济快速增长和集聚人口的主要区域。

表 8-5　福建省城市(镇)数量和规模变化情况　　(单位:个)

| 城镇类型 | 1978 年 | 2012 年 |
|---|---|---|
| 100—300 万人口城市 | 0 | 2 |
| 50—100 万人口城市 | 1 | 1 |
| 20—50 万人口城市 | 1 | 7 |
| 10—20 万人口城市 | 4 | 13 |
| 城市总数 | 6 | 23 |
| 建制镇总数 | 62 | 606 |

注:城市人口指城区(县城)常住人口。

3.城镇综合服务功能不断增强。城镇水、电、气、路、通信等基础设施水平显著改善;人均居住、公园绿地面积大幅增加,教育、医疗、文化体育、社会保障等公共服务水平明显提升,城市管理水平进一步提高。"十一五"期间,福建牢牢抓住国家支持海西区发展的战略机遇,在中央政府和相关部委的支持下,建成 5 条进出省通道,全省铁路营业长度为 2 111 公里,福温铁路、福厦铁路、龙厦铁路开通动车组,全省铁路进入双线快速运输时代。高速公路 2 351 公里①。福建省城乡信息化水平得以提高。基础设施的改善

①　参见《福建省统计年鉴 2011 年》,见 http://www.stats - fj.gov.cn/tongjinianjian/dz2011/index-cn.htm。

为经济腾飞奠定了基础。以计算机和移动电话为代表的通讯设备与技术的加强实现了福建城乡之间信息化程度的提高。农村信息化是整个国民经济与社会信息化的重要方面,对于优化资源配置、提高农业生产与经济管理水平、降低市场风险、促进城乡协调发展具有重要意义。福建加大力度投资信息化建设,早在2005年就已经实现了"村村通电话"的目标,通过"政府、村镇、电信三方共建"模式至2007年年底完成宽带上网"百村示范"工程,实现所有乡镇宽带覆盖①。2013年年末全省电话用户总数5 286.8万户,比上年年末净增220.3万户,其中固定电话用户983.5万户;移动电话用户4 303.3万户,净增254.1万户,电话普及率为141.0%。全省互联网用户3 590.3万户,净增129.4万户,其中,固定宽带用户835.6万户,净增98.4万户。互联网普及率为95.8%②。"数字福建"的建设更是实现了全省各部门、各行业、各领域的信息化沟通,缩小了城乡差距,推动了城乡发展一体化的进程。

表8-6　福建省城市(县城)基础设施和服务设施变化情况

| 基础设施和服务设施 | 2005年 | 2012年 |
|---|---|---|
| 供水普及率(%) | 92.0 | 98.4 |
| 燃气普及率(%) | 94.0 | 97.4 |
| 人均道路面积(平方米) | 10.5 | 13.5 |
| 人均住房建筑面积(平方米) | 31.4 | 38.2 |
| 污水处理率(%) | 56.0 | 83.8 |
| 生活垃圾无害化处理率(%) | 78.0 | 93.2 |
| 人均公园绿地面积(平方米) | 8.0 | 12.1 |
| 义务教育阶段公办学校接收随迁子女比率(%) | 85.7 | 90.5 |
| 病床数(万张) | 3.54 | 6.1 |

---

① 参见白永秀、刘小娟、周江燕:《福建省城乡发展一体化水平变化趋势及影响因素分析》,《福建论坛》(人文社会科学版)2014年第1期。

② 参见福建省统计局:《2013年福建省国民经济和社会发展统计公报》,2014年2月24日,见 http://www.stats-fj.gov.cn/xxgk/tjgb/201402/t20140224_36808.htm。

4.城乡空间一体化方面。首先,城乡往来日益频繁。交通网密度由
2000 年的 0.433 千米/平方千米提高到 2010 年的 0.751 千米/平方千米;旅
客周转量由 2000 年的每公里 333.97 亿人次提高到 2010 年的每公里 486.5
亿人次。其次,城乡市场流动加快。福建省的每万人限额以上批发零售业
法人企业个数由 2000 年的 0.357 个提高到 2010 年的 1.064 个,说明福建
省的城乡市场流通在这 11 年间有了进一步提高。最后,城乡信息网络日渐
畅通。从城乡每百户计算机拥有量比来看,该指标由 2000 年的 27.55 下降
到 2010 年的 7.41。同时,城乡每百户移动电话拥有量比在这 11 年间也有
所下降①。

5.城乡经济一体化方面。首先,从福建省三次产业结构的发展来看,三
次产业结构在不断优化。自 2000 年到 2010 年,福建省的第一产业占 GDP
的比重由 16.34%下降到 9.25%,第二、三产业占 GDP 的比重由 83.66%增
长到 90.75%。此外,从三次产业从业人员比重来看,第一产业从业人员比
重大幅下降,从 2005 年的 37.6%下降到了 2013 年的 24.1%。值得一提的
是福建省农业机械化水平高于全国总体水平。其次,从福建省的城乡居民
收入来看,城镇居民人均可支配收入和农村居民人均纯收入都在不断增加,
分别从 2000 年的 7 432 元、3 230 元,增加到 2014 年的 30 722 和 12 650
元②。在城乡居民消费方面,福建省农民家庭的人均消费支出由 2000 年的
2 409.69 元增加到 2013 年 8 151.21 元,城市人均消费支出由 2000 年的
5 639 元增加到 2013 年的 20 093 元,但城乡居民消费比由 2000 年的 2.34
扩大到 2013 年的 2.47③。

6.城乡社会一体化方面。本书选择城乡教育、城乡医疗卫生、城乡社会
保障服务以及城乡市政设施作为主要考察对象。教育是一个地区持续性发
展的关键,随着知识经济时代的发展,人力资源的战略性地位逐步提升,教

---

① 参见白永秀等:《中国省域城乡发展一体化水平评价报告(2012)》,中国经济出版社 2013
年版,第 281—282 页。

② 参见福建省统计局:《2014 年福建省国民经济和社会发展统计公报》,2015 年 2 月 17 日,
见 http://www.stats-fj.gov.cn/xxgk/tjgb/201502/t20150217_37580.htm。

③ 根据福建省统计年鉴 2014 年计算得出。

育作为培养人力资源的重要途径,越来越受到重视,农村教师资源匮乏、教学设备的落后严重阻碍了城乡社会一体化水平的提高。福建重视教育工作的开展,依据"协调各级教育资源,打造海西人才高地"的目标,加大农村义务教育的投入,完善教育发展的财政保障制度,健全政府助学体系,义务教育的各项指标持续保持全国先进水平。福建教育经费占财政支出比重连续10年高居全国榜首,自2009年开始,连续3年教育经费支出增长率甚至高于整个生产总值的增长率,2012年省级教育总投入更高达22.5亿元,占财政预算比例的21%①。2006年福建省率先实施农村免费义务教育;2007年秋季设立国家奖学金和国家励志奖学金,标准分别为每人每年8 000元和5 000元,资助公立民办中职学校全日制在校一、二年级所有农村户籍的学生和县镇非农户口的学生以及城市家庭经济困难学生。2008年,比全国提前半年对城市义务教育阶段学生免除学杂费,对农村义务教育阶段学生免费提供教科书,所需经费由国家和省级财政分别承担;2009年,对城乡低保家庭高中生实行助学政策,全省城乡低保家庭高中学生每人每年可获得1 500元的助学金,比全国提早半年对涉农专业和农村低保家庭学生实施中职免费教育,对农村义务教育寄宿生免收住宿费;2010年,全面开展生源地信用助学贷款,做到全日制普通高校家庭经济困难学生应贷尽贷②。但是目前看来,城乡教育水平仍存在一定差距,如,"在教育投入方面,福建省的城乡基础教育经费差距由2000年的448.39万元逐渐扩大到2010年的486.90万元。从师生比差距来看,福建省城乡师生比差值由2000年的0.66提高到2010年的9.01。"③

"十五"期间,福建省农村卫生事业取得可喜成绩,全省农村"三级"医疗卫生网络不断健全和完善。至2007年,全省共有县级疾病预防控制中心84个,综合性医院102所,乡卫生院939所,村卫生所16 411所。农村医疗

① 参见白永秀、刘小娟、周江燕:《福建省城乡发展一体化水平变化趋势及影响因素分析》,《福建论坛》(人文社会科学版)2014年第1期。
② 参见石伟:《福建:农村教育迈上新台阶》,《经济日报》2011年3月8日。
③ 白永秀等:《中国省域城乡发展一体化水平评价报告(2012)》,中国经济出版社2013年版,第287页。

卫生技术队伍不断壮大,各级医疗卫生机构拥有乡镇卫生技术人员 20 397 人,乡村医生总数 27 022 人,农村卫生服务体系已初步形成①。"十一五"期间尽管农村卫生事业发展有起有伏,但总体上呈增加态势,全省疾病预防控制中心 94 个,综合医院 293 个,乡村医生和卫生员数为 28 868 人,其中医生为 28 405 人,卫生员 463 人②。至 2012 年,村设置医疗点数 19 691 个,乡村医生和卫生人员数为 28 268 人,其中,乡村医生为 27 536 人,卫生员 732 人③。

福建省 2006 年年末参加基本养老保险人数 455.27 万人,其中参保职工 361.80 万人,参保的离退休人员 93.47 万人。参加失业保险的人数 293.07 万人。参加医疗保险人数 370.05 万人,其中参保职工 284.90 万人,参保退休人员 85.15 万人。年末企业参加基本养老保险离退休人员 76.09 万人;年末领取失业保险金人数 6.77 万人;得到政府最低生活保障的城镇居民 20 万人;参加低保的农村居民 76.29 万人。年末各类收养性社会福利单位床位 1.7 万张。城镇建立各种社区服务设施 5 000 个,其中综合性社区服务中心 611 个④。

2014 年末参加城镇基本养老保险人数 848.27 万人,比上年增加 35.45 万人。其中参保职工 708.1 万人,参保的离退休人员 140.17 万人。全省企业参加基本养老保险离退休人员为 118.28 万人,全部实现养老金按时足额发放。全省参加城镇基本医疗保险人数 1 292.97 万人,其中参保职工 737.25 万人,参保的城镇居民 555.72 万人。全省参加新型农村合作医疗保险人数 2 531 万人。全省参加失业保险人数 524.08 万人。年末全省领取失业保险金人数 4.46 万人;全省纳入城市最低生活保障的居民 14.66 万

---

① 参见林秀俊、黄忠煌:《深化体制改革　提高保障水平——对福建省农村医疗卫生状况的调查分析》,《福州党校学报》2007 年第 2 期。

② 参见《福建统计年鉴 2011》,见 http://www.stats-fj.gov.cn/tongjinianjian/dz2011/index-cn.htm。

③ 参见《福建统计年鉴 2013》,见 http://www.stats-fj.gov.cn/tongjinianjian/dz2013/index-cn.htm。

④ 参见福建省统计局:《福建省 2006 年国民经济和社会发展统计公报》,2007 年 2 月 26 日,见 http://www.stats-fj.gov.cn/xxgk/tjgb/200702/t20070226_28245.htm。

人;纳入农村最低生活保障的居民 73.79 万人;"五保"供养对象 8.46 万人。年末全省养老机构床位数增至 13.66 万张,每千名老人拥有养老床位 28.6 张。全省建立各类社区服务机构 5 178 个,其中社区服务中心(站)3 032 个①。

7.城乡生态环境一体化方面。首先,2000—2011 年,福建省人均绿地面积由 5.143 平方米增加到 11.720 平方米,增长了一倍多②,促进了城乡生态环境一体化水平的提高。绿地面积建设是改善生态环境的重要组成部分,能够调节气候,降低热效应,加强一个地区生态的自身恢复能力,净化空气,控制污染。福建由于当地的土壤特色和过于丰富的水资源,历史上曾经水土流失较为严重,为了加强生态环境建设,福建按照"生态省"的要求,开展"全面义务植树月"等活动。自 2005 年以来已经连续 8 年造林绿化面积超 200 万亩,截至 2013 年年底,福建省的森林面积达 801.27 万公顷,森林覆盖率 65.95%,森林覆盖率连续 36 年来保持全国第一。

其次,从卫生厕所普及率来看,2000—2011 年,福建省农村卫生厕所普及率从 38.9%提升到 85.48%③。生活垃圾是农村环境污染的主要来源,不卫生的厕所使用严重影响了当地生态环境的改造。"十一五"期间,福建加强卫生建设的步伐,全省卫生基本建设投入 105.2 亿元,是"十五"期间的 2.35 倍,使福建省在加强新农村卫生改善和提高卫生厕所普及率方面,首次高于东部平均水平,加快了福建城乡生态环境一体化的步伐。

最后,从污染治理与节能减排力度来看,2000—2010 年福建省环境污染治理投资额从 51.10 亿元增加到 129.70 亿元,但环境污染投资额占 GDP 的比重却从 1.36%下降到 0.88%;万元 GDP 能耗下降较为缓慢④。

---

① 参见福建省统计局:《2014 年福建省国民经济和社会发展统计公报》,2015 年 2 月 17 日,见 http://www.stats-fj.gov.cn/xxgk/tjgb/201502/t20150217_37580.htm。

② 参见白永秀、刘小娟、周江燕:《福建省城乡发展一体化水平变化趋势及影响因素分析》,《福建论坛》(人文社会科学版)2014 年第 1 期。

③ 参见白永秀、刘小娟、周江燕:《福建省城乡发展一体化水平变化趋势及影响因素分析》,《福建论坛》(人文社会科学版)2014 年第 1 期。

④ 参见白永秀等:《中国省域城乡发展一体化水平评价报告》,中国经济出版社 2012 年版,第 287 页。

总体而言,进入 21 世纪以来,福建省城乡一体化发展水平呈持续上升态势,大量农村劳动力转移就业,提高了城乡生产要素配置效率,推动国民经济持续快速发展,促进城乡居民生活水平全面提升。农民生产生活条件发生显著变化,农村基础设施和公共服务快速发展;农村教育、文化、卫生、社会保障等社会事业蓬勃发展,呈现出农村社会结构加速转型、城乡发展加快融合的态势。

## 第三节　海峡西岸经济区城乡一体化发展展望

### 一、海西区城乡一体化发展困境

（一）从城乡空间一体化层面来看

海西区在加快推进城镇化进程中,仍存在一些必须高度重视并着力解决的深层次矛盾和问题。

首先,城镇化水平偏低。海西的城市化不仅落后于广东、浙江、江苏等沿海发达省份,甚至不如中西部的一些省份。2005 年海西区中仅有福州、厦门、莆田、泉州、南平、温州、汕头、潮州 8 个城市的城镇化水平(即城镇人口占常住人口比重)超过全国 42.99% 的平均水平;仅有 6 个城市的人均GDP 超过全国平均水平。而到了 2011 年,城镇化水平偏低的态势依然没有得到明显改善。从城市规模看,20 个城市中尚没有人口超过 1 000 万的城市。福建"八山一水一分田"的特殊地貌以及浙南、赣东的丘陵地形使得该区域城镇化的空间拓展受到严重束缚,城市外延式发展与城市空间不足的矛盾日益突出。

其次,海西区内城镇规模结构不太合理,大中小城市和小城镇协同发展水平较低,未形成大中小等级分布、比例合理、配套衔接的城镇体系。总体上还是一种中心地模式,未形成网络城市。城镇格局存在"小、散、弱"的现象。厦漳泉大都市区发展中"魅力厦门"面临"小"制约,发展空间有限;"活力泉州"深受"散"掣肘;"潜力漳州"存在"弱"不足,发展基础薄弱。

中心城市的经济规模难以突破壮大,辐射带动功能受到限制,中小城市集聚产业和人口不足,小城镇数量多、规模小、服务功能弱。长三角城市群和珠三角城市群,都有规模较大、辐射力较强的中心城市,中心城市已经处在从大规模集聚生产要素转向大规模扩大辐射能力的阶段,中心城市和腹地之间已经形成了生产要素双向流动关系。福州市作为福建省的省会城市,2013年常住人口700多万,城镇人口不足500万,还处于大规模集聚周边(宁德、莆田等地)生产要素的阶段。厦门市是一个海岛城市,尽管已经实现离岛发展,但厦门市人口350多万,其中城镇人口331万①,对周边中小城市的拉动和辐射作用还较为有限,厦漳的同城化一定程度上可以缓解该问题,但是目前看来厦漳泉的同城化还需要较长时间。

同时,大量农业转移人口难以融入城市社会,市民化进程滞后。根据2006、2011年统计资料数据计算(见表8-7),福建省各地土地城镇化与人口城镇化有不同表现,多数地区存在土地城镇化快于人口城镇化现象。

表8-7　2005—2010年福建9个设区市的城镇用地增长弹性系数比较

| 地区 | 城镇建设用地增长率 | 城镇人口增长率(以常住人口计) | 城镇用地增长弹性系数(以常住人口计) | 城镇人口增长率(以户籍非农人口计) | 城镇用地增长弹性系数(以户籍非农人口计) |
|---|---|---|---|---|---|
| 福州市辖区 | 0.294 | 0.129 | 2.282 | 0.080 | 3.666 |
| 厦门市 | 0.811 | 0.731 | 1.110 | 0.508 | 1.595 |
| 莆田市辖区 | 0.713 | −0.043 | −16.763 | 0.088 | 8.117 |
| 三明市辖区 | 0.383 | −0.009 | −44.455 | 0.043 | 8.939 |
| 泉州市辖区 | 1.419 | 0.071 | 20.032 | 0.026 | 53.798 |
| 漳州市辖区 | 0.124 | 0.119 | 1.042 | 0.063 | 1.986 |
| 南平市辖区 | 0.282 | −0.044 | −6.538 | −0.008 | −34.306 |
| 龙岩市辖区 | 0.267 | 0.070 | 3.829 | 0.039 | 6.778 |
| 宁德市辖区 | 0.600 | 0.236 | 2.547 | 0.100 | 6.030 |

注:本表为设区市市辖区数值。城镇建设用地增长率以城市(城镇)建成区面积的增长水平计。资料来源:蔡卫红:《福建省土地城镇化快于人口城镇化的现状及成因分析》,《福建论坛(人文社会科学版)》2013年第7期。

---

① 参见《福建省统计年鉴2014》,见 http://www.stats-fj.gov.cn/tongjinianjian/dz2014/index-cn.htm。

再次,城镇基础设施较为滞后。交通艰难,道路崎岖,地域封闭,信息不灵,福建自古便有"闽道更比蜀道难"之说,连绵不绝的崇山峻岭决定了在福建省发展交通网络的成本十分昂贵,成为阻隔福建与中原联系以及福建内部交往的屏障,也制约了福建省区域经济发展。另外,多山导致福建的河流都属于短小山地型,不但航运价值不高,而且下游没有大规模的冲积平原。这使得经济腹地狭小,直接制约了沿海港口城市的发展。长三角城市群和珠三角城市群都具有较大的腹地,长三角城市群的主要腹地是长江中下游地区,珠三角城市群的主要腹地是广东、广西、湖南以及江西南部地区。海峡西岸城市群的人口占福建省近80%,剩下的20%作为它的腹地,腹地对海峡西岸城市群的支撑力度不足。而处于内陆地区的江西、安徽目前主要接受长三角城市群和珠三角城市群的辐射,受到海峡西岸城市群的辐射相对较弱。浙江省温州市、广东省汕头市及其周边地区的产业结构与海峡西岸城市群的产业结构基本类似。因此总体来看,海峡西岸城市群缺乏足够的腹地。虽然近年来福建省同步推进铁路、公路、港口建设。交通发展迅速,但目前福建交通状况仍低于全国平均水平。

(二)从城乡经济一体化层面来看

海西区的经济基础较为薄弱,地区生产总值规模和人均地区生产总值还较小,与长三角和珠三角经济区的差距较大。虽然近年来海西区经济发展较快,但经济攀升的势头逐步趋缓。2011年长三角城市群GDP总量是27 602亿元,占全国的16.9%;珠三角城市群GDP为27 843亿元,占全国GDP的17.0%;海峡西岸城市群GDP为5 354.18亿元,仅占全国GDP的3.3%。

首先,在产业结构方面来看,海西区产业结构不够合理,产业升级缓慢。第一产业规模和比重过大,第二产业和第三产业的规模和比重过小,仍处于工业化发展阶段;对第二产业依赖程度较高,亟须发展第三产业。"十一五"期间,海西区的第一产业比重有所下降,但仍在10%左右,远高于长三角和珠三角经济区,它们的第一产业比重均小于4%;第二产业比重约为51%,略高于长三角和珠三角经济区;第三产业比重约为40%,远低于长三角和珠三角经济区。虽然海西区产业结构不断在优化,第一产业的比重不断下降,第二产业的比重较之前有所上升,但第三产业的比重仍在39%—40%之间徘徊。福建省2012年全年实现地区生产总值19 701.78亿元,比上年增长11.4%,三次产业占地区生产总值的比重分别是9.0%、51.7%、39.3%①。2006年全省三次产业占地区生产总值的比重分别为11.8%、49.2%、39.1%②。由此可以看出福建省的产业升级发展缓慢,第一产业在产业结构中所占的比重有所下降,但其产业化程度远远达不到预想的目标;第二产业发展缺乏新的动力,企业带动力不够强;而以服务业为主体的第三产业在产业升级中没能成为主导产业,发展迟滞。

表8-8　2006—2013年福建省三大产业生产总值所占比重（单位:%）

| 年份 | 第一产业 | 第二产业 | 第三产业 |
|------|---------|---------|---------|
| 2006 | 11.4 | 48.7 | 39.9 |
| 2007 | 10.8 | 48.4 | 40.8 |
| 2008 | 10.7 | 49.1 | 40.2 |
| 2009 | 9.7 | 49.1 | 41.2 |
| 2010 | 9.3 | 51.0 | 39.7 |
| 2011 | 9.2 | 51.6 | 39.2 |
| 2012 | 9.0 | 51.7 | 39.3 |
| 2013 | 8.9 | 52.0 | 39.1 |

资料来源:《福建省统计年鉴 2014》,见 http://www.stats-fj.gov.cn/tongjinianjian/dz2014/index-cn.htm。

其次,没有形成分工明确的具有强大竞争力的产业群。世界500强跨国公司有400落户我国,共投资3 096个项目,福建只有61家,投资项目68个,仅占全国2%,落后于沿海经济发达地区,屈居全国第九③。福建省的产业规模和总量还偏小;层次还不够高,属于传统产业和劳动密集型产业仍占

① 参见《福建统计年鉴 2013 年》,见 http://www.stats-fj.gov.cn/tongjinianjian/dz2013/index-cn.htm。
② 参见福建省统计局编委会:《福建经济与社会统计年鉴 2007 年》(国民经济核算篇),福建人民出版社2007年版,第88页。
③ 参见夏雨纯:《海峡西岸城市群发展制约因素研究》,《城市设计理论研究》(电子版)2013年第22期。

多数;集群效应不明显,产业链不长,配套能力不强。

再次,海西区自主创新能力不强。创新是一个国家或地区经济发展的重要活力,自主创新在经济发展中占据相当重要的地位。加快转变经济发展方式,最重要的是提高自主创新能力,但是,自主创新能力仍是海西经济发展过程中的一个薄弱环节,主要体现在以下几个方面:1.自主创新能力对经济增长的拉动作用不够明显,自主创新能力没有转化成生产力为经济发展服务。2.研究与实验发展(R&D)经费投入低。R&D 经费投入是衡量创新水平的重要指标,也是自主创新能力的基础。尽管海西的 R&D 经费投入比重较之前有所提高,但与全国其他地区相比还有较大差距。3.科技活动人员数量大幅度增长,但分布地区不均匀,主要分布在福州、厦门两地。可以看出,2011 年海西高技术产业增加值占全省 GDP 的比重为 4.44%,低于全国 4.8% 的平均水平,其对经济的拉动作用比较低;2011 年全社会 R&D 经费投入占 GDP 的比重为 1.2%,只比上年增长了 0.04 个百分点,低于全国平均水平,企业的创新能力有待提高[①]。

近年来,福建省经济迅速发展,但经济发展方式还没有得到根本性转变。福建省是一个能源短缺省份,由于生产经营方式比较粗放,使得很多地方仍存在高消耗、高污染等问题,节能减排面临较大的压力。就目前而言,劳动密集型产业、传统产业比重高,高科技含量、高附加值等高新技术产业所占比重低。要想取得经济的长足发展,必须处理好经济发展方式问题,加快转变经济发展方式。另外,福建整体投资软、硬环境相对落后,尤其是福建在投资的软、硬环境上相较于发达地区及省份逐渐落后。例如,台湾 2012 年公布的大陆投资软环境分析表明,福建存在市场量小、产业基础差、配套不足、人才不足等问题,对台商投资吸引力不如上海、江苏、广东,福建投资环境呈下降趋势。

(三) 从城乡社会一体化层面来看

农民工及其家属享受教育、文化、医疗、社会保障、保障性住房等方面公

---

① 　参见李金荣、张向前:《海西区保持经济平衡较快增长与经济发展方式转变研究》,《科技管理研究》2013 年第 17 期。

共服务还不均衡,城镇内部出现新的二元矛盾,农村留守儿童、妇女和老人问题日益凸显。由于流动人口社会融入程度低,导致其参保率也较低。2012 年福建省仅有 24.7% 的流动人口在流入地享有城镇职工医疗保险。流动人口居住条件较差①。优质教育资源不足,除义务教育阶段外,流动人口进入当地优质学校的难度较大。

（四）从城乡生态一体化层面来看

随着海西区社会经济发展和城镇化进程的加速,与此相关的生态问题也面临前所未有的压力。尤其海西区涉及 4 个省份,对于生态环境的治理更需要 4 省协调发展,工作难度更大。目前,海西区各地生态环境建设面对相似的难题。水污染、大气污染、土壤污染、工业污染几个方面都存在不少问题。即使是生态环境较好的福建省也不例外。水污染严重,影响到了沿海水产养殖,另外,部分地区污染还威胁到城市饮用水源。海水富营养化、重金属污染、有机物污染等情况也都不同程度存在。另外,部分区域水生态失调,水资源短缺,地下水位下降,河道淤塞,河流断流,旱涝灾害频繁。2012 年,福建省降水 pH 年均值为 5.09,较上年提高了 0.01 个 pH 单位;酸雨出现频率为 47.4%,较上年提高了 3.5 个百分点。全年降水 pH 最低值为 3.41,出现在福州市。土壤污染和结构破坏也较为严重,大部分土壤有不同程度的化肥污染。农用地膜使用回收率低,形成"白色污染"。农村的畜禽粪其量已超过和接近工业固体废弃物产生量,成为农村新的污染源②。此外,工业三废中废水排放量虽然有所下降,但是废气的排放量、固体废物生产量却逐年增加,尤其是危险废物贮存量增加十分惊人,从 2009 年的 333.36 吨,上升至 2013 年的 49 200.00 吨③。

---

① 参见伍长南、徐颖:《加快福建特色新型城镇化发展建议》,《福建论坛(人文社会科学版)》2014 年第 2 期。
② 参见李立南:《福建省生态文化现状分析与对策研究》,《福建省社会主义学院学报》2014 年第 4 期。
③ 参见《福建省统计年鉴 2014》,见 http://www.stats-fj.gov.cn/tongjinianjian/dz2014/index-cn.htm。

## 二、海西区城乡一体化发展的对策建议①

（一）在城乡空间一体化发展方面

增强中心城市辐射带动能力。围绕构建以福建为主体的海峡西岸城市群，应加快形成分工明确、布局合理、功能互补、错位发展的城市发展格局。

一是合理引导城镇人口的区域分布和各都市区、市域和县域的城镇化进程，形成完善的规模等级体系。

人口在300万人以上的城市为福州都市区、厦门都市区、泉州都市区。

人口在100—200万人的城市为漳州都市区和莆田都市区。

人口在50—100万人的城市为宁德都市区、南平都市区、三明都市区、龙岩都市区、平潭和福清市。

人口在20—50万人的城市为仙游县、南安市、安溪县、永春县、德化县、漳浦县、云霄县、福鼎市、福安市、永安市、尤溪县、邵武市、建瓯市、建阳市、长汀县。

人口在20万人以内的城市及县为罗源县、闽清县、永泰县；长泰县、诏安县、东山县、南靖县、平和县、华安县；古田县、屏南县、寿宁县、周宁县、柘荣县、武夷山市、顺昌县、光泽县、松溪县、浦城县、政和县；明溪县、清流县、宁化县、大田县、将乐县、泰宁县、建宁县、漳平市、永定县、上杭县、连城县、武平县。

二是发展壮大区域中心城市，明确城市功能。构建福州大都市区和厦泉漳大都市区，形成引领海峡西岸城市群发展和辐射带动粤东、浙南和江西等周边地区的两大经济高地。一方面，强化福州大都市区的重心辐射作用，推进平潭岛开发，整合闽侯、长乐、连江、罗源、福清，构建福州大都市区，拓展福州发展空间，提升服务全局的文化、教育、科技创新、金融、行政、现代商务和两岸交流合作等综合职能。另一方面，进一步发挥厦门经济特区龙头

---

① 该部分内容参考《福建海峡西岸城市群发展规划》而撰写。《福建海峡西岸城市群发展规划》，2013年3月26日，见http://www.qianzhan.com/regieconomy/detail/198/130326 - 6a408081_6.html。

带动作用和泉州创业型城市的支撑带动作用,增强漳州的辐射带动能力,强化三市的分工、合作和协调,构建厦泉漳大都市区,提升参与国际竞争和两岸合作的能力。

福州大都市区(包括福州市区与长乐市、闽侯县、连江县)主要功能是:福建省政治、经济、文化中心,两岸经贸文化合作交流的重要基地;现代服务业、科技创新中心、物流中心和高新技术产业基地;国家历史文化名城,文化旅游强市,我国沿海主要港口城市和滨海休闲度假基地。

厦泉漳大都市区(包括厦门市域范围,泉州市区、晋江市、石狮市、漳州市区、龙海市、惠安县以及南安市的部分地区)主要功能为:厦门,现代服务业、科技创新中心和国际航运中心;闽台经贸文化等方面交流合作和高新技术产业合作基地;现代化国际港口风景旅游城市。泉州,重要的国际消费品制造城市,全国重要的临港重化和先进制造业基地、海峡西岸产业创新基地;国家历史文化名城、文化旅游强市,现代化港口工贸城市。漳州,海峡西岸重要的现代化临港产业和闽台经贸、文化交流合作基地,闽粤交界地区重要的交通枢纽,福建省重要港口和生态工贸城市,国家级历史文化名城,滨海旅游休闲基地。

温州、汕头等中心城市,要发挥港口优势,完善城市布局,推动产业做强、规模做大、功能做优、环境做美,增强其对区域经济发展的辐射带动能力和综合服务能力。莆田、宁德、潮州、揭阳等城市,要依托沿海港口,积极发展临港产业,建设成为现代化港口城市。南平、三明、衢州、丽水、上饶、鹰潭、抚州等城市,要发挥旅游、生态资源优势,加快发展旅游业、生态产业,建设成为重要的生态型城市。龙岩、赣州、梅州等城市,要发挥红色旅游、客家文化等优势,大力发展特色产业,建设成为重要的生态工贸城市。积极推进海峡西岸西南翼和东北翼的城市联盟,加强分工协作,促进产业协作配套、设施共建共享和生态协同保护,实现资源要素优化配置。

三是培育发展中小城市。根据区位条件、产业基础和发展潜力,明确发展定位,积极培育发展中小城市。沿海及中心城市周边县市,要积极参与区域产业分工,以发展临海产业和为中心城市生产生活服务配套型产业为重点,建设一批新型中小城市。经济欠发达的山区县市,要实施大城关战略,引导产业和人口集聚,增强对农村经济的辐射力。支持区位优势明显、产业基础较好、经济实力较强的县(市)率先向中等城市发展,建设成为区域次中心城市。同时,要把小城镇建设纳入国民经济和社会发展规划,积极引导和扶持有条件的建制镇发展成为中心镇。有序调整撤并部分规模偏小、发展潜力不足的小乡镇。城市周边的小城镇,要纳入所属城市统一管理。沿交通干道等发展条件较好的小城镇应加强居住、生产服务、商贸服务职能,加强与中心城市之间的产业配套,促进城镇特色的形成;应积极推动基础设施、公共设施的先行建设,引导周边村庄居民向镇区集聚发展,应充分利用资源和自然景观特色优势,发展生态农业或乡村旅游业等特色产业,带动当地农业和农村经济发展。

四是培育重点地区空间组织。一方面,建设平潭综合实验区。以两岸同胞为主体,探索两岸"共同规划、共同开发、共同经营、共同管理、共同受益"的合作新模式,推进两岸经贸紧密合作、融合发展,努力把平潭综合实验区建设成为两岸交流合作先行先试的示范区、海峡西岸经济社会协调发展的先行区和生态宜居的新兴海岛城市。另一方面,强化湾区的综合性开发和特色化培育,突出重点,有序利用。闽江口、泉州湾是生活旅游型为主的湾区;厦门湾、三都澳为综合型湾区;罗源湾、兴化湾、湄洲湾为产业型湾区;东山湾为产业型和旅游型湾区。

五是完善交通设施,畅通城际、省际联系。加快交通通道建设。加快推进运输通道建设,完善福州、厦门、泉州、温州、汕头等综合交通枢纽功能,更好地服务于两岸交流合作和中西部对外开放。建成由高速铁路、快速铁路等组成的"三纵六横"的海峡干线铁路网格局。"三纵"为沿海铁路、杭闽广铁路、浦建龙梅铁路。"六横"为宁衢铁路、京台铁路、峰福铁路、向莆铁路、长吉泉铁路、赣龙漳厦铁路。完善区域内铁路网络的组织。建设三都澳、罗源湾港区、兴化湾南北岸港区、湄洲湾南北岸港区、厦门港、古雷港区等港口的铁路集疏支线,实现港区与干线铁路的衔接。提升鹰厦、龙梅、漳泉肖等铁路等级,改善区域铁路支撑条件。

建设"三纵八横"的区域高速公路网络体系,实现两洲对接和腹地拓展。"三纵"为沈阳—海口国家高速公路(福鼎分水关至诏安汾水关段)、沈海复线(福鼎沙埕至诏安霞葛段)、长春—深圳国家高速公路(松溪—武平);"八横"为宁德—上饶国家高速公路(宁德—武夷山)、北京—台北国家高速公路(浦城—福州)、福州—银川国家高速公路(福州—邵武)、莆田—梅州高速公路(莆田—永定)、泉州—南宁国家高速公路(泉州—宁化)、厦门—沙县高速公路(厦门—沙县汀)、漳州古雷港—武平—昆明高速公路。

建设海峡西岸城市群城际轨道网络,连接各设区市中心城区、重要客站、机场、沿线重要发展城镇以及产业聚集区和交通枢纽地区。预留城际轨道支线走廊,实现城际轨道干线与其他重要区域的快速轨道衔接。加快建设厦门至深圳快速铁路,贯通东南沿海铁路客运专线。改造提升南平至三明至龙岩、广州至梅州至汕头等铁路。打通杭州至广州的快捷通道,贯通长深线丽水至梅州段等国家高速公路,对沈海高速公路进行扩容改造。

实施福州长乐机场扩建工程,提升航空服务能力,建设成为国家重要的枢纽机场和两岸三通门户机场。整合闽西南区域沿海航空运输市场资源,在厦门高崎机场和晋江机场扩容的基础上,适时在厦门和泉州交界的沿海地区择址建设新机场,打造成为国家重要的枢纽机场和两岸三通门户机场。完善支线机场布局。扩建或适时迁建武夷山机场,提升龙岩冠豸山机场服务能力,推进三明机场建设,推进宁德、莆田、漳州、平潭机场建设的前期工作。

加快宽带通信网、数字电视网和下一代互联网建设,推进"三网融合",积极推进物联网发展。完善省级政务信息网,加快整合省、市、县三级突发公共事件应急管理信息系统,完善应急反应体系。推进各地行政审批服务中心信息化建设,实现网上行政审批。加快推进"数字城市"、"数字社区"工程建设。加强农村信息化建设,构建"三农"信息服务体系。加快建设电子商务等公共服务平台,完善物流信息、信用认证、支付网关等平台,推进物流信息平台跨省联网。全面推进制造业企业信息化,发展新兴产业,改造提升传统产业。继续推进数字城市示范建设,形成覆盖国民经济和社会各个领域的完善的信息化体系,并以城市信息化带动农村信息化,推进城乡信息化协调发展;加强城市之间信息基础设施和信息网络建设,促进城市公共信息资源的利用和共享,以信息一体化促进区域发展一体化。

（二）在城乡经济一体化发展方面

第一，促进都市圈内经济一体化。在都市圈内，中心城市的地位和作用决定了经济区的地位和影响。通过积极调优中心城市功能，将产业链的上游环节和下游环节布局在中心城市，将产业链的中游环节调出中心城市，进而形成产业链在都市圈内的合理布局。中心城市与非中心城市之间通过产业链的关联、通过创新形成与转化，形成一个高度联系的有机整体。具体来说，福州和厦门要集聚产业链的上游和下游环节以及创新要素，宁德、莆田、泉州和漳州集聚产业链的中游环节以及承接创新转化要素，通过产业链的联系和创新的转换，促进都市圈内经济一体化与布局合理化。

第二，着力加快经济发展方式转变，实现产业结构优化升级。鼓励制鞋制革、服装纺织、建材陶瓷、食品饮料、半导体照明等消费品制造业向"塑造品牌、提高档次、保质保量"方向转变；推动电子机械、移动通信、汽车制造等装备制造业向创新型产业集群转变。坚持自主创新与消化吸收再创新、深化内涵与拓展外延、重点突破与全面提升相结合，加快发展电子信息、装备制造、石油化工等产业，引导发展一批关联性大、带动作用强的龙头企业和骨干项目，延伸产业链，壮大产业规模，提升产业整体发展水平。电子信息产业要按照立足优势、加强合作、促进集群的原则，加强计算机及网络、数字视听、移动通信三大产业链建设，大力发展软件、半导体照明、光电、新型元器件等新兴产业。加快福厦沿海信息产业基地建设，培育发展福州、厦门、泉州、温州、潮州等一批新兴特色产业园，促进产业集聚。按照提升水平、重点突破、加强配套的原则，加快建设装备制造业基地。加快发展交通运输设备、工程机械、电工电器、环保设备、飞机维修等优势产业，建设各具特色的装备制造业产业园。鼓励发展游艇制造业。鼓励强强联合，推进重点骨干造船企业与中外大企业战略合作，与上下游产业组成战略联盟，加快形成东南沿海修造船集中区。按照基地化、大型化、集约化的原则，合理布局，延伸和完善石化产业链，加快湄洲湾、漳州古雷石化基地建设，形成全国重要的临港石化产业基地。积极推进石化深加工和综合利用，带动上下游产业发展。

大力发展海洋经济。加大政策扶持力度，支持福建开展全国海洋经济发展试点工作,组织编制专项规划,鼓励体制机制创新,努力建设海峡蓝色经济试验区。加强海洋科技中试基地及研发平台建设,建立海洋生物资源研发中心、海洋高技术工程中心、新能源开发等实验示范基地。加快培育海洋药品、保健食品、海洋资源综合利用、海洋服务业等新兴产业,形成以沿海重要港湾为依托的临港经济密集区。

第三,推进现代服务业中心集聚和专业化分工,重点发展旅游、物流、商务等服务业,提高服务业比重。

1.可以培育以福州和厦门为中心的两大现代服务业体系。北部服务业体系主要依托福州中心城区和平潭、长乐、福清。福州中心城区发展综合性现代服务业,平潭优先发展旅游业和文化创意产业。福清和长乐分别大力发展临港物流和空港物流。南部服务业体系主要依托厦门、泉州和漳州。厦门强化港口物流产业、旅游会展业、金融保险业、信息软件业和文化产业;泉州强化特色商贸会展,信息创意和文化旅游;漳州强化现代商贸服务。

2.打造国际知名旅游目的地。围绕"海峡旅游"品牌,整合优势资源,加强旅游景点及配套设施建设,加快形成东部蓝色滨海旅游带和西部绿色生态旅游带。以武夷山、三清山、泰宁和龙虎山、江郎山等为重点,积极发展生态旅游和文化旅游,打造以武夷山为中心的海峡西岸西北翼旅游产业集群。以福州昙石山文化遗址、三坊七巷、莆田妈祖文化、屏南白水洋、福鼎太姥山、雁荡山等为重点,积极发展滨海旅游和文化旅游,打造以福州为中心的海峡西岸东北翼旅游产业集群。以厦门鼓浪屿、海上丝绸之路泉州史迹、潮州历史文化名城、漳州滨海火山、南澳国际生态海岛等为重点,积极发展滨海旅游和文化旅游,打造以厦门为中心的海峡西岸南翼旅游产业集群。以福建土楼、古田会址、红都瑞金、婺源等为重点,积极发展生态旅游和红色旅游,打造以龙岩为中心的海峡西岸西南翼旅游产业集群。培育和壮大一批旅行社、旅游饭店等骨干旅游企业,提高旅游产业的竞争力和知名度。

3.加快发展现代物流业。在厦门、福州、泉州、温州、汕头等中心城市、交通枢纽和港口,规划建设一批现代物流园区、综合性现代物流中心。加快保税区、保税港区、保税物流园区建设和整合发展,完善保税物流监管体系,积极推进两岸港区发展保税仓储、贸易采购、配送中转等国际物流。引导传统运输、仓储企业向第三方物流企业转型。加强沿海主要港口、交通枢纽和国际机场等物流节点多式联运物流设施建设,加快发展公铁海空联运,完善海峡两岸及跨境物流网络,加快形成东南沿海大型国际物流通道口。

4.大力发展技术服务业和商务服务业。依托福州、厦门等重点城市,大力发展信息服务、研发设计、知识产权等高技术服务业。加快中介服务业市场化发展步伐,重点发展管理咨询、研究设计、资产评估、信用服务等商务服务,大力发展法律、会计、广告等中介服务业。大力发展面向台湾及海内外的会展业,提升重大展会的办会水平,加快培育国际化的会展品牌。

第四,推动区内产业协作。发挥闽浙赣、闽粤赣等跨省区协作组织作用,探索建立跨区域合作产业园区,积极推动与长三角、珠三角地区的经济联系与合作,促进区域产业结构调整优化升级。探索建立跨区域合作产业园区、物流园区,实现电子、机械、旅游、物流等产业对接,推动产业集聚发展与合理布局,形成产业对接走廊。以产业协作区为载体,推进与长三角、珠三角地方性资本市场联合,推动专业市场建设与产业集群发展、商品市场与物流配送中心建设、外贸发展与内贸发展的紧密结合,建设发展各具特色的区域共同市场,促进人流、物流、资金量、信息流的畅通流动,延伸海峡西岸经济区发展平台,构筑互动双赢、协作一体的发展格局,进一步完善国家沿海地区经济布局。

(三) 在城乡社会一体化方面

以改善民生为重点,大力发展各项社会事业,切实做到学有所教、劳有所得、病有所医、老有所养、住有所居,促进经济社会协调发展,形成人民幸福安康、社会和谐进步的良好局面。

第一,加快户籍制度改革。目前,海西区涉及的几省中除浙江外都有户籍改革意见出台。2015 年 2 月《福建省人民政府关于进一步推进户籍制度改革的意见》中指出:对福州、平潭综合试验区和厦门市合理确定落户条件;全面放开其他地区落户限制①。广东省对省内特大城市以调整人口结

---

① 参见《福建省人民政府关于进一步推进户籍制度改革的意见》(闽政〔2015〕6 号),2015 年 2 月 25 日,见 http://www.fujian.gov.cn/ztzl/jkjshxxajjq/zcwj/201502/t20150226_916332. htm。

构为目标,重点吸纳本地经济社会发展急需的各类型专业人才落户;提出城区人口数量达到大城市以上规模的汕头、惠州、江门、湛江、茂名、揭阳市合法稳定就业满3年并有合法稳定住所,同时按照有关规定参加社会保险满3年的人员,本人及其共同居住生活的配偶、未成年子女、父母等,可以在当地申请登记常住户口;全面放开建制镇和小城市落户限制(除广州、深圳、珠海、佛山、东莞、中山市外)①。2015年1月江西户籍改革意见出台,明确提出取消农业户口与非农业户口性质区分,建立城乡统一的户口登记制度,并建立和完善居住证制度②。2012年浙江省选择12个地区分别开展12项主题的农村改革试验,其中户籍管理制度改革任务由温州承担。2014年8月11日开始,温州市平阳县正式取消农业户口、非农业户口的性质划分,统一转换为"居民户口"③。

户籍开放后,建立健全实际居住人口登记制度、加强和完善人口统计调查、全面准确掌握人口地区分布等配套措施也需同步出台。几省还需建设社区政务综合服务平台,对接劳动就业、教育、收入、社保、房产、信用、卫生计生、税务、婚姻、民族等部门业务系统,实现各类人口信息的整合集成,形成以公民身份证号码为唯一标识的人口综合信息库,并实现人口信息跨部门、跨地区共享。将农业转移人口及其他常住人口纳入社区卫生服务体系,免费提供健康教育、妇幼保健、预防接种、传染病防控、计划生育等公共卫生服务。完善就业服务,将有转移就业愿望的农村劳动力纳入公共就业服务范围,享受与城镇居民同等的免费职业指导、职业介绍、政策咨询等公共就业服务。完善劳动力引进激励机制,鼓励开展省际、省内沿海与山区劳务协作;实施农民工职业技能提升计划;强化企业开展农业转移人口岗位技能培训责任;鼓励农业转移人口取得职业资格证书和专项职业能力证书,并按规定给予职业技术鉴定补贴;加强劳动保障监察、劳动争议调解仲裁和法律援

---

① 参见陈海生:《广东新一轮户籍改革:2020年1300万人口落户城镇》,《新快报》2015年7月23日。
② 参见杨静:《江西户籍改革意见出台　不再以户口论身份》,《江西日报》2015年1月12日。
③ 吴朝香等:《浙江试点大步推进户籍改革　温州平阳下周起再无农业户口》,《钱江晚报》2014年8月8日。

助,维护农民工劳动权益。保障农业转移人口及其他常住人口随迁子女平等享有受教育的权利。把进城落户农民纳入城镇社会保障政策体系,做好养老保险和医疗保险接续工作。建立覆盖城乡的社会养老服务体系,完善统一的城乡医疗救助制度,不断完善城乡统筹的社会救助体系。

第二,拓宽住房保障渠道。通过廉租房、公租房、租赁补贴等多种形式改善农业转移人口居住条件,逐步把进城落户农民完全纳入城镇住房保障体系。国务院法制办公室关于《城镇住房保障条例(征求意见稿)》中明确指出:"城镇住房保障范围为城镇家庭和在城镇稳定就业的外来务工人员,并规定城镇住房保障对象的住房、收入、财产等条件的具体标准,由直辖市、市、县人民政府制定、公布。为棚户区居民实施住房改造,已成为解决中低收入群众住房困难的重要方式"。征求意见稿规定,"市、县级人民政府应当有计划、有步骤地对棚户区进行改造,并将棚户区改造的任务安排纳入城镇住房保障规划。棚户区居民符合住房保障条件的,属于个人住宅被征收的轮候对象,优先给予保障。住房困难的最低生活保障家庭是住房救助对象,也属于住房保障对象。对住房救助对象优先给予保障"①。

坚持政府主导、社会力量参与,才能不断推进城镇住房保障工作。政府应当将城镇住房保障资金纳入财政预算,在土地出让收益中提取一定比例的资金用于城镇住房保障,并对保障性住房的建设、运营和收购实行税收优惠、提供金融支持,确保土地供应。社会力量投资建设、持有和运营保障性住房,应当纳入城镇住房保障规划、年度计划和租售管理,享受投资补助、财政贴息、金融等支持政策,住房保障部门通过提供保障性住房项目有关情况、轮候对象数量信息等方式,为社会力量参与住房保障创造条件、提供便利。大中型企业单位可利用自有存量土地建设公共租赁住房,各类企事业单位可将闲置住宅房屋和腾出的非住宅房屋按规定改造为符合标准的公共租赁住房。农业转移人口集中的开发区和工业园区可集中建设住宅类或宿舍类公共租赁住房,鼓励探索园区内企业出资、园区管理机构组织代建,按

① 《〈城镇住房保障条例(征求意见稿)〉公开征求意见》,2014年3月28日,见 http://www.gov.cn/xinwen/2014-03/28/content_2648811.htm。

企业投资比例分配的公共租赁住房投资模式。

（四）在城乡生态一体化方面

坚持保护与治理并重,加强环境保护和生态建设,大力发展循环经济、绿色经济;加强污染治理,着力解决人民群众最关心、最突出的环境污染问题。

1.加强森林资源的抚育更新,优化森林资源结构,提高森林资源质量,强化森林资源的生态功能,森林覆盖率保持较高水平。加快生态公益林体系、绿色通道和城乡绿化一体化工程建设。加强沿海防护林体系工程建设,切实保护近岸海域生态系统。加强厦门、福州、衢州、丽水、潮州等环保模范城市以及园林城市建设,继续推进生态建设示范区、可持续发展实验区、生态文明示范基地等创建工作。加强主要江河源头区、重要水源涵养区、饮用水源保护区、防风固沙区、重要湿地区等生态重要地区的强制性保护,维护生态平衡,保障生态安全。

2.按照"减量化、再利用、资源化"要求,大力发展循环经济,提高资源综合利用率,把海峡西岸经济区建设成为重要的循环经济产业带。大力开发和推广应用节能和资源综合利用新技术、新工艺,加快利用先进适用技术改造传统产业。推进行业、企业和园区发展循环经济,形成企业之间、产业之间的资源利用循环链。大力推进清洁生产,发展资源共生耦合的产业链和产业群,在厦门、福州、泉州、温州、鹰潭等地建设一批生态工业园区。开展循环经济试点。支持建设一批重点生态农业示范园区,发展户用沼气和规模化畜禽养殖场沼气工程。推进各种废旧资源回收和循环利用,完善再生资源回收、加工和利用体系。

3.淘汰能耗高、效率低、污染重的落后工艺、技术和设备,大力发展以低能耗、低排放为标志的低碳技术,建立低碳型产业结构。加大重点工业行业减排力度。加快推进开发区污水集中处理厂和城市(镇)污水处理厂建设及其管网的配套建设,切实提高污水处理能力和运行率。加大排污整治,落实减排项目,减少二氧化硫($SO_2$)、化学需氧量(COD)排放量。继续加强污染源在线监控设备安装和联网工作。强化重点流域、重点区域、重点行业治理,大力实施重点流域水环境综合整治工程。对污染严重企业实施污染综合治理,加强各类开发区、产业园区等重点区域的污染整治。加强低碳技术的研发和产业投入,加快产业转型升级。探索低碳发展的政策机制,支持厦门开展国家低碳城市试点。完善绿色低碳产品认证标识制度,大力推广能效标识产品,倡导公众绿色、低碳消费。

4.推动建立环境保护联动机制,加强生态环境跨流域、跨区域协同保护。推进主要江河水源地、严重水土流失区和生态脆弱区的综合治理与生态重建。加强闽江、九龙江、瓯江等重点流域环境整治,完善闽江、九龙江、瓯江、赛江等流域上下游生态补偿办法,推动龙岩、汕头、梅州、潮州建立汀江(韩江)流域治理补偿机制。加强江河、水库等饮用水源地保护,确保饮用水安全。加强污染源在线监测监控,有效控制二氧化硫和化学需氧量等主要污染物排放总量。加强大气污染联防联控工作,加大城市内河、噪音和机动车污染整治力度。加快环境基础设施建设、促进设施共建共享。完善城市污水处理设施,实行雨污分离,健全排水管网,加强水系污染防治。建设无害化垃圾处理场,推进城镇环境基础设施协调建设和向农村延伸。提高城镇污水处理率、生活垃圾无害化处理率。

# 结　　语

　　从洛杉矶大都市区城市化发展的历程,我们可以清晰地看到,洛杉矶走了一条与东北部、中西部老城市完全不同的道路,人口和就业没有在市中心形成大规模的集中,而是较早地选择了分散发展的多中心格局。形成这种局面主要是科技因素、政治因素和社会因素等几方面相互作用的结果。从科技因素上看,交通工具变革和公路系统的完善配合了大规模城市扩张的兴起,因而,人口分散较早发生。由于市场机制的作用,人口的分散带动了商业、工业、服务业的扩散。从制度角度来看,分区制、莱克伍德计划、联邦住房政策等相关法规,不仅没能遏制人口的分散化进程,反而为其确立了制度上的保障。从社会因素来看,美国人对宽敞住房的追求,使郊区独户住房大行其道,富有阶层都首选郊区为居住地。同时,美国社会中的种族歧视观念余毒仍在,白人房产主为了与少数民族隔离,选择在郊区、远郊区居住,并利用分区制原则,保护其居住环境的同质性,客观上使居住分散的模式得到巩固和强化。居住的分散带动了商业、工业的分散,就业的分散又反过来强化了居住的分散。两者相互作用,相互影响,导致了大都市区内郊区次中心的崛起与发展,最终形成了本书所探讨的洛杉矶模式。

　　洛杉矶模式的出现并非是偶然性个案,作为后发性城市化地区,它具有一定的代表性。因此,探讨洛杉矶模式的实践意义是十分必要的。通过对洛杉矶模式经济、政治和社会层面的分析,笔者认为,洛杉矶模式对经济发展的作用是值得充分肯定的。在大都市区的框架内原有中心城市与次中心城市相互补充,经济辐射作用明显强化,经济一体化的程度大大加深。从政治层面来看,虽然政治的巴尔干化对大都市区的治理带来了一定的困难,但是对提供优质的公共服务而言,地方政府的存在有其合理性。从社会层面和生态层面来看,洛杉矶模式造成了一定的资源浪费、环境污染等消极影响。因此,客观评价洛杉矶模式,把握城市发展的新规律,有利于为我国城市发展模式提供新的视野和经验。

我国以往对洛杉矶模式的评价中过分强调其横向蔓延的消极后果,把多中心与横向蔓延画等号,将其简单归结为"逆城市化"或"摊大饼"现象,这是一个理论上的误导,未注意到大都市区发展已成新的规律性现象。多中心、分散化并非仅仅是横向蔓延。多中心是指城市空间分布与功能匹配的一种表现形式,而横向蔓延则是人口与资本分布空间的无序状态,两者有关联,但还不是一回事。横向蔓延的负面影响应尽量避免,但不能因噎废食,盲目否定大城市空间结构的重组。

洛杉矶学派是对马克思主义城乡思想的继承与发展。以往国内研究城镇化的学者或者偏重对马恩原著解读,或者偏重于西方发达国家城市化理论与模式的研究,二者平行发展。这种自说自话的研究视角,使研究结果都不尽如人意。一方面,缘于历史的局限,马恩并未对20世纪70年代以来资本主义城市的发展作出详细的描述与解释,对我国当代城镇化建设只提供了一个宏观的理论框架与思考方法,在具体应用中难免产生无力之感。另一方面,看重西方发达国家城市化理论与模式的学者们,多将这些理论或模式搬来、套用在我国城镇化建设中,无益于我国中国特色城镇化理论的发展与完善。因此笔者梳理了洛杉矶学派的研究成果。他们使用马克思主义的理论与方法对后现代资本主义城市空间的演变、规律、原因进行了深入分析,拓展了马克思主义理论,也为西方哲学的"空间研究"这一新课题作出了重要贡献。其成果无论对马克思主义的空间理论还是对我国的城乡一体化建设都具有重要意义。因此,本书将二者融合,通过对资本不平衡运动与空间重构、洛杉矶学派的城乡思想对我国城镇化的启示、新型城镇化战略下我国地方政府职能转变的思考等专题的分析,启发读者对城市化规律的全面思考,也为海峡西岸经济区城乡一体化发展提出有益的经验。

# 主要参考文献

## 著　作

《马克思恩格斯文集》第 1、2、3、5、9 卷，人民出版社 2009 年版。

《马克思恩格斯全集》第 2、3、4、23、24、25、29、46 卷，人民出版社。

[美]阿瑟·奥沙利文：《城市经济学》，苏晓燕等译，中信出版社 2003 版。

[英]埃比尼泽·霍华德：《明日的田园城市》，金经元译，商务印书馆 2000 年版。

[美]爱德华·格莱泽：《城市的胜利》，刘润泉译，上海社会科学院出版社 2012 年版。

[美]爱德华·W.苏贾：《后现代地理学——重申批判社会理论中的空间》，王文斌译，商务印书馆 2004 年版。

[美]Edward W.Soja：《第三空间——去往洛杉矶和其他真实和想象地方的旅程》，陆扬等译，上海教育出版社 2005 年版。

白永秀等：《中国省域城乡发展一体化水平评价报告（2012）》，中国经济出版社 2013 年版。

包亚明主编：《现代性与空间的生产》，上海教育出版社 2003 年版。

包亚明主编：《后大都市与文化研究》，上海教育出版社 2005 年版。

[英]彼得·霍尔：《城市和区域规划》（第四版），邹德慈等译，中国建筑工业出版社 2008 年版。

[英]彼得·纽曼、安迪·索恩利:《规划世界城市——全球化与城市政治》,刘晔等译,上海人民出版社 2012 年版。

陈宝森:《美国经济与政府政策——从罗斯福到里根》,社会科学文献出版社 2007 年版。

陈劲松主编:《新城模式——国际大都市发展实证案例》,机械工业出版社 2006 年版。

陈前虎:《多中心城市区域空间协调发展研究——以长三角为例》,浙江大学出版社 2010 年版。

[美]大卫·哈维:《巴黎城记——现代性之都的诞生》,黄煜文译,广西师范大学出版社 2010 年版。

[美]戴维·哈维:《后现代的状况——对文化变迁之缘起的探究》,阎嘉译,商务印书馆 2004 年版。

[美]戴维· 斯泰格沃德:《六十年代与现代美国的终结》,周郎等译,商务印书馆 2002 年版。

[美]丹尼尔·贝尔:《后工业社会的来临——对社会预测的一项探索》,高铦等译,商务印书馆 1984 年版。

丁则民主编:《美国通史——美国内战与镀金时代(1861—19 世纪末)》,人民出版社 2002 年版。

复旦大学国外马克思主义与国外思潮研究国家创新基地编:《国外马克思主义研究报告 2011》,人民出版社 2011 年版。

福建省统计局编委会:《福建经济与社会统计年鉴　2007》,福建人民出版社 2007 年版。

高鉴国:《新马克思主义城市理论》,商务印书馆 2006 年版。

[荷]根特城市研究小组:《城市状态:当代大都市的空间、社区和本质》,敬东译,北京水利水电出版社、知识产权出版社 2005 年版。

顾朝林等:《经济全球化与中国城市发展——跨世界中国城市发展战略研究》,商务印书馆 1999 年版。

国家发改委对外经济研究所城镇化问题研究课题组:《中国新型城镇化建设党员干部读本》,新华出版社 2013 年版。

国家建设部编写组:《国外城市化发展概况》,中国建筑工业出版社2003年版。

[联邦德国]汉斯·于尔根·尤尔斯等:《大城市的未来——柏林、伦敦、巴黎、纽约》,张秋舫等译,对外贸易教育出版社1991年版。

黄珊:《国外大都市区治理模式》,东南大学出版社2003年版。

[美]杰拉尔德·冈德森:《美国经济史新编》,杨宇光等译,商务印书馆1994年版。

[美]杰里米·阿塔克、彼得·帕赛尔:《新美国经济史:从殖民地时期到1940年》,罗涛等译,中国社会科学出版社2000年版。

[美]卡尔·艾博特:《大都市边疆——当代美国西部城市》,王旭等译,商务印书馆1998年版。

[美]莱斯特·R·布朗:《生态经济:有利于地球的经济构想》,林自新等译,东方出版社2003年版。

[加]理查德·廷德尔、苏珊·诺布斯·廷德尔:《加拿大地方政府》(第六版),于秀明等译,北京大学出版社2005年版。

李春敏:《马克思的社会空间理论研究》,上海人民出版社2012年版。

李青、李文军、郭金龙:《区域创新视角下的产业发展:理论与案例研究》,商务印书馆2004年版。

李行健主编:《现代汉语规范词典》,外语教学与研究出版社、语文出版社2004年版。

梁茂信:《都市化时代——20世纪美国人口流动与城市社会问题》,东北师范大学出版社2002年版。

刘慧宇:《核心地位的构建:海峡西岸经济区中福建发展研究》,东南大学出版社2012年版。

刘健:《基于区域整体的郊区发展——巴黎的区域实践对北京的启示》,东南大学出版社2004年版。

刘绪贻主编:《美国通史——战后美国史(1945—2000)》,人民出版社2002年版。

[美]马克·戈特迪纳、雷·哈奇森:《新城市社会学》(第三版),黄怡

译,上海译文出版 2011 年版。

[美]迈克·戴维斯:《水晶之城——窥探洛杉矶的未来》,林鹤译,上海人民出版社 2010 年版。

[美]Michael J.Dear:《后现代都市状况》,李小科译,上海教育出版社 2004 年版。

[美]迈克尔·麦金尼斯主编:《多中心体制与地方公共经济》,毛寿龙译,上海三联书店 2000 年版。

[美]曼纽尔·卡斯泰尔:《信息化城市》,崔保国等译,江苏人民出版社 2001 年版。

[美]奇普·雅各布斯、威廉·凯莉:《洛杉矶雾霾启示录》,曹军骥等译,上海科技出版社 2014 年版。

任远、陈向明等主编:《全球城市—区域的时代》,复旦大学出版社 2009 年版。

上海财经大学区域经济研究中心:《2012 中国区域经济发展报告——同城化趋势下长三角城市群区域协调发展》,上海财经大学出版社 2012 年版。

[美]斯蒂格利茨:《经济学》(第二版),梁小民等译,中国人民大学出版社 2002 年版。

孙江:《空间生产——从马克思到当代》,人民出版社 2008 年版。

孙群郎:《美国城市郊区化研究》,商务印书馆 2005 年版。

王必答:《后发优势与区域发展》,复旦大学出版社 2004 年版。

王旭:《美国西海岸大都市研究》,东北师范大学出版社 1994 年版。

王旭:《美国城市史》,中国社会科学出版社 2000 年版。

王旭:《美国城市化历史解读》,岳麓书社 2003 年版。

王旭:《美国城市发展模式——从城市化到大都市区化》,清华大学出版社 2006 年版。

王旭、罗思东:《美国新城市化时期的地方政府——区域统筹与地方自治的博弈》,厦门大学出版社 2010 年版。

王郁:《城市管理创新:世界城市东京的发展战略》,同济大学出版社

2004 年版。

[美]文森特·奥斯特罗姆:《美国公共行政的思想危机》,毛寿龙译,上海三联书店 1999 年版。

[美]文森特·奥斯特罗姆、罗伯特·比什、埃利诺·奥斯特罗姆:《美国地方政府》,井敏等译,北京大学出版社 2004 年版。

余志森主编:《美国通史——崛起和扩张的年代(1898—1929)》,人民出版社 2001 年版。

[美]约翰·霍普·富兰克林:《美国黑人史》,张冰姿等译,商务印书馆 1988 年版。

[美]约翰·M·利维:《现代城市规划》(第五版),张景秋等译,中国人民大学出版社 2003 年版。

张耀辉:《区域经济理论与地区经济发展》,中国计划出版社 1999 年版。

张京祥、殷洁、何建颐:《全球化世纪的城市密集地区发展与规划》,中国建筑工业出版社 2008 年版。

中宣部理论局:《中国改革最话题——十八届三中全会、2014 年"两会"10 大改革热点专家解析》,人民出版社 2014 年版。

周一星:《城市规划寻路——周一星评论集》,商务印书馆 2013 年版。

周铁训:《均衡城市化理论与中外城市化比较研究》,南开大学出版社 2007 年版。

左学金等:《世界城市空间转型与产业转型比较研究》,社会科学文献出版社 2011 年版。


Abbott, Carl, *Urban America in the Modern Age: 1920 to the Present*. Arlington Heights: Harlan Davidson Inc., 1987.

Abu-Lughod, Janet L, *New York, Chicago, Los Angeles: America's Global Cities*, Minneapolis: University of Minnesota Press, 1999.

Atkinson, Janet I., *Los Angeles County Historical Directory*, Jefferson: McFarland & Company, 1988.

Baldassare, Mark, *The Los Angeles Riots: Lessons for the Urban Future*, Oxford, Sanfrancisco: Vestview Press, 1994.

Banerjee, Tridib. and Niraj Verma. Sprawl and Segregation, *Another Side of the Los Angeles Debate*, Lincoln Institute Conference on Segregation and the City Los Angeles: University of Southern California, 2001.

Bear, Walter S., and Edmund Edelman, *Governance in a Changing Market: the Los Angeles Department of Water and Power*, Santa Monica: Rand, 2001.

Berry, Sandra H., *Los Angeles Today and Tomorrow Results of the Los Angeles* 2000 *Community Survey*, Santa Monica: Rand, 1998.

Browning, Rufus P., Dale Rogers Marshall and David H. Tabb., (eds.), *Racial Politics in American Cities*, New York: Longman Publishers, 1990.

Byrne, David, *Understanding the Urban*, Hampshire: Palgrave Macmillan, 2001.

Castells, Manuel, *The Rise of Network Society*, Oxford, UK: Blackwell Pub, 1996.

Casper, Dale E., *Urban America Examined: A Bibliography*, New York: Garland, 1985.

Chang, Edward T., Jeannette Diaz-Veizades, *Ethnic Peace in the American City: Building Community in Los Angeles and Beyond*, New York: New York University Press, 1999.

Chapman, John L., *Incredible Los Angeles*, New York: Harper and Row, 1967.

Chudacoff, Howard P., and Judith E. Smith, *The Evolution of American Urban Society*, third edition, Englewood Cliffs: Pearson/ Prentice Hall, 1988.

Chudacoff, Howard P., (ed.), *Major Problems in American Urban History*, Lexington: D.C. Heath and Company, 1994.

Cuff, Dana, *The Provisional City: Los Angeles Stories of Architecture and Urbanism*, Cambridge, UK: The M/T Press, 2000.

Curry, James and Martin Kenney, *The Paradigmatic City: Postindustrial Il-*

lusion and the Los Angeles School, Lexington: Blackwell Publishers, 1999.

Davis, Mike, City of Quartz-Excavating the Future in Los Angeles, New York: Vintage Books A Division of Random House, Inc., 1990.

Dear, Michael J., The Postmodern Urban Condition, Oxford, UK : Blackwell Publisher, 2000.

Dear, Michael J., and Allen J. Scott ( eds.), Urbanization and Urban Planning in Capitalist Society, New York: Methuen, 1981.

Dear, Michael J., and J. Dallas Dishman ( eds.), From Chicago to L. A. : Making Sense of Urban Theory, Thousand Oaks: Sage Publications, Inc., 2002.

Dear, Michael J., H.Eric Schockman and Greg Hise( eds.), Rethinking Los Angeles, Thousand Oaks: Sage Publications, Inc., 1996.

Duany, Andres, Elizabeth Plater-Zyberk, and Jeff Speck, Suburban Nation: The Rise of Sprawl and the Decline of the American Dream, New York: North Point Press, 2000.

Frederick, Mary C., A Review of the Los Angeles Transportation System, San Jose: San Jose State University, 2003.

Fogelson, Robert M., The Fragmented Metropolis: Los Angeles 1850—1930, Berkeley: University of California Press, 1967.

Fulton, William, The Reluctant Metropolis: the Politics of Urban Growth in Los Angeles, Baltimore: The Johns Hopkins University Press, 2001.

Garreau, Joel.Edge City Life on the New Frontier, New York: Anchor Books A Division of Random House, Inc., 1992.

Gluck, Peter R., and Richard J. Meister, Cities in Transition: Social Changes and Institutional Responses in Urban Development, New York: New Viewpoints A Division of Franklin Watts, 1979.

Goldfield, David R., and Blaine A. Brownell, Urban America: A History, Boston: Houghton Mifflin Company, 1990.

Gottlieb, Robert, Mark Vallianatos, M.Freer and Peter Dreier, The Next Los Angeles: the Struggle for a Livable City, Berkeley: University of California

Press, 2005.

Greer, Scott, *The Urban View: Life and Politics in Metropolitan America*, Oxford, UK: Oxford University Press, 1972.

Halle, David ( ed.), *New York & Los Angeles: Politics, Society, and Culture-a Comparative View*, Chicago: University of Chicago Press, 2003.

Hayden, Dolores, *Urban Landscapes as Public History*, Cambridge, UK: The MIT Press, 1995.

Hobbs, Frank., and Nicole Stoops, *Demographic Trends in the 20th Century*, Washington D.C.: U.S.Department of Commerce, (Nov.) 2002.

Jackson, Kenneth T., *Crabgrass Frontier: the Suburbanization of the United States*, New York: Oxford University Press, 1985.

Jaher, Frederic C., *The Urban Establishment: Upper Strata in Boston, New York, Charleston, Chicago, and Los Angeles*, Chicago: University of Illinois Press, 1982.

John and Laree Caughey, *Los Angeles: Biography of a City*, Berkeley: University of California Press, 1976.

Katz, Bruce, Robert E. Lang ( eds.), *Redefining Urban and Suburban America: Evidence From Census 2000*, Washington, D.C.: Brookings Institution Press, 2003.

Kelbaugh, Douglas S., *Repairing the American Metropolis*, Seattle: University of Washington Press, 2002.

Keil, Roger, *Los Angeles Globalization, Urbanization and Social Struggles*, New York: John Wiley & Sons, 1998.

Lawrence, David G., *California the Politics of Diversity*, 2nd edtion.Belmont: Wadsworth Learning, 2000.

Leader, Leonard, *Los Angeles and The Great Depression*, New York: Garland Publishing, Inc., 1991.

Longstreth, Richard, *The Drive-In The Supermarket, and The Transformation of Commercial Space in Los Angeles 1914—1941*, Cambridge: Massachusetts

Institute of Technology,1999.

Levy, John M., *Urban America: Processes and Problems*, Upper Saddle River: Prentice Hall,2000.

McWilliams,Carey,*California The Great Exception*,Berkeley: University of California Press,1999.

Milner,Clyde A. (ed.),*Major Problems in the History of the American West*. Lexington: D.C.Heath,1989.

Moe,Richard., and Carter Wilkie,*Changing Places: Rebuilding Community in the Age of Sprawl*,New York: Henry Holt and Company,1997.

Monkkonen,Eric H., *America Becomes Urban: The Development of U.S. Cities &Towns 1780—1980*, Berkeley: University of California Press,1988.

Riegert,Ray,*Hidden Los Angeles and Southern California: The Adventurer's Guide*,Berkeley: Ulysses Press,1988.

Robbins, Edward, and Rodolphe Ei-Khoury. (eds.), *Shaping the City Studies in History*,*Theory and Urban Design*,New York: Routledge,2004.

Rusk, David, *City Without Suburbs*, Washington D.C.: Woodrow Wilson Center Press,1993.

Rydell,C.Peter.C.Lance Barnett,and Carole,*Hillestad*,*the Impact of Rent Control on the Los Angeles Housing Market*,Santa Monica: The Rand,1981.

Stanback Jr.,Thomas M.,*The New Suburbanization Challenge to the Central City*,Boulder : Westview Press,1991.

Sloss,Elizabeth M.,Daniel F.McCaffrey,Ronald D.Fricker,Jr.,Sandra Geschwind,Beate R.Ritz,*Groundwater Recharge With Reclaimed Water Birth Outcomes in Los Angeles County 1982—1993*,Santa Monica: Rand,1999.

Sawhney,Deepak Narang, *Unmasking L.A. Third Worlds and the City*,New York: Palgrave,2002.

Steinberg,James B., David W.Lyon, and Mary E.Vaiana, *Urban America Policy Choices for Los Angeles and the Nation*, Santa Monica: Rand,1992.

Siegel,Fred,*The Future Once Happened Here: New York,D.C.,L.A.,and* the Fate of America's Big Cities, New York: The Fress Press, 1997.

Sohner, Charles P., *California Government and Politics Today*, Glenview: Scott Foresman, 1984.

Soja, Edward W., *Postmetropolis: Critical Studies of Cities and Regions*, Oxford, UK: Blackwell Publisher, 2000.

Sonenshein, Raphael J., *Politics in Black and White: Race and Power in Los Angeles*, Princeton: Princeton University Press, 1994.

[62] Sorkin, Michael (ed.), *Variations on A Theme Park: the New American City and the End of Public Space*, New York: Noonday, 1992.

Teaford, Jon C., *The Twentieth-Century American City*, 2nd edtion, Baltimore: The Johns Hopkins University Press, 1993.

Tygiel, Jules., *The Great Los Angeles Swindle: Oil, Stocks, and Scandal During the Roaring Twenties*, Berkeley: University of California Press, 1996.

Villa, Raul Homero., and George J. Sanchez (eds.), *Los Angeles and The Future of Urban Cultures: a Special Issue of American Quarterly*, Baltimore: Johns Hopkins University Press, 2005.

Wachs, Martin., and Margaret Crawford (eds.), *The Car and the City: the Automobile, the Built Environment and Daily Urban Life*, MI: The University of Michigan Press, 1992.

## 论　文

白永秀、刘小娟、周江燕:《福建省城乡发展一体化水平变化趋势及影响因素分析》,《福建论坛》(人文社会科学版)2014 年第 1 期。

[英]彼得·霍尔、考蒂·佩因:《从大都市到多中心都市》,罗震东等译,《国际城市规划》2008 年第 1 期。

卞素萍:《巴黎城市空间形态解析》,《南方建筑》2010 年第 1 期。

蔡卫红:《福建省土地城镇化快于人口城镇化的现状及成因分析》,《福建论坛》(人文社会科学版)2013 年第 7 期。

曹锦清:《市场发挥决定性作用并非要求农地私有化》,《探索与争鸣》2014年第2期。

陈锡文:《构建新型农业经济体系刻不容缓》,《求是》2013年第22期。

陈伯庚、陈承明:《新型城镇化与城乡一体化疑难问题探析》,《社会科学》2013年第9期。

陈宇、赖小琼:《海西经济区地区收入差距测度与解析》,《福建师范大学学报》(哲学社会科学版)2012年第4期。

陈宇、赖小琼:《产业结构变迁对经济增长的影响研究——以福建省为例》,《福建师范大学学报》(哲学社会科学版)2013年第1期。

段德罡、刘亮:《同城化空间发展模式研究》,《规划师》2012年第5期。

冯相昭、邹骥、郭光明:《城市交通拥堵的外部成本估算》,《环境与可持续发展》2009年第3期。

福建社会科学院课题组:《关于福建落实中央海西经济区战略情况及建议》,《发展研究》2013年第12期。

高秉雄、姜流:《伦敦大都市区治理体制变迁及其启示》,《江汉论坛》2013年第7期。

韩宇:《美国中西部城市的衰落及其对策——兼议中国"东北现象"》,《东北师范大学学报》1997年第5期。

韩宇:《美国"冰雪带"现象成因探析》,《世界历史》2002年第5期。

黄茂兴、林寿富:《海西区与长三角、珠三角区域经济竞争力比较与联动机制探讨》,《东南学术》2012年第2期。

黄添:《武汉与芝加哥——城市国际化发展战略比较研究》,《长江论坛》1997年第1期。

黄端、谭亚川:《海峡经济区与海西经济区》,《发展研究》2005年第6期。

[英]考蒂·佩因:《全球化巨型城市区域中功能性多中心的政策挑战:以英格兰东南部为例》,董轶群译,《国际城市规划》2008年第1期。

李春敏:《资本的积累的全球化与空间的生产》,《教学与研究》2010年第6期。

李道勇、运迎霞、任晶晶:《多中心视角下大都市区轨道交通与新城的协调发展——巴黎相关建设经验与启示》,《城市发展研究》2013年第11期。

李国平、王志宝:《中国区域空间结构演化态势研究》,《北京大学学报》(哲学社会科学版)2013年第3期。

李金荣、张向前:《海西经济区保持经济平衡较快增长与经济发展方式转变研究》,《科技管理研究》2013年第17期。

李军、张平:《中国海洋国土空间开发格局现状、问题与对策探讨》,《中国发展》2013年第4期。

李璐:《巴黎大区发展计划持续发力》,《进出口经理人》2015年第5期。

李为:《西岸城市群发展现状与未来设计》,《长沙大学学报》2015年第3期。

李秀茹:《CBD金融集聚与产业集群"共轭效应"互动发展问题研究——以海西经济区五大核心城市为例》,《当代经济研究》2013年第10期。

林涛:《美国大都市区域的行政组织与管理问题——以洛杉矶为例》,《城市问题》1999年第1期。

林兰、曾刚:《纽约产业机构高级化及其对上海的启示》,《世界地理研究》2003年第3期。

林秀俊、黄忠煌:《深化体制改革 提高保障水平——对福建省农村医疗卫生状况的调查分析》,《福州党校学报》2007年第2期。

刘健:《从巴黎新城看北京新城》,《北京城市规划》2006年第1期。

刘健:《马恩拉瓦莱:从新城到欧洲中心——巴黎地区新城建设回顾》,《国外城市规划》2002年第1期。

刘平:《文化创意驱动城市转型发展的模式及作用机制》,《社会科学》2012年第7期。

刘艳艳:《洛杉矶工业产业升级的主要经验及启示》,《世界地理研究》2013年第4期。

陆扬:《析索亚"第三空间"理论》,《天津社会科学》2005 年第 2 期。

陆扬:《解析卡斯特尔的网络空间》,《文史哲》2009 年第 4 期。

罗思东:《美国大都市区政府理论的缘起》,《厦门大学学报》2004 年第 5 期。

苗杨等:《公共服务视角下人的城镇化实现路径探讨》,《当代世界》2013 年第 12 期。

聂万举:《1992 年洛杉矶骚乱的历史根源探析》,《史学集刊》2000 年第 3 期。

聂万举:《美国 1992 年洛杉矶骚乱的爆发及其后果》,《东北师大学报》2000 年第 5 期。

彭斐斐:《洛杉矶市的"多中心"规划》,《国外城市规划》1988 年第 4 期。

申晓燕、丁疆辉:《国内外城乡统筹研究进展及其地理学视角》,《地域研究与开发》2013 年第 5 期。

沈学民:《富裕中的贫困——美国贫困标准统计指标的剖析》,《世界经济》1986 年第 5 期。

石光宇:《东京全球城市的形成及其功能考察》,《日本研究》2014 年第 3 期。

孙群郎:《美国城市交通的发展与城市生态组织的变迁》,《史学集刊》2001 年第 2 期。

唐子来:《西方城市空间结构研究的理论和方法》,《城市规划汇刊》1997 年第 6 期。

宋迎昌:《美国的大都市区管治模式及其经验借鉴——以洛杉矶、华盛顿、路易斯维尔为例》,《国外规划研究》2004 年第 5 期。

陶希东:《国外新城建设的经验与教训》,《城市问题》2005 年第 6 期。

田莉、桑劲、邓文静:《转型视角下的伦敦城市发展与城市规划》,《国际城市规划》2013 年第 6 期。

王华、陈烈:《西方城乡发展理论研究进展》,《经济地理》2006 年第 3 期。

汪民安:《空间生产的政治经济学》,《国外理论动态》2006年第1期。

王涛:《日本东京都市圈的空间结构变动、规划变迁及其启示》,《城市》2013年第11期。

王涛:《东京都市圈的演化发展及其机制》,《日本研究》2014年第1期。

王旭:《工业城市发展的周期及其阶段性特征——美国中西部与中国东北部比较》,《历史研究》1997年第6期。

王旭:《产业结构转型与区域经济复兴的个案研究》,《史学月刊》2003年第7期。

王旭:《"莱克伍德方案"与美国地方政府公共服务外包模式》,《吉林大学社会科学学报》2009年第6期。

王唯山:《密尔顿·凯恩斯新城规划建设的经验和启示》,《国外城市规划》2001年第2期。

伍长南:《加快海峡蓝色产业带建设研究——以福建省为例》,《发展研究》2012年第12期。

伍长南、徐颖:《加快福建特色新型城镇化发展建议》,《福建论坛》(人文社会科学版)2014年第2期。

吴雪明:《世界城市的空间形态和人口分布——伦敦、巴黎、纽约、东京的比较及对上海的模拟》,《世界经济研究》2003年第7期。

吴育芬:《巴黎大区城市空间与轨道交通网发展的关系分析》,《城市轨道交通研究》,2014年第6期。

吴尤可:《从产业集群到创新集群——福建产业升级研究》,《科技管理研究》2013年第12期。

夏雨纯:《海峡西岸城市群发展制约因素研究》,《城市设计理论研究》(电子版)2013年第22期。

熊竞、马祖琪、冯苏苇:《伦敦居民就业通勤行为研究》,《城市问题》2013年第1期。

许凯、Klaus Semsroth:《城市规划在产业空间移位过程中的角色和作用——以伦敦、汉堡、鲁尔区和维也纳为例》,《城市规划学刊》2014年第

1 期。

杨改娟:《美国大都市区蔓延对土地的影响初探》,《华人时刊》2014 第 6 期(下)。

郁建兴、冯涛:《城市化进程中的地方政府治理转型:一个新的分析框架》,《社会科学》2011 年第 11 期。

俞文华:《战后纽约、伦敦和东京的社会经济结构演变及其动因》,《城市问题》1999 年第 2 期。

赵学彬:《巴黎新城规划建设及其发展历程》,《规划师》2006 年第 11 期。

张爱民:《二战后纽约市经济地位的变迁及其对上海的启示》,《华东师范大学学报》2002 年第 5 期。

张佳:《全球空间生产的资本积累批判——略论大卫·哈维的全球化理论及其当代价值》,《哲学研究》2011 年第 6 期。

张良、吕斌:《日本首都圈规划的主要进程及其历史经验》,《城市发展研究》2009 年第 12 期。

张少华:《厦漳泉大都市区"多极中心制"布局模式探析》,《发展研究》2011 年第 12 期。

张玉哲、郑正喜:《海西经济区经济社会发展评价指标体系的构建》,《厦门大学学报》(哲学社会科学版)2013 年第 6 期。

郑权、田晨:《美国洛杉矶雾霾之战的经验和启示》,《中国财政》2013 年第 11 期。

郑蔚:《海西经济区城镇化质量规模协调度动态变化研究》,《福建师范大学学报》(哲学社会科学版)2013 年第 6 期。

周晓虹:《芝加哥社会学派的贡献与局限》,《社会科学研究》2004 年第 6 期。


Anas, Alex., "Richard Arnott, Kenneth A.Small", *Urban Spatial Structure*, Journal of Economic Literature, 1998, Vol.36 (3).

Anderson, Nathan B., "Intrametropolitan Trade: Understanding the Interdependency of the Central-City and Edge Cities", *Regional Analysis and Policy*, 2004, Vol.34 (1).

Arvidson, Enid, "Remapping Los Angeles, or, Taking the Risk of Class in Postmodern Urban Theory", *Economic Geography*, 1999, Vol.75 (2).

Atkinson, Robert D., "Defense Spending Cuts and Regional Economic Impact: An Overview", *Economic Geography*, 1993, Vol.69 (2).

Beach, Frank L., "20th Century Los Angeles: Power, Promotion, and Social Conflict", *The Journal of American History*, 1991, Vol.78 (2).

Bergesen, Albert., and Max Herman, "Immigration, Race, and Riot: The 1992 Los Angeles Uprising", *American Sociological Review*, 1998, Vol.63 (1).

Brenner, Neil, "Decoding the Newest 'Metropolitan Regionalism' in the USA: A Critical Overview", *Cities*, 2002, Vol.19 (1).

Bruce.Newbold, K., "Spatial Distribution and Redistribution of Immigrants in the Metropolitan United States, 1980 and 1990", *Economy Geography*, 1999, Vol.75 (3).

Cadwallader, Martin, "Interaction Effects in Models of Consumer Spatial Behavior", *Applied Geography*, 1995, Vol.15 (2).

Carney, Francis M., "The Decentralized Politics of Los Angeles", *Annals of the American Academy of Political and Social Science*, 1964, Vol.353.

Cassady, Jr.Ralph., and W. K. Bowden, "Shifting Retail Trade within the Los Angeles Metropolitan Market", *Journal of Marketing*, 1944, Vol.8 (4).

Chung, Chanjin., Samuel L. Myers, Jr., and Lisa Saunders, "Racial Differences in Transportation Access to Employment in Chicago and Los Angeles, 1980 and 1990", *The American Economic Review*, 2001, Vol.91 (2).

Clayton, James L., "Defense Spending: Key to California's Growth", *The Western Political Quarterly*. 1962, Vol.15 (2).

Coons, Arthur G., "The Changing Pattern of Southern California's Economy", *Annals of the American Academy of Political and Social Science*. 1942, Vol.222.

Coquery-Vidrovitch, Catherine, "Is L.A.a Model or a Mess", *The American Historical Review*, 2000, Vol.105.（5）.

Cottrell, Edwin A., "The Metropolitan Water District of Southern California", *The American Political Science Review*, 1932, Vol.26（4）.

Dagger, Richard, "Metropolis, Memory, and Citizenship", *American Journal of Political Science*. 1981. Vol.25（4）.

Dear, Michael., and Steven Flusty, "Postmodern Urbanism", *Annals of the Association of American Geographers*, 1998, Vol.88（1）.

Dear, Michael., "The Premature Demise of Postmodern Urbanism", *Cultural Anthropology*, 1991, Vol.6（4）.

Dear, Michael., "The Iron Lotus: Los Angeles and Postmodern Urbanism", *Annals of the American Academy of Political and Social Science*, 1997, Vol.551.

Dear, Michael., and Gregg Wassmansdorf, "Postmodern Consequences", *Geographical Review*, 1993, Vol.83（3）.

Dear, Michael, "The Postmodern Challenge: Reconstructing Human Geography", *Transactions of the Institute of British Geographers*, New Series, 1988, Vol.13（3）.

Ebner, Michael H., "Re-Reading Suburban America: Urban Population Deconcentration, 1810—1980", *American Quarterly*, 1985, Vol.37（3）.

Ellis, Mark., and Richard Wright, "The Industrial Division of Labor among Immigrants and Internal Migrants to the Los Angeles Economy", *International Migration Review*, 1999, Vol.33（1）.

Engh, Michael E., "At Home in the Metropolis: Understanding Postmodern L.A.", *The American Historical Review*, 2000, Vol.105（5）.

Ericksen, E.Gordon., "The Superhighway and City Planning: Some Ecological Considerations with Reference to Los Angeles", *Social Forces*, 1950, Vol.28（4）.

Feagin, Joe R., "Los Angeles and the Automobile: The Making of the Modern City", *The American Journal of Sociology*, 1989, Vol.94（4）.

Finney, Miles., "The Los Angeles Economy: A Short Overview", *Cities*, 1998, Vol.15 (3).

Flusty, Steven, "Thrashing Downtown: Play as Resistance to the Spatial and Representational Regulation of Los Angeles", *Cities*, 2000, Vol.17 (2).

Ford, Richard T., "The Collapse of Los Angeles", Transition, 1992, (57).

Ford, Richard T., "Spaced Out in L.A.", *Transition*, 1993 (61).

Foster, Mark S., "The Model-T, the Hard Sell and Los Angeles's Urban Growth: The Decentralization of Los Angeles During the 1920s", *Pacific Historical Review*, 1975, Vol.44(4).

Friedricks, William B., "A Metropolitan Entrepreneur Par Excellence: Henry E. Huntington and the Growth of Southern California, 1898—1927", *The Business History Review*, 1989, Vol.63 (2).

Friedricks, William B., "Los Angeles and the Automobile: The Making of the Modern City", *The Business History Review*, 1988, Vol.62 (3).

Grey, Arthur L. Jr., "Los Angeles: Urban Prototype", *Land Economics*, 1959, Vol.35 (3).

Gordon, Peter. and Harry W. Richardson, "Los Angeles, City of Angeles? No, City of Angles", *Urban Studies*, 1999, Vol.36 (3).

Hildebrand, George H., and Arthur Mace, "The Employment Multiplier in an Expanding Industrial Market: Los Angeles County 1940—47", *The Review of Economics and Statistics*, 1950, Vol.3 (3).

Hise, Greg., "'Nature's Workshop' Industry and Urban Expansion in Southern Callifornia, 1900—1950", *Journal of Historical Geography*, 2001 Vol.27 (1).

Jamison, Judith Norvell., and Richard Bigger, "Metropolitan Coordination in Los Angeles", *Public Administration Review*, 1957, Vol.17 (3).

Jonas Andrew E.G., "The City: Los Angeles and Urban Theory at the End of the Twentieth Century", *Annals of the Association of American Geographers*, 1998, Vol.88 (2).

Kennedy, Lawrence W., "City Center to Regional Mall: Architecture, the Automobile, and Retailing in Los Angeles, 1920—1950", *The American Historical Review*, 1998, Vol.103 (3).

Light, Ivan., "Richard B. Bernard, and Rebecca Kim. Immigrant Incorporation in the Garment Industry of Los Angeles", *International Migration Reviews*, 1999, Vol.33 (1).

Lin, Jan, "Los Angeles: Globalization, Urbanization and Social Struggles", *The American Journal of Sociology*, 2000, Vol.105 (4).

McPhail., I.R., "The Vote for Mayor of Los Angeles in 1969", *Annals of the Association of American Geographers*, 1971, Vol.61 (4).

Meyer, David R., "Midwestern Industrialization and the American Manufacturing Belt in the Nineteenth Century", *The Journal of Economic History*, 1989, Vol.49 (4).

Morales, Rebecca, "Transitional Labor: Undocumented Workers in the Los Angeles Automobile Industry", *International Migration Review*, 1983—1984, Vol.17 (4).

Myers, Dowell, "Demographic Dynamism and Metropolitan Change: Comparing Los Angeles, New York, Chicago, and Washington D.C.", *Housing Policy Debate*, 1999, Vol.10 (4).

Neff, Philip, "Industrialization in Southern California", *Annals of the American Academy of Political and Social Science*, 1946, Vol.248.

Olson, Richard Stuart, "The Political Economy of Life-Safety: the City of Los Angeles and "Hazardous-Structure Abatement", 1973—1981", *Policy Studies Review*, 1985, Vol.4 (4).

Parsons, James J., "California Manufacturing", *Geographical Review*, 1949, Vol.39(2).

Pollard, Jane., and Michael Storper, "A Tale of Twelve Cities: Metropolitan Employment Change in Dynamic Industries in the 1980s", *Economic Geography*, 1996, Vol.72 (1).

Pomeroy, Hugh R., "County Zoning Under the California Planning Act", *Annals of the American Academy of Political and Social Science*, 1931, Vol.155. Part 2.

Rubenstein, JamesM., "Changing Distribution of the American Automobile Industry", *Geographical Review*, 1986, Vol.76 (3).

Sassen, Saskia, ʻEconomic Restructuring and The American City", *Annual Review of Sociology*, 1990, Vol.16.

Scott, Allen J., and Doreen J.Mattingly, "The Aircraft and Parts Industry in Southern California: Continuity and Change from the Inter-War Ears to the 1990s", *Economic Geography*, 1989, Vol.65(1).

Scott, Allen J., "Industrial Organization and the Logic of Intra-Metropolitan Location.III: A Case Study of the Women's Dress Industry in the Greater Los Angeles Region", *Economic Geography*, 1984, Vol.60.(1).

Scott, Allen J., "Interregional Subcontracting Patterns in the Aerospace Industry: The Southern California Nexus", *Economic Geography*, 1993, Vol. 69 (2).

Scott, Stanley., and John C.Bollens, "Special Districts in California Local Government", *The Western Political Quarterly*, 1950, Vol.3 (2).

Sherman, Don., Grant Ⅱ, Michael Wallace, "The Political Economy of Manufacturing Growth and Decline Across the American States, 1970—1985", *Social Forces*, 1994, Vol.73 (1).

Sitton, Tom, "Another Generation of Urban Reformers: Los Angeles in the 1930s", *The Western Historical Quarterly*, 1987, Vol.18 (3).

Soja, Edward., Rebecca Morales, and Goetz Wolff, "Urban Restructuring: An Analysis of Social and Spatial Change in Los Angeles", *Economic Geograph*, 1983, Vol.59(2).

Sonenshein, Raphe J., "The Dynamics of Biracial Coalitions: Crossover Politics in Los Angeles", *The Western Political Quarterly*, 1989, Vol.42 (2).

Spaulding, Charles B., "Housing Problems of Minority Groups in Los

Angeles Couty", *Annals of the American Academy of Political and Social Science*, 1946, Vol.248.

Todaro, Michael P., "Metropolis: From the Division of Labor to Urban Form", *Population and Development Review*, 1988, Vol.14 (4).

Useem, Bert, "The State and Collective Disorders: The Los Angeles Riot/ Protest of April, 1992", *Social Forces*, 1997, Vol.76 (2).

Volti, Rudi., "A Century of Automobility", *Technology and Culture*, 1996, Vol.37 (4).

Wachs, Martin., "Autos, Transit, and the Sprawl of Los Angeles: the 1920", *Journal of the American Planning Association*, 1984, Vol.7(3).

Williams, Robert M., "The Relationship of Housing Prices and Building Costs in Los Angeles, 1900—1953", *Journal of the American Statistical Association*, Vol.50 (270).

Wolch, Jennifer R., and Robert K. Geiger, "Urban Restructuring and the Not-for-Profit Sector", *Economic Geography*, 1986, Vol.62 (1).

Wolff, Janet, "The Real City, the Discursive City, The Disappearing City: Postmodernism and Urban Sociology", *Theory and Society*, 1992, Vol.21 (4).

Wright, Richard A., "Mark Ellis, and Michael Reibel: The Linkage Between Immigration and Internal Migration in Large Metropolitan Areas in the United States", *Economic Geography*, 1997, Vol.73 (2).

## 其他资料

博士论文

聂万举:《1992年洛杉矶骚乱的历史考察》,东北师范大学历史系2000年。

罗思东:《美国大都市地区的政府与管理——地方政府间关系与区域主义改革》,厦门大学历史系2005年。

苏宁:《美国房地产开发商与中心城市改造——以城市更新运动为中

心（1949—1974）》，厦门大学历史系 2005 年。

报　刊

陈海生：《广东新一轮户籍改革：2020 年 1300 万人口落户城镇》，《新快报》2015 年 7 月 23 日。

石伟：《福建：农村教育迈上新台阶》，《经济日报》2011 年 3 月 8 日。

王开明：《以三个"统筹兼顾"构建四大产业基地——如何加快发展海洋经济》，《福建日报》2012 年 9 月 25 日。

吴朝香等：《浙江试点大步推进户籍改革，温州平阳下周起再无农业户口》，《钱江晚报》2014 年 8 月 8 日。

杨静：《江西户籍改革意见出台，不再以户口论身份》，《江西日报》2015 年 1 月 12 日。

主要网络资源

《福建统计年鉴　2011》，见 http://www.stats-fj.gov.cn/tongjinianjian/dz2011/index-cn.htm。

《福建统计年鉴　2013》，见 http://www.stats-fj.gov.cn/tongjinianjian/dz2013/index-cn.htm。

《福建省统计年鉴　2014》，见 http://www.stats-fj.gov.cn/tongjinianjian/dz2014/index-cn.htm。

福建省统计局：《2014 年福建省国民经济和社会发展统计公报》，2015 年 2 月 17 日，见 http://www.stats-fj.gov.cn/xxgk/tjgb/201502/t20150217_37580.htm。

《福建省人民政府关于进一步推进户籍制度改革的意见（闽政〔2015〕6 号）》，2015 年 2 月 25 日，见 http://www.fujian.gov.cn/ztzl/jkjshxxajjq/zc-wj/201502/t20150226_916332.htm。

# 索　引

# 后　记

　　最初接触美国史是在东北师范大学历史系,在那里有着国内美国史研究的重要基地和领军人物。尤其是梁茂信教授的谆谆教诲,给了我良好的启蒙。攻读博士学位期间,我选择了美国城市史方向。三年求学,导师王旭教授对我帮助良多,尤其在毕业后,回首当年,更加感悟到严师的良苦用心。博士论文完成后,种种原因使得我多年来都没有考虑将其出版。一方面是工作后研究方向有了很大变化,既要适应新工作的要求,又要持续原有的科研,而两者的融合并非易事。另一方面,深感博士论文写得还不够扎实,对一些问题的思考和解答还只是含混带过,并没有足够的学术自信。

　　在福州大学工作的几年里,学院领导曾多次建议我把美国城市史的研究和现在所从事的中国近现代史研究结合起来,找到新的科研方向。这个困扰我多年的难题,最终在 2011 年南京大学举办的西方马克思主义研究的学术会议中得以突破。西方新马克思主义城市学派的研究与我研究的洛杉矶学派有很多交叉,洛杉矶学派的重要代表人物,都是运用马克思主义的理论与方法解答 20 世纪六七十年代以后城市空间的变化。这一发现,让我欣喜若狂。学习知识本应融会贯通,长年来我的视野都锁定在狭小的领域,有如即将干涸的小溪。新领域的发现,有如广阔大海般吸引着我。2012 年,在庄穆院长的鼓励下,我申请去了中国社科院马克思主义研究院进修。侯惠勤教授的指导,使我对新马克思主义城市学派有了较多的学习和思考。于是有了真正意义上的第一篇转型之作。此后我关注资本不平衡地理发展与空间重构、空间正义等问题,并结合我国的城乡一体化、新型城镇化战略,提出了一些自己的思考,陆续发表了几篇文章,这就是本书下篇的部分内容。

应该说我在学术道路的探索中,并非一帆风顺,但我的经历告诉我,学科之间的交流融合非常重要。而学术上的点滴进步都会让人感觉到充实、快乐、自信。本书呈现了我从博士生到如今,十二个寒暑的成长。一路走来,尽管成绩不多,但仍感安慰。最后我要感谢我的家人和挚友,感谢您们对我多年来的帮助、支持和鼓励!感谢人民出版社对本书的大力支持!

2015 年 10 月于豪景园

责任编辑:杨文霞
封面设计:徐　晖
责任校对:王　惠

**图书在版编目(CIP)数据**

"洛杉矶模式"及其对海峡西岸经济区城乡一体化发展的
　启示/谢菲 著. —北京:人民出版社,2016.7
ISBN 978－7－01－016018－4

Ⅰ.①洛…　Ⅱ.①谢…　Ⅲ.①城市经济-研究-洛杉矶
　Ⅳ.①F299.712

中国版本图书馆 CIP 数据核字(2016)第 056303 号

"洛杉矶模式"及其对海峡西岸经济区城乡一体化发展的启示
LUOSHANJI MOSHI JIQI DUI HAIXIA XI'AN JINGJIQU
CHENGXIANG YITIHUA FAZHAN DE QISHI

谢　菲 著

人民出版社 出版发行
(100706　北京市东城区隆福寺街 99 号)

北京市文林印务有限公司印刷　新华书店经销

2016 年 7 月第 1 版　2016 年 7 月北京第 1 次印刷
开本:710 毫米×1000 毫米 1/16　印张:20
字数:310 千字

ISBN 978－7－01－016018－4　定价:56.00 元

邮购地址 100706　北京市东城区隆福寺街 99 号
人民东方图书销售中心　电话 (010)65250042　65289539